사주팔자로
보물찾기

우리에게 진짜 필요한 건, 위로가 아니라 자기객관화.
인생의 진짜 보물을 찾아서.

사주팔자로
보물찾기

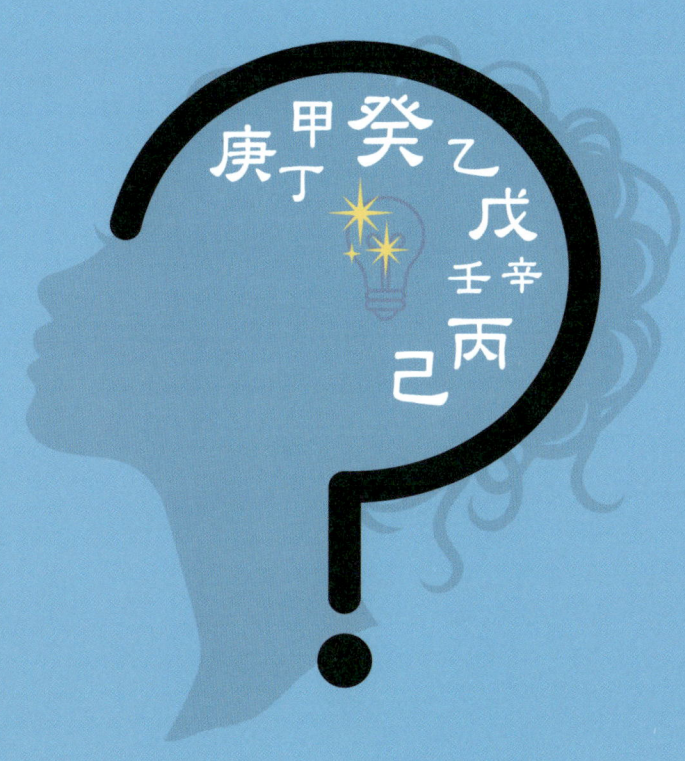

NK밝은미래

명리학의 바른길을 열어주신
창광(猖狂) 김성태 선생님께 감사의 마음을 전합니다.

운명의 굴레를 함께 걸어가는
나의 형제들에게 사랑의 마음을 전합니다.

철없이 인생을 낭비하며 살던 사람에게
더 나은 사람으로 성장하고 싶은 마음을 품게 해준
사랑하는 나의 은인이자 반쪽에게
형언할 수 없는 온 마음을 전합니다.

경외하는 신께 기도드리니,
속도보다 방향의 중요성을 알고, 양보다 질의 가치를 알며,
돈보다 시간을 아낄 줄 아는 사람들과 미래를 함께하게 하시고,
명리학이 활인공덕의 영역에서 바르게 쓰이게 하소서.

💎 들어가며 (필독)

이 세계는 너무나 거대하지만, 우리는 매우 작은 세상에서 극도로 적은 일부만 보면서 살아갑니다. 그마저도 우리는 각자가 보고 싶은 것만 보면서 살아가고, 심지어는 자기 자신에 대해서도 원하는 모습만 단편적으로 보면서 살아갑니다. 하나의 현상을 두고 누군가는 여러모로 보면서 결과를 도출하는 반면에, 누군가는 자신의 처지에서만 바라보고 모두가 바라보는 방향이 다를 뿐이라고 주장합니다. 과학기술이 발전함에 따라서 우리는 과거보다 더 많은 것을 발견하고 더 많은 것을 볼 수 있지만, 보고 배우고자 하는 마음을 품지 않는 사람은 아무것도 볼 수 없으니, 세상은 이토록 밝으나 어두운 세상에 갇혀서 불빛을 들고 있는 사람의 뒤만 따라갑니다. 그 빛이 어디로 향하는지도 모른 채.

명리학은 오래전부터 글을 읽을 줄 아는 사람들의 전유물이었기 때문에 상류층에서만 공부할 수 있는 아주 귀한 학문이었습니다. 60간지를 해독할 수 있는 지적능력만 있으면 자신의 앞날을 밝게 밝힐 수 있는 마법 같은 힘을 지닌 학문임에도 불구하고, 오늘날 우리나라에서 명리학은 미신으로 치부되고 있습니다. 아마도 세상을 자신의 발아래에 두고자 하는 이들이, 평민은 기도나 하고 이 귀한 학문에는 접근하지 못하도록 한 술책이 아니었을까 싶습니다.

'왜 역술가마다 한 사람을 두고 다르게 평가하는가?'

사람마다 명리학의 세계로 들어오는 아주 많은 이유가 있지만, 필자는 이 같은 궁금증으로 공인들의 사주를 직접 풀어보고자 입문했습니다. 그러나 애초의 의도와는 다르게 타인이 아닌 자신을 발견하는 공부가 되었고, 동시에 성찰의 장이 되었습니다. 자신의 본모습을 직시하는 건 매우 불편한 진실과 직면하는 것이므로 어찌 보면 명리학은 매우 잔인한 학문인 것 같습니다. 그래도 불편한 진실을 직접 마주 보아야 성장을 이룰 수 있으니, 우리에게 진정으로 필요한 건 자기 연민이나 위로가 아니라 자기객관화인 것 같습니다.

그렇다면, '사주팔자가 정해지는 기준은 무엇일까?' 하는 의문이 생깁니다. 대체로 전생의 기록이라는 말이 가장 보편적이나 이는 정답이 없으므로 각자가 심오하게 생각해 볼 문제입니다. 중요한 건, 우리는 모두 이 땅에 배우기 위해서 온 사람들이고, 그중에서도 가장 중요한 건 바로 자기 자신을 배우는 것이며, 팔자를 보고 자신을 객관화하는 건 엉켜 있는 실타래를 푸는 작업입니다. 꼬인 인생부터 풀어야 성공의 길로 향하는 60간지 열차에 오를 수 있습니다. 성공은 물질적 성공과 정신적 성공의 균형을 말하며 한 방향으로 치우친 성공은 이 책에서 말하는 성공과는 거리가 매우 멀다는 것을 강조합니다.

책의 구성은 다음과 같습니다.

1장 〈사주는 과학이다〉에서는 이 책의 탄생 배경인 [육신변화론]과 궁합 그리고 운의 시스템 등, 기본을 공부합니다.
[육신변화론]은 필자가 정립한 이론으로, 기존의 [일간론]과 이견이 있습니다. 어느 정도 명리학 지식이 있어야 이해할 수 있는 부분이므로 입문자는 가볍게 읽고 넘어갔다가 완독 후에 다시 읽어보시길 권장합니다. 그리고 미시적으로 각 글자의 의미를 파악하기에 앞서 선행돼야 하는 건, 이 세계를 거시적 관점에서 바라보는 것입니다. 우리는 10개 에너지의 상생상극(相生相剋)에 지배당하므로 우주와 이 세계, 그리고 우리 뇌가 에너지에 의해 움직이는 원리를 알아야 합니다. 그래서 1장에서는 기초과학지식으로 명리학을 조명합니다.

2장 〈새로운 시각의 물상론〉에서는 물상의 기준을 새로운 방식으로 명확히 세워 분류하고, 그에 따라 물리적 세상을 관찰하고 대입하여 십성의 특성을 새롭게 정의하였습니다.

3장 〈12지지에서 보물찾기〉와 4장 〈12지지의 특성〉에서는 지지환경이 가지고 있는 고유의 특성과 그 속에 숨겨진 보물을 알아봅니다.

우리가 찾아야 하는 보물은 모두 이 속에 있습니다.

5장 〈육신의 사회적 역할〉과 6장 〈육신의 특성〉에서는 어떤 수호신의 도움으로 우리가 이 사회의 구성원으로 성장하는지를 알아볼 수 있습니다. 인간은 사회적 동물이므로 자신의 위치를 인지해야 사회적 스트레스를 이겨내는 힘을 기를 수 있습니다.
모든 챕터는 순서대로 보는 것을 권장하나, 입문자의 경우 이해하기 쉬운 부분부터 골라 보시는 것도 좋습니다.

명리학은 자신은 물론이고 타인의 성장을 돕는 학문입니다. 그러나 위험한 칼과 같아서 잘 못 사용하면 반대로 다칠 수 있습니다. 자신의 사주팔자도 1년은 공들여야 제대로 볼 수 있으니, MBTI나 혈액형 보듯이 가벼이 여겨 남용하지 않기를 부디 당부드립니다.
사용설명서 없이 이 땅에 내려온 우리에게 이 한 권의 책이 "사용설명서"가 되어 밝은 미래로 향하는 길에 하나의 디딤돌로 쓰이기를 간절히 바랍니다.

"보물찾기"에 오신 것을 환영합니다.
명리탐험가 이나경

용어 설명

	목(木) 甲乙	화(火) 丙丁	토(土) 戊己	금(金) 庚辛	수(水) 壬癸
생(生)	木生火 乙丙, 甲丁	火生土 丙己, 丁戊	土生金 己庚, 戊辛	金生水 庚癸, 辛壬	水生木 壬乙, 癸甲
극(克)	木克土 甲己, 乙戊	火克金 丙辛, 丁庚	土克水 戊癸, 己壬	金克木 庚乙, 辛甲	水克火 壬丁, 癸丙

천간합	甲己	乙庚	丙辛	丁壬	戊癸
	戊己	庚辛	壬癸	甲乙	丙丁

육합	子丑	寅亥	辰酉	卯戌	巳申	午未
	土(戊)	木(甲)	金(庚)	火(丙)	水(壬)	火(丙)

〈상생상극 표〉

대부분의 명리학 용어들은 입문자도 이해하기 쉽도록 저술했으나, 알아두면 좋은 용어들을 몇 가지 정리했습니다.

1. **상통**: 천간과 지장간에 같은 글자를 두어 서로 소통하는 것.

2. **투간**: 지장간이 천간으로 향한 것.

3. **투출**: 천간이 지지에 뿌리를 내리지 못하고 둥둥 떠 있는 현상.

4. **근**: 육신의 뿌리를 말하며, 비견 근과 겁재 근의 통칭.

5. **생화**: 생을 잘 받은 육신이 다시 생을 하는 것.
   예) 재생관이 인성을 생화하는 것.

6. **제화**: 생을 잘 받은 육신이 다른 육신을 극하는 것.
   예) 관인상생이 상관을 제화하는 것.

7. **설화**: 육신이 기운이 좋은 육신의 기운을 얻어 오는 것.
   예) 식신이 인비(인성+비견)의 기운을 얻는 것.

8. **설기**: 육신이 기운이 없는 육신의 기운을 뺏어 오는 것.
   예) 재생관이 되지 않는 관성의 기운을 인성이 뺏어 오는 것.

9. **조화**: 사계절의 조화로 지지환경을 말한다.

10. **조후**: 여름과 겨울에 심리건강을 위해서 필요한 기운.

11. **중용**: 균형과 조화.

12. **중화**: 각각의 성질이 모여서 중간에서 맞춰지는 것으로 土가 중화의 기본 요소가 된다. 중용이 무지개와 같다면, 중화는 백색광과 같다.

13. **간여지동**: 丙午, 庚申, 乙卯처럼 천간과 지지가 상통한 기둥.

14. **당령용신**: 사주를 지배하는 용신으로 월지에서 정해진다.

15. **병약용신**: 치우침으로 인해서 발생하는 병을 치료해 주는 용신. 대부분 문제는 과잉과 결여에서 발생하므로 약은 중용을 이루게 하는 에너지다.

목 차

들어가며(필독)

용어 설명

1장 사주는 과학이다

1.	이 책의 탄생 배경	20
2.	육신변화론	23
3.	궁합 보기	30
4.	음양오행	35
5.	60갑자	36
6.	만세력 보는 법	38
7.	철학과 과학	51
8.	프랙털(fractal)	56
9.	뇌가 보여주는 각자의 세계	61

2장

새로운 시각의 물상론

1. 나무(甲乙木) 70
2. 불(丙丁火) 83
3. 땅(戊己土) 97
4. 광물(庚辛金) 107
5. 물(壬癸水) 117

3장

12지지에서 보물찾기

1. 24절기 134
2. 운의 순환체계 136
3. 정신세계와 물질세계 142
4. 삼합(三合) 145

4장
12지지의 특성

겨울: 근본이 중요하다

1. 子水(壬癸) ········ 160
2. 丑土(癸辛己) ········ 167

봄: 과정이 중요하다

3. 寅木(戊丙甲) ········ 172
4. 卯木(甲乙) ········ 179
5. 辰土(乙癸戊) ········ 183

여름: 땀으로 결실을 맺다

6. 巳火(戊庚丙) ········ 190
7. 午火(丙己丁) ········ 195
8. 未土(丁乙己) ········ 199

가을: 결과가 중요하다

9. 申金(戊壬庚) ········ 205
10. 酉金(庚辛) ········ 209
11. 戌土(辛丁戊) ········ 212

겨울: 새로운 준비에 들어가다

12. 亥水(戊甲壬) ········ 216

5장

육신의 사회적 역할

1.	육신의 생화극제	222
2.	재생관과 인아식상	226
3.	正의 세계	231
4.	偏의 세계	232
5.	그 외의 세계	233
6.	재성과 관성	234
7.	격(格)에 관하여	236
8.	길신과 흉신	239

6장

육신(六神)의 특성

1.	비견과 겁재	242
2.	정재와 편재	252
3.	정관과 편관	262
4.	정인과 편인	274
5.	식신과 상관	285
6.	살(殺)풀이	294

마치며

참고 자료

NK만세력은 [육신변화론]을 연구하기 위해서 개발되었습니다.
구글 플레이에서 [NK만세력]을 다운받으세요.

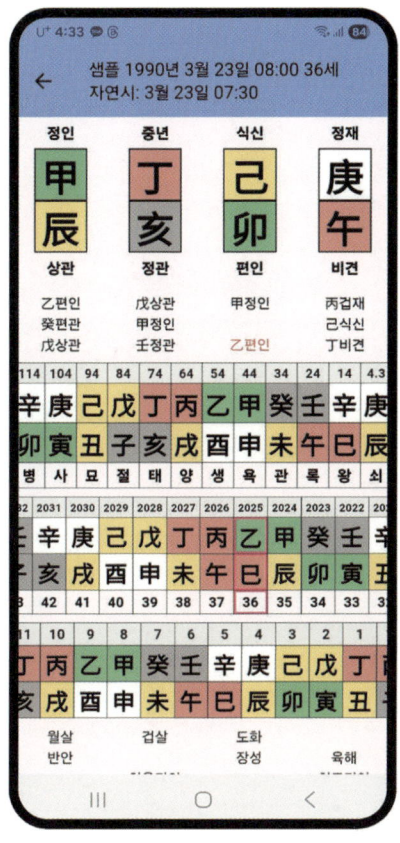

NK만세력

NK밝은미래
광고 포함

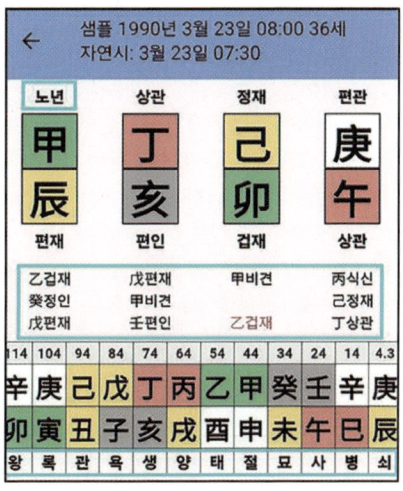

* 각 기둥을 클릭하시면 육신과 12운성이 변환됩니다.

1장

사주는 과학이다

1. 이 책의 탄생 배경

이 책은 하나의 의문에서 시작되었습니다.
'근묘화실(根苗花實)에 따라서 시주가 노년이라면, 時干에 맞춰서 육신과 격도 변해야 하는 거 아닌가?'
생각이 머리에 스치는 순간, 엉켜 있던 실타래가 스르르 풀리기 시작하며 필자는 새로운 명리학과 마주하게 되었습니다. 그리고 연구를 위해서 개발한 만세력 앱은 집필의 상황으로 이어지고, 집필을 위한 궁리는 이 세계에 대한 궁금증을 증폭시켜, 우주과학, 지구과학, 물리학, 화학, 뇌 과학 등을 정신없이 공부하는 것으로 이어졌습니다. 철학과 명리학 그리고 과학이 만나니 궁리는 창발적 사고로 이어져 상상으로 거대한 세상을 만들어 내고 그 결과 한 권의 책이 완성되었습니다.
이 책은 기초과학지식을 통해 명리학을 조명한 책으로 자연의 이치로 인간의 습성을 추론한 가설을 기반으로 하고 있습니다. 그러나 가설을 세우고 관찰을 하면 웃음이 날 정도의 일치성을 발견했기에 단순한 가설 이상으로 생각하고 있습니다. 자연은 곤충의 세계, 동물의 세계, 식물의 세계, 인간의 세계가 있으며, 명리학은 인간 세계에만 적용합니다. 누군가는 이 책을 신비주의적 관점에서 쓴 책으로 오해할 수 있지만, 필자의 타고난 속성은 철학이므로 논리적 사고를 지향하고 신비주의와는 거리가 먼 사람임을 미리 밝혀둡니다. 아울러, 감성의 배려가 미흡함에 미리 양해를 구합니다.

오늘날은 명리학이 통계학으로 인식되고 있지만, 명리학은 철학의 영역입니다. 그래서 이 학문을 공부하려면 철학적 사고를 갖추어야 하고, 철학적 사고를 갖추려면 자연의 근본 이치를 터득해야 함이 마땅합니다. 아니면 10년을 공부해도 기초에서 벗어나지 못하여 사람의 운명을 기계처럼 공식화해 버립니다. 이 한 권의 책이 명리학의 모든 것을 알려줄 수는 없으나 철학적 사고를 기를 수 있도록 돕고, 세계관을 확장해 줄 것입니다.

이 세계에는 매우 정확하게 프로그램된 에너지 시스템이 있고, 그 속에는 아주 귀중한 보물들이 숨겨져 있습니다. 그래서 이 세계는 보물찾기 게임과 같고, 사주팔자에 따라 정해진 임무를 완수하며 각자의 보물을 찾아 성장을 이루어야 하는 것이 '인생'입니다. 이에 사주팔자를 구성하는 60간지는 보물 지도와 같고, 명리학은 암호화되어 있는 보물 지도를 해독하는 학문입니다. 보물을 찾기 위해서는 수많은 함정을 지나야 하는데, 헤쳐나가는 과정에서 우리는 세상의 이치를 깨우쳐 갑니다. 필자의 기본 속성은 철학임에도 역시 제법 많은 함정에 빠졌습니다. 그나마 다행인 건, 함정이 의지만으로 충분히 빠져나올 수 있게 깊지 않았다는 것이고, 학습효과가 좋아서 같은 함정에 두 번 빠진 적이 없다는 것입니다. 이런 경험들이 있었기에 60간지 시스템을 더 빠르게 간파하고 [육신변화론]도 발견할 수 있었으니 함정에 빠졌던 경험 또한 필자에겐 매우 큰 자산입니다. 이 책은 어찌 보면, 두 번째 보물찾기 여정을 끝낸 이가, 보물 지도를 펼쳐 들고 보물의 위치와 함정을 동료들에게 알려주는 로드맵으로 볼 수도 있습니다. 계속해서 펼쳐질 2개의 관문에서 어떤 보물과 함정을 만나게 될지는 모르겠지만, 경험과 관찰을 통해서 시야가 많이 밝아졌으니 유혹의 늪은 무사히 지나갈 수 있을 것으로 예상합니다. 유혹 중에서 가장 무서운 유혹의 이름은 "귀차니즘"입니다.

공부를 시작하기에 앞서 드리고 싶은 말씀은, 이 세상은 배움을 위해서 창조된 세계이므로, 배우지 않는 건 이 세계에서 가장 오만한 태도입니다. 배운 게 없으면 거둘 것도 없으며, 자연은 꽃을 꺾는 자보다 아무것도 하지 않는 자에게 더 냉혹한 면이 있습니다.

2. 육신변화론

명리학 선학자님들께.

[일간론]은 오랜 기간 수많은 임상을 통해서 정설로 굳어진 이론이므로

[육신변화론]이 쉽게 받아들여지지 않을 거라는 건 인식하고 있습니다.

그러나, 학문이라는 것은 선행되는 가설에 수정과 또 다른 가설이 더해지고,

후학들에 의해서 시대에 맞게 완성되어 가는 것이므로,

이 또한 그 과정의 한 페이지로 받아들여 주시기를 바랍니다.

'어떻게 사주팔자 시스템을 만들었기에 이토록 정교한가?'
[육신변화론]으로 기준을 잡으니 사주팔자 시스템이 놀라울 정도로 정교하다는 걸 알게 되었습니다. 그래서 자연과 가까웠던 옛 선학자들과 비슷하게 생각해 보기 위해서 자연의 법칙을 궁리하기 시작했고, 진정한 명리학 공부는 고서에 있지 않고 인류의 과학기술이 밝혀낸 자연의 법칙 속에 있다는 결론에 이르렀습니다.

과거에는 나이 60세를 넘기기가 쉽지 않았으므로, 일간이 청년의 가까운 미래 모습이고, 사회적으로 가장 중요한 역할을 하는 동시에 운명의 종착지나 마찬가지였습니다. 그래서 일간을 기준으로 잡으면 이 현령비현령으로 잘 맞았을 것입니다. 하지만 수명이 늘고 다양성과 함께 모든 게 복잡해진 오늘날, 일간은 월간의 다음 단계이고 시간으로 가는 전 단계일 뿐, 더는 전체 인생의 기준이 되어서는 안 된다는 것이

필자의 주장입니다.

"육신변화론이 맞는 풀이법이라고 할지라도, 일간으로 봐도 얼추 맞는데 굳이 복잡하게 볼 필요가 있나?"라고 물으실 수 있으나, 자신은 물론이고 타인의 운명을 논하는 활인공덕 영역의 학문인 만큼 오류를 줄이는 게 무엇보다 중요하며, 기준을 명확하게 세우면 복잡함이 사라지고 오히려 단순해집니다. [육신변화론]의 관점에서 [일간론]을 본다면, 10대 자녀 문제로 사주를 보러 온 부모에게 자녀의 30년 후 모습을 현시대로 끌고 와서 논하는 것과 같고, 은퇴 후를 고민하는 사람에게 미래가 아닌 과거를 설계해 주는 것과 같습니다.

서자평의 [일간론]과 필자의 [육신변화론]을 비교하면 다음과 같습니다.

1) 일간론

① 일간을 사주의 주인으로 간주하고 연간, 월간, 시간은 일간을 돕는 육신으로 보며 이는 전 생애를 걸쳐서 고정되어 있습니다.
② 일간을 기준으로 연주는 초년과 국가를 나타내며, 월주는 청년과 직업궁(宮), 일주는 중년과 부부궁, 시주는 노년과 자식궁을 의미합니다.
③ 육신은 일간에 맞춰서 한번 정해지면 바뀌지 않기 때문에, 평생 하나의 格으로 살아갑니다. 하나의 格으로 살아간다는 건, 사회적 역할이 평생 변하지 않는다는 것을 뜻합니다.
④ 평생을 일간의 관점으로 살아가므로 성격과 사회를 보는 관점은 대운에 의해서만 변화됩니다.

⑤ 대운과 세운도 전 생애를 걸쳐 일간에 대입합니다.

2) 육신변화론

① 우리의 인생은 4/4분기로 나뉘며, 연주에서 시주로 이동합니다.
② 초년에는 연간, 청년에는 월간, 중년에는 일간, 노년에는 시간이 인생길의 운전대를 잡는 자신(自身)입니다.
③ 따라서 우리는 일생에 4개의 격으로 살아갑니다.
④ 초년에 만나는 대운과 세운은 연간에 대입하여 육신의 생화극제를 파악하며, 나머지 구간도 이와 같습니다.
⑤ 대운이 분기 사이에 걸쳐져 있으면 같은 오행이라도 중간에 육신의 역할이 바뀝니다.
⑥ [육신변화론]에서 가장 중요한 건, 분기마다 무엇을 얼마만큼 채우고 다음 분기로 넘어가는지를 파악하는 것입니다. 예를 들어, 중년에 인성의 생화를 잘 받는 사주라도 초년과 청년에 인성의 생화를 받지 못하면, 중년에 들어서 철든다고 볼 수 있습니다.
⑦ 중년에 길신의 도움을 많이 받아서 평안하더라도 노년에 흉신의 지배를 받는다면, 봉사활동 등으로 사회적 의무를 이행할 수도 있고, 생활고에 시달릴 수도 있습니다. 마찬가지로 중년에 흉신의 영향권에서 고된 삶을 살아도 노년이 길신의 영향권으로 바뀌면, 평안한 노년을 맞이합니다.
⑧ [일간론]은 궁합을 모두 일간에 맞춰서 판단하지만, [육신변화론]은 각자의 구간을 매치합니다. 그래서 부부가 나이 차가 많을 때,

일간끼리 궁합을 보지 않고, 월간과 일간을 매치하여 궁합을 보아야 합니다. 부모-자식 간의 궁합을 볼 때도 마찬가지로, 미성년 자녀는 연간, 부모는 일간을 매치해서 궁합을 보아야 합니다.
⑨ 근묘화실상, 국가나 세계관 등의 큰 테두리는 나이에 상관없이 연주끼리, 경제에 관한 건 월주끼리, 사적 영역은 일주끼리, 시지끼리 맞춰봅니다.

[육신변화론]으로 사주를 보면, 우리의 인생은 매우 역동적입니다. 한 곳에 머물러 있지 않고 변화하며, 그 변화의 흐름이 파노라마처럼 펼쳐집니다. 자신의 현재 모습과 과거의 모습에서 어떤 차이가 있는지, 그리고 미래는 어떤 모습으로 전개될지, 한눈에 확인할 수 있습니다. 모든 것은 기준을 잘 잡으면 단순명료해지고, 근본으로 한발 다가섭니다.

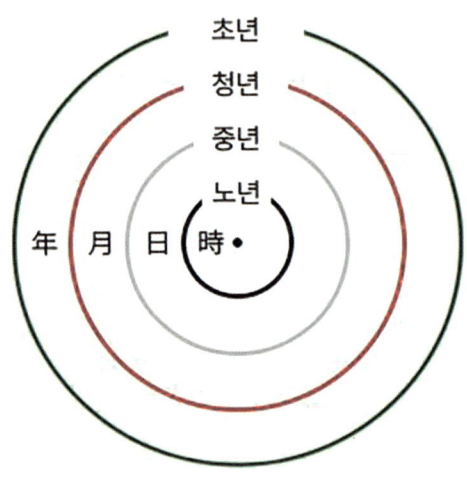

〈그림1. 운명의 궤도〉

태양계의 행성들이 태양을 중심으로 공전하듯이 우리의 인생도 죽음을 중심으로 나선형 궤도를 그리며 하강합니다.
〈그림1〉과 같이 우리는 20년씩 年月日의 궤도에서 살아가고, 노년엔 죽음에 이르기까지 時의 궤도에서, 총 4/4분기의 인생을 살아갑니다. 1분기당 20년을 잡은 이유는 육신으로 세운을 간명할 때 대부분 잘 맞았기 때문이며, 이는 향후 임상이 더 진행된 후에 수정될 수 있습니다. 세운을 볼 때는 기둥마다 20년씩 대입하지만, 변화는 다음 궤도에 진입하기 5년 전부터 서서히 나타납니다. 궤도가 바뀌고 온전한 모습을 갖추기까지 걸리는 시간은 사람마다 다르며, 사주가 균형과 조화를 잘 이루면 변화가 부드럽고, 아니면 좌충우돌을 겪어가며 진통을 겪습니다. 전환기에 육신이 변화된다는 건, 마치 지축이 뒤틀려서 땅의 모양이 변화되는 것과 같은데 누군가에겐 가벼운 지진과 같고 누군가는 대지진을 겪는 듯하니 사람에 따라서 심할 땐 정신적 충격이 가해지기도 합니다. 천간에 비견이 나열된 사람은 큰 변화 없이 그 상태를 유지하며 대운의 변화만으로 살아가지만, 전환기에 모든 육신이 길신에서 흉신으로 변하는 사람도 있습니다. 또한, 격이 점점 높아지는 사람도 있고, 점점 낮아지는 사람도 있습니다. 일찍부터 지진의 전조증상을 감지하고 대책을 세워 조금씩 보완하는 사람이 있으며, 전조증상을 무시하고 넘기다가 한 번에 큰 변화를 받아들여야 하는 사람도 있습니다. 이런 까닭에 옛날 사람들이 아홉 수를 두려워했는지도 모를 일입니다.

한 사례를 예로 들면, 金生水(재생관)가 발달한 丙午월주 여명이, 木과 土가 없는데 甲辰 대운을 만나서 氣의 전체 순환을 이룹니다. 甲辰대운 중반쯤, 다소 이른 나이에 결혼하여 세 아이의 엄마로서 슈퍼우먼처럼 밝고 씩씩하게 가정을 잘 이끌어 나갑니다. 그러다 중년에 癸水 일간으로 전환되어 관성이 사라지자, 남편에게 불만을 품기 시작하고 사이가 급속도로 나빠지는 상황에 직면했습니다. 참 묘한 것이, 남편의 행동은 그대로이고, 39세까지만 해도 결혼한 걸 한 번도 후회한 적이 없다며 남편을 향한 애정을 표현하던 여인이 한순간에 마음을 닫아버린 것입니다. 결국, 별거로 지내다가 아이들이 성인이 되자 부부의 연을 정리했습니다.

이런 일은 상당히 비일비재하게 발생하고, 특히나 대운이 바뀌는 교운기와 겹치면 더 크게 작용합니다.

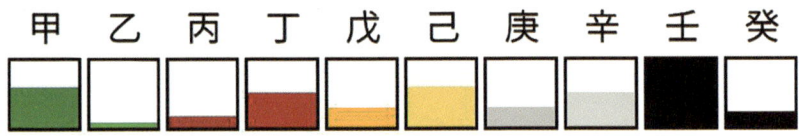

〈그림2. 에너지 그릇〉

한편, 우리는 모든 에너지를 담을 수 있는 그릇을 갖고 태어났으며, 사주에 보이지 않는 그릇은 운이 올 때 채워야 합니다. 그렇지 않으면, 팔자대로 살아가게 됩니다.

우리는 평생 배워야 하는 출생의 의무가 있고, 자신을 비롯한 세상에 존재하는 모든 것은 배움을 위한 설정과 같습니다. 60간지 시스템에 따라 우리가 배워야 할 것들이 때마다 주어지는데, 배움을 통해서 그릇을 채워나가면 분별력이 길러져서 무탈한 인생을 살아갑니다. 세상에서 가장 유용한 능력은 분별력이며, 분별력이 있어야 사람 보는 눈이 좋습니다. 분별력은 다양한 세상을 배우는 과정에서 길러지므로, 세상을 균형 있게 공부하는 사람이 좋은 사람을 끌어당깁니다. 누구를 막론하고 인연을 맺을 때 가장 조심해야 할 대상은, 인생을 편하게만 살고자 하는 사람입니다. 편하기만 한 삶은 발전이 없으며, 스스로 만든 능력이 없으니 세월이 흐를수록 타인을 이용하는 기술만 늘어납니다.

3. 궁합 보기

"두 사람 개성의 만남은 두 가지 화학물질의 접촉과 같다.
반응이 있으면 둘 다 변화한다."
- 칼 융

누구나 누군가의 몸에서 나오므로 태생부터 우리는 모두 인연으로 연결되어 태어납니다. 처음 맺는 인연은 혈연이고, 그 외에는 유유상종으로 자신이 내뿜는 에너지가 그에 맞는 에너지를 끌어당기면서 인연을 만들어 갑니다. 그래서 우리는 계속 자신을 성장시키며 좋은 에너지를 내보내야 합니다. 우리가 내뿜는 에너지는 저 광활한 우주를 통해 지구 곳곳으로 전송됩니다.

좋은 인연은 서로의 장점을 살려주어 도약의 발판이 되어주고, 나쁜 인연은 서로의 발목을 잡아 수렁으로 끌고 들어갑니다. 때론 악연과의 관계에서도 배울 점이 있으므로, 그로 인해서 큰 깨달음을 얻는다면 그보다 값진 인연도 없습니다. 가장 위험한 건, 악연을 만나는 게 아니라, 누구와도 연을 맺지 않는 것입니다. 연을 맺는 것은 중요하나, 아무나와 연을 맺으면 안 되므로 인연을 맺을 때는 매우 신중해야 하고, 깊은 인연을 맺을 때는 헌신할 각오를 해야 합니다. 좋은 인연은 서로에게 헌신하며 융합하지만, 나쁜 인연은 서로 상대를 자신에게 맞추고자 합니다. 궁합이 좋으면 떨어져 있어도 온기가 전해지지만, 궁합이 나쁘면 함께 있어도 외롭습니다.

이 책에서는 임상을 다루지 않지만, [육신변화론]으로 궁합 보는 방법과 궁합의 실효성을 설명하기 위해서 천생연분 사주를 하나 살펴보고 넘어가도록 하겠습니다.

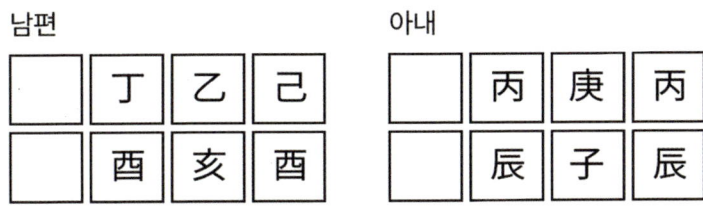

〈그림3. 천상궁합〉

사주가 합과 생으로 이루어져 십수 년을 넘게 세상 둘도 없는 단짝으로 살아가는 위 커플은, 결혼 전에는 두 사람 다 경제적인 것을 포함하여 여러 문제를 안고 있었습니다. 그러나 결혼 후에는 모든 일이 순조롭게 진행되면서 경제적 여유도 생기고 잉꼬부부로 주변의 부러움을 사며 안정적인 삶을 영위하고 있습니다.

남편은 정재격-정인격-정관격 길격으로 이루어진 부드러운 흐름으로 살아온 것이 확인되는 반면에 아내는 정관격-상관격-정관격의 상반되는 격으로 전환되는 걸 확인할 수 있습니다. 첫 만남 당시 남편은 丁火, 아내는 庚金이었는데, 남편은 정재를 보고, 아내는 정관을 보니 서로에게 이끌립니다. 두 사람의 이야기를 들어보면, 아내의 성격이 보통이 아니어서 초반에 남편이 많은 애를 먹었다고 하며, 아내는 자신의 못난 성격을 다 받아주는 남편에게 고맙고 미안해서 남편에게 어울리는 사람이 되고자 노력했다고 합니다. 정인의 제화를 받지 못한 금수상관 격 여명이 사회경험이 풍부한 乙丁의 다정한 제련을 받아들이니 조금씩 제 기능을 찾아가며 냉소적인 성격에서 밝고 따뜻한 성격으로 변해 갑니다. 아내가 중년이 되어 丙火일간이 되니 남편의 지적능력에 의지하던 아내가 남편의 지식을 검증하기 시작합니다. 이는 하나의 구(毬)를 형성하여 내실을 다지기 위한 丙丁음양합의 효과입니다. 이 과정은 서로가 간과한 부분을 알려주는 것으로, 궁합이 좋으면 서로의 의견을 경청하여 완전체를 이루지만, 그렇지 못하면 서로의 조언을 지적질로 받아들여 싸움으로 번질 우려가 있습니다. 이 부부는 궁합이 매우 좋음에도 불구하고 아내의 丙火기운이 너무 강하여 완전체를 이루는 과정이 녹록지 않았던 것으로 관찰됩니다. 그러나 모든 게 조화로운 남편이 리드를 잘하니 결국 아내가 빛의 세기를 조정하는 모습을 보입니다. 이렇게 궁합이 좋은 부부도 서로 융합하는 과정에서 잦은 의견 충돌이 일어납니다. 그러나 그 과정조차도 서로에게 성장의 동력이 되어주니, 결속력이 더 강화됩니다.

지지환경을 보면, 亥子합은 끝과 시작이고, 辰酉합은 천간에 庚金을 둔 사람이 주도권을 갖고 있으니 일상에서 남편이 아내의 계획에 발을 맞추는 것이 자주 관찰됩니다. 사이가 좋은 부부들의 모습에서 공통으로 보이는 모습은, 남편이 아내 말을 잘 듣는다는 것인데, 육합의 효능이 아닐까 싶습니다. 만약 둘 다 천간에 庚金을 갖고 있다면 서로 주도권을 가지려고 기싸움이 벌어졌을 것입니다.

월주의 乙庚합과 亥子합은 서로의 직업 세계를 공유하면서 간접 체험하는 것으로 나타나고, 둘 다 정관격이므로 사회적 눈높이도 비슷하니 죽이 잘 맞아 다양한 주제로 대화와 웃음이 끊이지 않는 모습이 매우 인상적입니다. 또 하나 눈여겨볼 것은, 연간에서 丙己로 아내가 남편을 생하니 개인주의적 세계관을 가진 己土가 丙火에게 사회적 나눔을 실천하는 방법을 배워갑니다. 이 부부는 시주도 합을 이루고 있으니 앞으로도 더 큰 시너지를 만들며 함께 성장할 것으로 예상합니다.

"관계의 본질은 만남 속에서 두 사람이 모두 변화되는 것이다."
– 롤로 메이

이렇듯 융화의 시너지가 주는 이점은 상당하기에 어떤 부모를 만나고, 어떤 친구를 만나고, 어떤 연인을 만나는지가 삶에 매우 중요한 파트라고 할 수 있습니다. 그래서 일생의 짝을 찾고 가족계획을 세우는 일은 매우 신중해야 합니다. 유명한 역술인들도 사주를 보는 것보다 궁합을 보는 게 더 어렵다는 말을 하는데, 이유는 아마도 좋은 임상 자료를 구하기가 어렵기 때문일 것이며, 없어서가 아니라 부부 사이에 갈등이 없으니 궁합을 보러 가지 않기 때문일 것입니다. 그래서 궁합은 맞춰가면서 살아가는 거라고 위안을 주지만, 맞는 조각들끼리 있어야 퍼즐이 완성되듯이 에너지도 융합이 가능한 에너지들끼리 있어야 성장이 일어납니다.

부부는 가장 작은 단위의 공동체로서 인생의 커다란 퍼즐을 함께 맞춰가는 사람들입니다. 퍼즐이 아무리 어려워도 맞는 조각들끼리 있으면 끝내 걸작을 완성하지만, 맞지 않는 조각들끼리 있으면 단순한 퍼즐조차 맞추지 못하고 성질만 버립니다. 그렇게 엎어버리고 다시 맞춰야 하는 상황이 계속해서 발생하고, 좋은 에너지를 생산해야 할 귀한 인생을 그렇게 소비해 버립니다. 이 세상엔 서로를 성장시킬 꼭 맞는 반쪽이 어딘가에는 존재합니다. 그러나 그 존재를 누구나 만날 수 있는 건 아니므로, 우리는 계속해서 좋은 에너지를 생산해야 합니다. 그래야 엉킨 에너지가 풀리고 반쪽에게 닿아 서로의 끈을 잡아당깁니다. 위에서 살펴본 아내의 경우, 사회적 약자를 위한 기부를 시작한 후부터 좋은 일들이 생기기 시작하고 1년 후에 남편을 만나게 되었다고 합니다. 부부가 궁합이 좀 어긋나도 세상을 바르게 살고자 하는 마음을 품고 행하면, 새 퍼즐과 부족한 조각을 자녀가 들고 태어납니다. 반대로 대충 살고자 하면 더 혼란을 유발하는 조각을 들고 태어납니다. 엎지른 물은 되돌릴 수 없으니, 큰일을 앞두면 반드시 마음가짐을 바르게 하여 유비무환을 해야 합니다. 한편, 천간합은 매우 귀한 조합이나 만약 천간합으로 에너지가 과해지면 부작용을 일으킬 수 있으니 주의가 필요합니다. 庚辛金이 과한 사람이 배우자와 乙庚합을 하여 金에너지가 더 과해지는 경우를 말합니다.

인생은 에너지를 모아서 자신의 세계를 구축하는 여정입니다. 에너지가 순환되어야 기본에 충실하므로, 원활하면 안정적인 자신의 세계를 구축하여 그 위에서 자유롭게 살아가고 그렇지 못하면 불안정한 세계를 만들어 그 속에 갇혀서 살아갑니다. 우리는 타인의 세계까지는 구축할 수 없으나, 공동체라는 이름으로 조력할 수는 있습니다. 그래서 혼자 힘으로 힘들다면 조력자를 찾아서 도움을 요청해야 합니다. 그러나 많은 이들이 자신의 세계가 불안정하다는 사실을 자각하지 못하므로 걱정해 주는 사람의 조언은 간섭으로 받아들여 귀를 닫아버리고, 이용하려는 사람의 사탕발림이나 무관심한 사람의 립서비스에 귀를 열어 불균형을 가속합니다.

4. 음양오행

음양은 균형(balance)이고 오행은 조화(harmony)입니다.
명리학은 크게 [음양오행의 상생상극]과 [육신의 생화극제]로 나뉘며, 음양오행으로는 성격과 재능 등을 판단하고 육신으로는 사회적 역할과 임무 수행능력을 판단합니다. 이것을 심리학에 대입해서 본다면, 음양오행은 [성격심리학]의 영역이고, 육신은 [사회심리학]의 영역입니다. 인간 세상에 존재하는 번뇌, 고통, 질병 등의 모든 악재는 중용이 깨졌을 때 발생하는 문제를 해결하지 못하여 악순환이 반복되는 것입니다. 그러므로 우리는 선순환을 위해서 자신에게 필요한 요소가 무엇인지를 알아내고, 운이 당도했을 때 부족하고 과한 것을 운에서 채우고 버리는 노력을 해야 운에 휘둘리는 불안정한 삶에서 자유로워질 수 있습니다. 에너지가 순환이 잘될수록 타인과 화합을 잘 이루고, 혼자 사는 세상은 퇴행으로 가는 가장 빠른 길입니다.

5. 60갑자

서양의 자연 철학자들이 오랜 세월을 거치면서 물리학을 포함한 많은 분야의 과학을 발전시켰듯이, 동양의 자연 철학자들은 아주 오랜 세월을 거치면서 자연의 언어를 60갑자로 기호화하였고, 이 속에는 삼라만상 모든 것이 질서 있게 새겨져 있습니다.

사주팔자는 60갑자 중에 年의 궤도에서 하나, 月의 궤도에서 하나, 日의 궤도에서 하나, 時의 궤도에서 하나씩 조합되어 만들어집니다. 10개의 천간과 12개의 지지가 짝을 이루면 위와 같이 60개의 기둥이 만들어지는데, 이 기둥이 연주에서 한 바퀴를 다 돌면 60년이 걸리고, 월주에서 한 바퀴를 돌면 5년, 일주에서는 60일, 시주에서는 5일이 걸립니다. 60갑자 시스템은 시계태엽처럼 서로 맞물리면서 에너지 운행을 하고 있습니다. 우리가 운을 보는 이유는, 이 흐름에 올라타서 원하는 걸 쟁취하기 위함이므로, 원하는 게 없으면 운을 볼 이유가 없습니다. 운행은 씨를 뿌리고 수확할 시기를 보는 "신의 농사일지"와 같은 것인데, 인간의 마음은 씨를 뿌리지 않고서 풍년을 기대하니, 타인의 사주를 봐주는 것은 여간 어려운 일이 아닙니다.

〈그림4. 60갑자〉

6. 만세력 보는 법

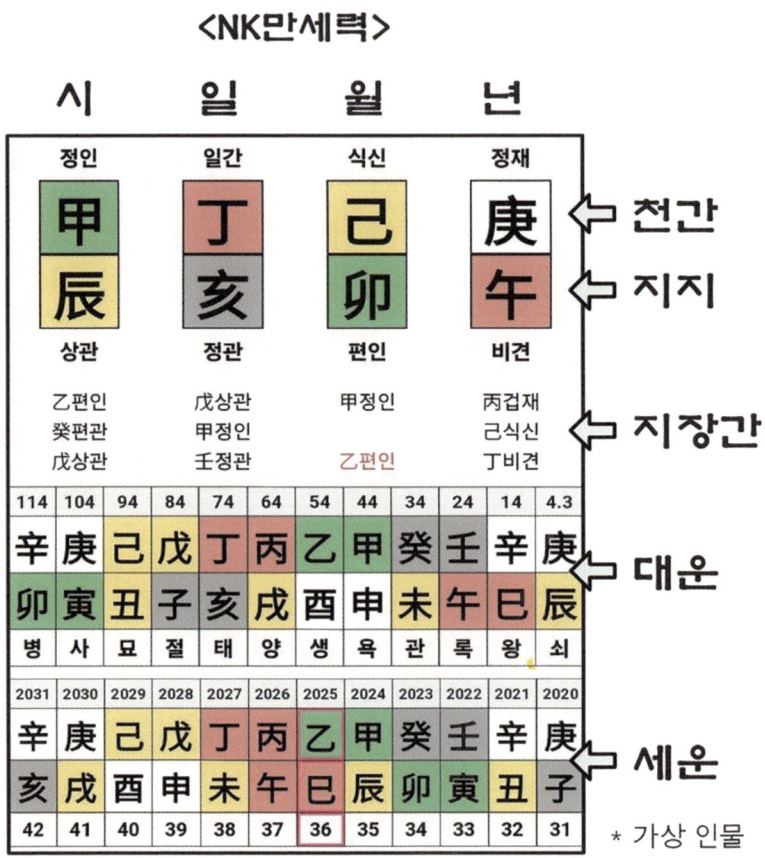

〈그림5. 만세력〉

명리학은 암호화된 사주팔자를 해독해서 자신의 운명을 미리 알고 불확실한 미래를 현명하게 대처할 수 있게 합니다. 암호를 해독하기 위해서는 우선 만세력을 보는 방법부터 익혀야 하므로, 천간과 지지 그리고 지장간, 대운과 세운이 무엇인지를 가볍게 다루고 넘어가도록 하겠습니다.

"일체유심조(一切唯心造), 모든 건 마음이 짓는다."
– 화엄경

"행동의 씨앗을 뿌리면 습관의 열매가 열리고,
습관의 씨앗을 뿌리면 성격의 열매가 열리고,
성격의 씨앗을 뿌리면 운명의 열매가 열린다."
– 나폴레옹

"하느님의 뜻이 하늘에서와 같이 땅에서도 이루어지소서."
– 주님의 기도 中

① 천간: 하늘의 뜻(천), 의식, 계획, 페르소나, 명시적 동기.
② 지지: 땅의 뜻(지), 마음이 머무는 곳, 육체, 공간, 환경.
③ 지장간: 사람의 뜻(인), 무의식, 실제 행하는 일, 암묵적 동기.
④ 대운: 기간학습 시간표.
⑤ 세운: 60간지의 운행 시간표.

심리학은 인간의 행동 양식을 과학적으로 연구하는 학문으로 성격심리학, 사회심리학, 학습심리학, 인지심리학 등 많은 분야로 나누어 연구합니다. 심리학자들은 사람이 하는 행동 중에 약 90%는 무의식적인 행동이라고 했으며, 모든 분야를 막론하고 가장 중요하게 다루는 부분은 바로 "무의식 영역"입니다. 정신분석의 창시자인 '지그문트 프로이트'는 무의식의 세계를 해수면 아래의 빙산으로 묘사하며 무의식을 매우 강조하였고, 정신적 문제를 아동기의 암묵기억에서 찾으려고 했습니다. 반면, 프로이트와 양대 산맥을 이루었던 분석심리학의 창시자인 '칼 융'은 동양사상에 관심을 가진 최초의 서양 심리학자로서, 의식과 무의식의 통합을 주장하였고 중년을 가장 중요한 단계로 보았습니다. 인간의 동기를 다루는 분야에서는 사람들의 행동을 예측할 때, 명시적 동기보다 암묵적 동기가 더 유용하다고 보았는데, 하겠다고 말하는 것과 실제로 행하는 것이 불일치하기 때문입니다. 그래서 명시적 동기(천간)는 사람의 태도와 가치관을 예측하게 하고, 암묵적 동기(지장간)는 사람들의 행동과 수행을 예측하게 합니다.

인지 부조화 이론(Cognitive Dissonance)이란, 사람들은 태도, 믿음, 행동의 불일치를 인지할 때 심리적으로 불편한 각성 상태가 되므로, 불일치를 제거해서 불편함을 줄이려는 동기를 만든다는 이론입니다. 인지 부조화 이론이 나오기 전에 설득 이론가들은 태도와 믿음이 바뀌면 행동도 바뀐다고 가정했으나, 행동이 먼저 바뀌면 행동과 일치성을 유지하기 위해서 그와 관련된 태도와 믿음까지 바꾸려 한다는 것을 증명했습니다. 의식과 무의식의 연결이 원활할 때 정신이 건강하므로, 천간과 지장간이 상통될 때 우리는 생각과 행동이 일치하는 바람직한 상황을 자주 만들고, 그것이 쌓여서 예측 가능한 밝은 미래를 만듭니다. 천간이 앞으로 나가고자 하는 계획을 세워도 지장간에서 멈춰 있고자 하면 그 계획은 작심삼일이 되어버리므로 말만 앞서는 사람으로 비칠 수밖에 없습니다. 그리고 아무리 좋은 계획이 있다 해도 환경에서 받쳐주지 않으면 번번이 실패의 고배를 마시니, 이상적 자기와 실제 자기가 일치하지 않아서 낙담이 반복되고, 결국 심리적 문제로 이어질 수도 있습니다.

한편, 신경과학 연구에서는 뇌 활동의 대부분은 무의식적으로 처리되며, 우리의 의식은 결과를 나중에 인식할 뿐이라고 합니다. 의식과 무의식의 접속이 빨라져야 대응력이 빨라지고 일관성 있는 태도를 보입니다. 뇌세포 뉴런은 전기적 신호(spike)로 서로 소통하는데, 의식의 전반을 다루는 전전두피질과 무의식을 다루는 변연계, 뇌간, 소뇌 등의 호환(compatible)이 잘 이뤄져야 원활한 두뇌활동이 가능합니다.

정리하면, 의식이 세운 계획은 무의식이 받아줘야 현실화되는 것이고, 무의식은 의도적으로 깨워야만 계획으로 승화됩니다. 그러므로 천간과 지장간은 치우침이 없이 함께 연구되어야 하며, 상통되는 운을 언제 만나는지가 인생에서 매우 중요한 부분을 차지합니다. 즉, 하늘의 뜻이 땅에서도 이루어져야 삼위일체(세 가지의 것이 하나의 목적을 위하여 통합되는 일)가 성립됩니다.

이처럼 무의식의 영역이 의식의 영역보다 큰 비중을 차지하지만, 現 역술 계에서는 천간에 가장 큰 비중을 두고, 지장간은 아예 풀이 대상에서 제외하는 경향이 있습니다. 이는 무의식은 배제하고 의식만 다루는 것으로, 앞서 말한 것처럼 명시적 동기만을 보는 것입니다. 또한, 역술계에서는 일간의 根만 중요하게 보는 경향이 있는데, 자신의 뿌리만이 아니라 타 육신들도 상통을 이뤄야 합니다. 예를 들어, 관성이 투출하면 자신은 소속감과 규칙 속에서 살아가고 싶으나, 정작 자신이 서 있는 곳은 각자도생, 암묵적으로 규칙이 파괴된 세상입니다. 이곳에서 자신만 합의된 규칙을 잘 지키려고 하니 오히려 실속을 못 챙기거나 고귀한 척하는 사람으로 비웃음을 삽니다. 환경 자체가 규칙이 없는 곳이다 보니 무질서한 사람들이 모여 있으므로, 비웃음을 사는 건 당연지사입니다. 이런 상황이 계속 이어지면 환경에 불만이 생겨 융화가 힘들어지든가 서서히 환경에 길듭니다. 시대가 많이 바뀌어서 시스템이 마련되어 가고 있지만, 대표적으로 규칙이 존재하지 않는 곳은 연예계와 음지 산업이 있습니다. 그래서 착취나 사건 사고가 자주 발생합니다. 또한, 의식적으로는 책임의식을 가지려고 하나 무의식은 책임을 회피하니 책임질 일을 애초에 만들지 않는 방관자의 모습을 보이기도 합니다. 그러다 투출한 관성이 운에서 지지와 도킹(docking) 되면 환경에 변화가 찾아옵니다. 성별을 막론하고 관성은 소속과 책임의식이므로 이때 가정을 꾸리기도 합니다. 또한, 청년에는 지지에 관성이 없다가 중년에 관성이 생기면, 환경 자체가 바뀌는 상황을 맞이하게 됩니다. 이처럼 상통은 매우 중요한 것이므로, 명리학을 공부할 때 가장 먼저 배우고 이해해야 할 요소입니다. 지강간을 배제하고 간명하는 건, 화면에 비친 방송인들의 편집된 모습과 화면 밖의 모습이 일치한다고 믿는 것과 같습니다.

1) 천간(天干)

가치관을 어디에 두고 살아가는지에 따라서 태도가 결정되므로 천간은 자신의 가치관을 드러내는 얼굴과 같습니다. 외부에 드러나는 모습이며, 의식이 만들어 가는 이상적인 세계입니다. 같은 환경에 놓여 있는 사람이라고 할지라도, 천간에 따라 그곳을 살아가는 마음가짐이 달라지므로 누군가에겐 천국이고 누군가에겐 지옥이 됩니다. 아무리 열악한 환경이라도, 천간을 잘 타고나면 그곳을 자신만의 블루오션으로 개발할 수도 있습니다. 하지만, 천간이 뿌리를 내리지 않으면 모든 계획은 허사가 되고 마는데, 생각만 하고 실천을 하지 않기 때문입니다. 마음을 굳게 먹고 실천을 해도 번번이 실패하는 이유는 뜬구름 속의 계획은 실전과 판이한 세계이기 때문입니다.

"누구나 그럴싸한 계획을 갖고 있다. 처맞기 전까지는."
- 마이크 타이슨

원국에서 뿌리를 내리지 못해도 우리는 시운에서 매일 뿌리를 내리고, 일운, 월운, 연운, 대운에서 계속 환경에 뿌리를 내릴 수 있으므로, 운행 시간표를 알고 제대로 활용하면 무의식의 환경을 잘 개척할 수 있습니다. 무의식의 환경이 의도적으로 개척될 때, 실제 환경도 달라집니다. 그래서 운을 얼마나 잘 활용하는지에 따라서 인생의 성공 여부가 결정된다고 볼 수 있습니다.

2) 지지(地支)

지지는 자신에게 주어진 환경입니다. 환경은 적응하는 곳이지, 자신에게 맞추는 곳이 아님에도 우리는 환경을 자신에게 맞추려고 많은 에너지를 낭비하면서 살아갑니다. 자신이 서 있는 환경과 조화를 이루어서 아름다운 곳으로 가꾸고자 하면 그곳은 천국이 되고, 자신의 정신이 환경과 부조화를 이루면, 그곳은 지옥과도 같습니다. 절이 싫으면 중이 떠나면 그만이라고 하지만, 그 중에게 맞는 절은 어디에도 없습니다. 환경의 잘못이 아니라, 개척하지 않는 게으름이 문제고 매사 부정적으로 생각하는 그 어두운 마음과 강한 자존심이 문제이기 때문입니다. 많은 문제(trouble)는 자신의 단점은 개선할 생각을 하지 않고 환경만 탓하는 그 어리석음에서 나옵니다. 육체는 영혼을 담는 환경이므로, 정신과 육체가 조화를 이룬 사람은 바꿀 수 없는 것에 집중하지 않고 바꿀 수 있는 것(환한 미소 만들기, 살 빼기, 자세 교정하기, 패션 감각 키우기, 머리, 손발톱 깨끗하게 관리하기 등)을 시도하면서 자신을 아름답게 가꿔나갑니다. 하지만, 이미 아름다운 외모를 타고난 사람도 영혼과 육체가 부조화를 이루면 과도한 성형 등으로 환경을 망가뜨리는 일을 저지릅니다. 문제의 원인을 환경이 아닌 자신에게서 찾으려는 태도는 많은 문제를 해결하는 강력한 열쇠입니다. 그리고 자신을 개선하려는 의지와 실천은 밝은 미래로 이끕니다.

연지는 사회 궁이고, 월지는 직업 궁, 일지는 사교 궁, 시지는 친밀 궁입니다. 초년에는 교육시스템, 또래, 사회환경에 따른 부모의 경제력에 영향을 많이 받으므로 연지의 영향이 크고, 청년에는 적성과 직업의 영향이 크므로 월지, 중년에는 가정생활에 영향을 많이 받으므로 일지, 노년에는 지극히 개인적인 시지의 영향을 많이 받습니다. 사람은 나이가 들수록 비슷한 사람들과 어울리므로 관계의 폭이 연지부터 시지로 옮겨 갑니다. 그래서 시지가 곧 본인의 노년 모습이고 결이 맞는 가장 가까운 사람들의 모습입니다. 시지는 가장 깊은 무의식의 영역이므로 가장 나중에 드러나는 영역이기도 합니다. 또한, 지지는 환경이므로 자신 이외에도 그 환경에서 함께 살아가는 사람들이 있습니다. 사람이 모여 있는 곳에서는 형, 충, 파, 해, 합과 같은 다양한 일들이 벌어지는데, 환경이 건드려지면 문이 열리면서 지장간끼리 생화극제하며 다양한 사건을 만들어 냅니다. 원국에 있다면 항상 그러한 상황에 놓여 있고, 운에서 만난다면 그런 상황에 어쩌다 마주하게 됩니다.

한편, 명리학을 "계절학"이라고 말할 정도로 태어난 계절인 월지는 우리 인생에 가장 큰 영향을 미칩니다. 이는 3장에서 다룹니다.

3) 지장간(支藏干)

지장간은 땅에 머문 에너지를 말합니다. 땅에 머문 에너지는 자신에게 가장 많은 영향을 미치며 습관적인 모습을 만들고, 그로 인해서 비슷한 에너지를 끌어당깁니다. 이는 유유상종의 의미가 있습니다. 만약 庚辰일주라면 乙癸戊 상관생재+상관편인합을 하고, 丙辰일주라면 관인상생+식정관합을 합니다. 사람은 자신과 비슷한 사람과 어울리고자 하는 심리가 있으므로, 자신의 행동을 보고 다가오는 사람들의 모습이기도 합니다. 앞서 궁합에서 살펴본 여명의 경우, 청년에는 상관생재를 하고 중년에는 관인상생을 합니다. 청년에는 영업직으로 경쟁 사회에서 치열하게 살아가다가 중년에는 환경이 관인상생으로 바뀌니 안정적인 환경에서 가정주부로 살아가는 모습입니다. 지장간이 상생상극을 하여 쓸모를 갖추려면 역시 배합이 필요하며 이 또한 3장과 4장에서 학습할 수 있습니다.

4) 대운(大運)

대운이란, '대길한 큰 운'을 말하는 게 아니라, 10년마다 학습해야 할 에너지가 추가되는 것을 말합니다. 대운은 월주를 시작으로 순차적으로 진행되며, 대운을 한마디로 정의하면 "기간학습"이라고 할 수 있습니다. 10년간 제공되는 에너지를 학습하여 원국을 강화해야 합니다. 우리가 학습할 새 책을 받았을 때 가장 먼저 하는 게 목차를 보고 뭘 배우는지를 확인하듯이, 대운도 그 흐름을 알아야 학습 기간에 에너지가 주는 능력을 비교적 쉽게 습득할 수 있습니다. 원국에 원래 있는 기능이라면 업그레이드되는 기간이고, 없던 것이 들어온 거라면 새롭게 학습해야 하니 좌충우돌하면서 배워갑니다. 만약 丙火가 지장간에도 없는 사람이 丙火대운을 만나면, 甲乙木이 있어야 丙火를 제대로 사용할 수 있고, 없다면 세운과 월운에서 만나야 丙火의 능력을 자신의 것으로 만들 수 있습니다. 그렇기에 대운을 거쳤다고 해서 모두가 그 기능을 충분히 습득할 수 있는 건 아니며, 보물을 하나도 찾지 못하고 기간이 끝날 수도 있습니다. 또한, 丙火가 지장간에 상통되어야 무의식에도 丙火의 기운이 새겨지므로, 丙火가 하나도 없는 사람은 丙午대운처럼 간여지동(干與地同)으로 들어와야 유리합니다. 다른 글자들도 이와 같습니다.

심리학에서 학습은 크게 강화와 소거의 형식으로 이루어지며, 소거는 강화가 멈추면 학습효과가 서서히 사라지는 것을 의미합니다. 대운에서 에너지를 충분히 채웠다고 하더라도 기간학습이 끝나면, 기능이 서서히 소거되므로 오래 유지하고 싶다면 의식적인 노력이 추가로 이어져야 합니다. 우리가 학창시절에 학습한 것 대부분이 시간이 지나면 잊히듯이, 대운의 기간학습도 이와 같습니다. 그러나 이 기간에 훈련된 기술과 이룩한 업적들은 사라지는 게 아니므로 부족한 에너지를 만났을 때 최대한 많은 성과를 이뤄야 합니다.

한편, 종격이나 2행처럼 심하게 치우친 사주는 관성(慣性)이 크게 작용하여 그 자리에 머물고자 하니 필요한 운이 들어와도 균형 있는 학습효과를 기대하기가 어렵습니다. 이들의 경우는 잘하는 것에만 집중하여 천재 소리를 듣기도 하지만, 일상생활에서는 적응력이 떨어지는 단점이 있습니다. 대운은 균형을 맞추기 위해서 존재하는 것임을 알면, 우리가 얼마나 많은 걸 놓치고 사는지도 깨닫게 됩니다. 발전적인 사람은 잘하는 것보다 부족한 것에 집중합니다.

좋은 대운을 만나면 하고 싶은 일이 생기고 뜻을 펼칠 의지와 환경을 만나게 됩니다. 감나무 밑에서 감 떨어지기를 기다리거나, 누군가 이끌어 주는 게 아닌 스스로 길을 개척하고자 하는 용기가 생깁니다. 매해 과제를 위한 문이 열리고, 열린 문으로 들어가서 보물을 찾는 건 우리의 몫이며, 과제를 수행하는 과정에서 뜻밖의 행운(serendipity)을 만나게 됩니다. 인생은 끊임없는 학습의 과정이며, 이 세상 모든 건 배움을 위한 설정이므로 자신 역시 타인에게 교훈을 주기 위한 설정입니다. 그래서 우리는 모범은 못 보여도 적어도 '나는 저렇게 살지 말아야지.'의 대상이 되지 않도록 노력해야 합니다.

분자가 마찰 운동을 하면서 열에너지를 만들어 내듯이, 사람도 타인의 에너지와 마찰이 돼야 정신 에너지가 강해집니다. 열은 곧 면역력입니다. 외부 자극을 거부하고 멈춰 있으면 에너지를 만들지 못하는 게 자연의 법칙인데, 갈수록 온라인 세상에서 생활하고 실제 세상과는 단절하니, 열을 만들지 못하여 정신 면역력이 약해지고 작은 자극에도 민감하게 반응합니다. 취향 존중으로 가장한 무관심 속에서 마음이 병들어가는 사람들이 매우 안타깝고, 이런 사회적 현상이 지속하도록 지켜만 봐야 하는지도 의문입니다.

명리학으로 운행을 보는 건, 점치는 용도가 아니라 다음 관문에서 해야 할 일을 미리 내다보기 위한 것입니다. 그러므로 아무 일도 하지 않으면 명리학으로 내다볼 미래가 없는 건 매우 당연한 이치입니다. 오늘날에는 명리학이 점술사의 학문으로 오해받고 있지만, 명리학은 엄연히 세상의 근본 이치를 깨닫기 위한 동양 철학자들의 수준 높은 학문입니다. 이 수준 높은 학문을 공부한다는 것은, 밝은 미래로 향하는 길에 첫발을 내디딘 것이니 분명 앞날에 축복이 있을 것입니다. 다시 한번 보물찾기에 오신 것을 환영합니다.

5) 세운

대운은 10년의 계획(十年之大計)이고, 세운은 매해 새로 갱신되는 임무와 같습니다. 대운은 사람마다 지나가는 구간이 다르지만, 세운과 월운, 시운은 모두가 같은 구간을 걸어갑니다. 그러나 각자의 능력에 따라서 누군가는 해마다 보물을 찾아내고, 누군가는 어두운 거리를 걸어갑니다. 대운을 거치면서 재능을 깨워 원국을 강화하고, 세운에서 과제를 이행하며 능력을 얻는 것이 운의 시스템입니다.

예를 들면, 甲辰년에는 木克土가 기본으로 장착되어 있으므로, 평소

金生水, 水生木을 잘하는 사람은 甲木의 해에 체계적인 학습으로 지적 능력을 더 크게 키울 수 있습니다. 이에 더해 木生火까지 할 수 있다면 학습된 지적능력을 활용할 수 있는 능력까지 갖추게 됩니다. 임무를 달성하면 乙巳년에 다음 관문이 열립니다. 평소 水生木을 하지 않는 사람은 운이 와도 水生木을 인식하지 못하니, 甲木을 火克金을 위한 땔감으로 사용하여 체력 단련이나 실용기술을 익히는 것으로 대체합니다. 원국과 운은 따로 노는 게 아니라, 함께 어우러져 상생상극하며 부족한 기운은 채우고, 넘치는 기운은 상쇄하면서 끊임없이 둥글게 다듬어집니다. 그래서 "모난 돌이 정 맞는다."라는 옛 속담처럼, 한쪽으로 치우치면 세운에서 상쇄의 기운이 왔을 때 정 맞습니다.

사주가 치우쳤을 때 발생하는 불균형은, 정신적인 것만 탐닉하거나 물질(육체)적인 것만 탐닉하고, 자신에게는 관대하나 남에게는 엄격하고, 모든 걸 다 가져도 만족이 안 되거나 가진 게 없는데도 만족하고, 타인의 좋은 점을 배우는 대신 시기 질투에 사로잡히고, 남 좋은 일은 열심히 하나, 정작 자기 가족은 돌보지 않고, 미래를 위한 대비 없이 현재를 즐기느라 바쁘고, 과거에 집착하여 현재를 살아가지 못하거나 미래에 집착하여 현재를 즐기지 못하는 삶 등이 있습니다. 균형이 깨지면 계속 악순환이 이어져서 본능에 충실한 생리적 욕구에만 머무르게 됩니다. 생리적 욕구에만 오래 머무르면 자신을 동정하여 자기합리화에 매몰되니, 질서를 어기고도 상황 탓만 하면서 여러 가지 악순환 속에서 길을 잃어버립니다. 그러니 자신이 갖지 못한 부족한 에너지를 운에서 만나면 정 맞기 전에 모난 기운을 상쇄하려는 노력을 기울여야 합니다. 이것이 자아 성찰이 필요한 이유이며, 성찰은 인생을 바른 궤도에 올리는 첫 단계입니다. 우리는 모두 출발점이 다르고 각자 살아가는 방식이 다르지만, 모두가 향해야 하는 방향은 한곳입니다. 자아실현으로 향하는 길, 그곳이 우리가 지향해야 하는 삶이고, 그곳으로 가는 운행 기차에 몸을 실을 때 꼬인 인생이 풀리고, 꼬인 인생이 먼저 풀려야 제 뜻대로 인생을 설계할 수 있습니다. 제 뜻대로 인생을 설계할 힘이 생길 때 진짜 인생이 시작됩니다.

한편, 원국은 타고난 것이므로 내부요인에 의해서 움직이게 되고, 세운은 외부요인에 의해서 움직이게 됩니다. 동기를 유발하는 재성을 볼 때, 재성이 원국에 있으면 재성운에 자기 발전을 이루기 위한 쟁취 욕구가 발동하니 재미와 즐거움을 느끼면서 임무를 달성하지만, 무재성에게 재성운이 오면 외부요건, 즉 강요나 보상 때문에 움직이니 포기가 빠르고 성장이 미미할 수 있습니다.

7. 철학과 과학

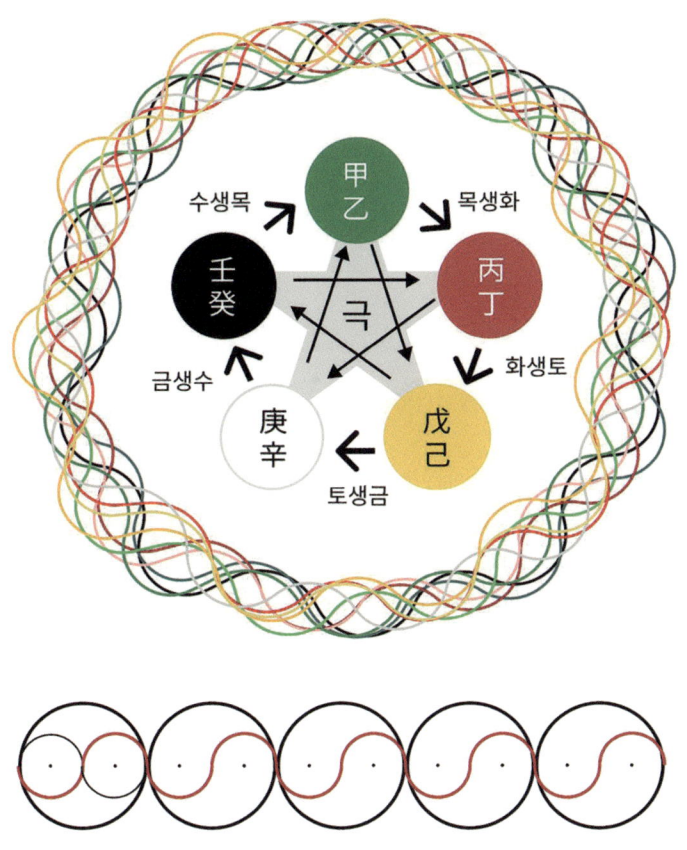

〈그림6. 음양오행의 에너지장〉

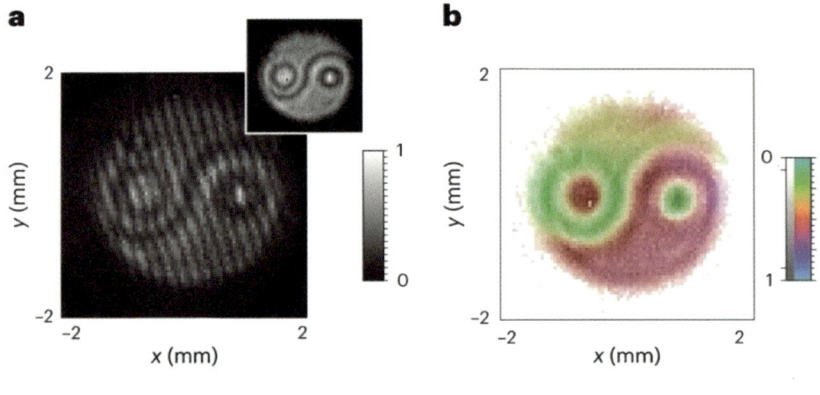

〈그림7. 광양자의 얽힘 현상〉

"빛을 구성하는 기본 입자인 광양자(photon)의 '얽힘' 현상이 해외 연구진에 의해 포착됐다. 포착된 양자 얽힘 현상(사진)은 태극의 "음양" 형태를 닮아 눈길을 끈다."*

음양을 상징하는 태극문양을 연결하면 위와 같이 물결 모양을 형성하고, 광양자가 무한대로 펼쳐지는 것을 볼 수 있습니다. 윤회라는 개념으로 이 세상을 본다면, 우리의 삶은 무한대로 이어지며, 죽음이라는 하나의 의식을 통해서 새로운 육신으로 갈아타고 그렇게 진화를 거듭합니다. 그러면, 현생은 다음 생의 전생이 되므로 현생을 어떻게 사는지에 따라서 다음 생이 결정된다고 볼 수 있습니다. 그러므로 죽으면 끝이라고 생각하는 일차원적 사고에서 빨리 벗어날수록 인생을 더 발전적이고 풍요롭게 영위할 수 있습니다.

---

* 2023.08.23. 한국경제.

아인슈타인은 우리가 그동안 다르다고 생각해 왔던 것들이 사실 알고 보면 하나의 속성으로 귀결되는 것을 깨닫고, 전자기력, 중력, 강력(핵력), 약력의 네 가지 힘이 단 하나의 절대적인 현상으로 생겨나는 결과물이라고 생각했습니다. 다시 말해, 우주의 모든 만물은 단 하나의 법칙 위에 존재하는 통일된 이론이 있다고 생각했습니다. 그리고 여생을 통일장 이론(Unified Field Theory)을 정립하는 데 바쳤습니다. 그러나, 끝내 완성하지 못했고 연구는 후대 과학자들로 이어지면서 끈 이론으로 재탄생합니다. 초끈 이론(String Theory)은 모든 우주 만물이 끊어지지 않는 강한 끈으로 이루어졌고, 끈을 우주의 최소 단위로 가정하는 이론입니다. 이 세상은 3차원이 아니라, 1차원의 여러 개의 끈으로 이어져 있고, 11차원까지 늘어나면 아인슈타인이 정립하고자 했지만 실패한 대통일 이론을 수학적으로 증명할 수 있다고 합니다.

명리학은 10개의 에너지, 십성이 사람에게 미치는 영향을 연구하는 학문입니다. 필자의 상상 속에서 십성(十成)은 〈그림6〉처럼 물결 모양을 이루며 서로 상생상극을 하고 있는데, 양자역학을 공부하던 중에 끈 이론도 알게 되면서 뭔가 일맥상통한다는 생각을 하게 되었습니다. 명리학은 크게 [음양오행]과 [육신]으로 나뉩니다. 육신(六神)은 말 그대로 여섯 수호신을 말하며, 자신을 포함한 십성(甲乙, 丙丁, 戊己, 庚辛, 壬癸)에 사회적 이름을 붙인 것입니다. 즉, 열하나의 수호신을 말합니다. 끈 이론과 음양오행을 통일장 이론 위에 놓고 보면, 1차원은 자기 자신이고 십성과 총 11차원을 이룬다고 상상해 볼 수 있습니다.
만약, 현악기처럼 차원마다 음계를 갖고 있다면, 중용을 이룬 사주는 부드러운 멜로디를 만들어 낼 것이고, 중화가 크면 단조로운 멜로디를,

음계가 빠진 사람은 부자연스러운 멜로디를 만들어 낼 것입니다. 각자의 음계가 상생상극을 하면서 서로 화답하면 듣기 좋은 음악이 되지만, 부자연스러운 소리를 크게 섞는다면 화음은 깨지고 소음이 됩니다. 피아노 같은 멜로디를 만드는 사람도 있고 심벌즈나 북처럼 강렬한 소리를 내는 사람도 있으므로, 우리는 자신의 음악을 더욱 풍부하고 조화롭게 만들 음계를 찾아다니며 사회공동체와 이 세상을 만들어 갑니다. 중요한 건, 자신의 음계가 사회공동체와 화음을 이뤄야 하는데, 소음을 만든다면 결국 에너지장에 융화되지 못하고 겉돌게 됩니다. 그래서 우리는 조화롭게 성장해야 합니다. 또한, 겉도는 에너지가 많아질수록 세상은 무질서해지므로 중용을 이룰 수 있도록 손을 내밀어 이끌어 주는 것도 공동체의 의무입니다.

인류는 문자가 존재하지 않던 아주 오래전부터 자연의 신비를 관찰하면서 이 세계의 비밀을 풀고자 했습니다. 서양권은 고대 그리스의 자연철학자인 탈레스, 아리스토텔레스, 플라톤 등에 이어 갈릴레오, 파스칼, 뉴턴 등으로 17세기까지 자연철학의 맥을 이어나갔습니다. 이들은 자연에서 규칙성을 발견하여 수학을 발전시켰고, 수학은 물리학을 낳고, 인간의 욕망은 연금술을 낳고, 연금술은 화학으로 진화하며 기술 문명의 기반을 마련했습니다. 그래서 오늘날의 과학자들은 17세기 이전으로 따지면 자연 철학자에 해당합니다. 한편, 동양 자연 철학자들은 하늘과 땅을 관찰하며 음양 이론을 발전시켰고, 기원전 대표주자로는 춘추전국시대의 공자, 노자, 묵자 등이 있습니다. 이후 음양오행설은 송나라(960~1279) 시대로 접어들면서 체계를 이룬 하나의 학문으로 자리 잡았습니다.

서양 자연철학, 즉 과학은 오늘날까지도 물리의 법칙을 사물과 우주 만물에만 적용하지만, 동양 자연철학, 즉 명리학은 인간도 자연 일부로 보아서, 만물의 작용을 인간의 운명에 적용하고 음양오행 에너지가 인간에게 미치는 현상을 연구합니다. 에너지는 인간의 정신에 영향을 미치고, 정신은 물리의 법칙 속에서 물질을 창조합니다. 이 세상은 정신과 물질의 균형 속에서 만들어지는 것이므로 두 세계가 균형을 이룰 때 인류는 바른 방향으로 성장하고, 한쪽으로 기울면 멈추거나 붕괴합니다.

8. 프랙털(fractal)

이 세계를 제대로 이해하기 위해서는 거시적 관점에서 세상을 바라봐야 합니다. 프랙털은 작은 구조가 전체 구조와 비슷한 형태로 끝없이 되풀이되는 구조를 말하며, 이 세계는 이런 구조 속에서 무한 반복됩니다. 우주 네트워크와 인간 네트워크 그리고 뉴런 네트워크는 프랙털이며 이 모두는 연결된 에너지장 속에서 상호작용을 합니다. 이 세상의 가장 기본 단위는 음과 양이며, 이진법에 해당하고, 이진법 하면 가장 먼저 떠오르는 것은 컴퓨터 언어이므로, 이해를 돕기 위해서 컴퓨터와 인체 그리고 명리학의 꽃인 오행의 상생상극을 같은 선상에 올려놓고 가볍게 대입해 보도록 하겠습니다. 입문자는 〈그림6〉 상생상극과 용어 설명을 보면서 학습하기를 권장합니다.

1) CPU = 대뇌피질 = 金生水

명령어를 처리하고 계산하며 모든 작업을 제어하는 CPU는 대뇌피질과 같습니다. 대뇌피질은 인지, 논리적 사고, 문제 해결을 담당하고, 인간의 의식적 활동을 조율합니다. 오행의 상생상극에서 金生水에 해당하며, 木生火가 되어야 활발하게 가동됩니다.

2) RAM = 해마 = 火生土

프로그램의 기억장치로, 뇌에서는 변연계의 해마가 주요 처리 기관입니다. 이는 火生土에 해당합니다.

3) 입력장치 = 눈, 코, 귀 = 인성

입력장치는 마우스나 키보드가 있고, 뇌의 감각 기관을 담당하는 눈, 코, 입, 귀, 피부 등에 해당하며, 육신으로 인성과 같습니다.

4) 출력장치 = 입, 몸 = 식상

뇌가 근육을 제어하여 말하거나 온몸을 사용하는 방식은 컴퓨터의 출력장치인 모니터, 스피커 등에 해당합니다. 언어와 몸짓에 해당하고 육신으로는 식상과 같습니다.

5) 운영체제(OS) = 자율신경계 = 오행의 순환

하드웨어와 소프트웨어의 상호작용을 관리하고 여러 작업을 동시에 처리하는 기능으로, 호흡, 심박수 등의 신체 기능을 자동으로 조절하는 자율신경계와 같습니다. 모든 순환체계가 이에 해당하므로 오행의 순환이 막히면 부주의로 인한 문제들은 물론이고, 장기적으로 인체의 기능에도 문제가 생깁니다.

6) 인터넷 = 재생관, 관인상생

과거와는 다르게 오늘날에는 인터넷이 연결되지 않는 컴퓨터는 아무리 최신 사양으로 무장한다 해도 깡통에 지나지 않습니다. 재생관, 관인상생은 사회 연결망에 해당하며, 인터넷이 연결되어야 외부와 소통되듯이, 재생관살을 이뤄야 사회라는 외부 자극을 받아들이고, 관(살)인상생을 이뤄야 사회구성원으로 규칙을 익히며 원활하게 성장합니다. 이는 5장과 6장에서 학습할 수 있습니다.

7) 그 외 기능

木克土는 프로그램 다운로드이고, 水生木은 프로그램 기능을 익히는 것입니다. 木生火는 활발한 가동이고, 水克火는 전원 끄기에 해당하며, 잠을 잘 자야 뇌 가동이 잘됩니다. 金克木은 쓸모없는 프로그램을 제거하여 처리속도를 올리고, 火克金은 실생활에 필요한 도구를 생산합니다. 우리 뇌는 컴퓨터와 같아서 해킹도 당하므로 火克金으로 만든 방패가 있어야 해킹을 막을 수 있습니다.

사주팔자는 우리가 처리할 수 있는 가동범위를 보여주는 일종의 "뇌

지도"와 같습니다. 컴퓨터가 사양에 따라서 처리할 수 있는 작업이 한정되어 있듯이, 인간의 뇌 또한 이와 같습니다. 뇌는 과부하 스트레스를 일으키지 않기 위해서, 그 처리 가능 용량에 맞는 것만 학습하고 그 외의 것에는 관심을 두지 않도록 진화해 왔습니다. 그래서 뇌의 모든 기능을 활성화하지 않은 채로 익숙한 것만 하면서 살아가고자 합니다. 뇌에도 관성의 법칙이 존재하기 때문에, 에너지를 많이 쓰는 영역으로 에너지가 쏠리면서 그 영역은 더 크게 활성화되고, 다른 영역은 에너지를 빼앗겨 서서히 기능을 상실하고 그 상태로 굳어집니다. 운에서 새로운 기능을 만나면, 사용되지 않던 하나의 인지기능을 추가하는 것과 같습니다. 새로운 영역을 활성화하고 반복적인 훈련을 통해서 연결을 강화하며 새 기능을 갖춥니다. 컴퓨터에 하나의 프로그램을 추가로 설치하는 木克土와 같습니다.

金生水+水生木이 잘되면 CPU의 성능이 좋은 것이므로 지능이 높은 편에 속하고 창의력과 응용력이 좋습니다. 지능이 높으면 경험이 쌓일수록 실수가 줄어들어서 상향하는 인생을 살아가지만, 지능이 낮으면 정보를 취합하는 능력과 사고력이 떨어져서 같은 실수를 반복하면서도 원인을 파악하지 못하고, 모든 문제를 남 탓이나 운 탓으로 돌립니다. 경계선 지능(IQ 70~85)에 속하는 사람이 인구의 무려 15%에 달하며, 급변하는 세상에 적응하지 못하고 방황하다 각종 범죄에 이용당하는 게 부지기수입니다. 이러한 사회적 위험에 노출되지 않기 위해 근본 이치를 깨닫는 것은 무엇보다 중요하고 이 책이 매우 큰 힘이 될 것이니 좀 어렵더라도 끝까지 완독하시기를 당부합니다. 한편, 金生水가 잘돼도 水生木을 하지 않으면 학습을 하지 않고 잔머리로 세상을 살아가고자 하니 운에서 나무를 만나야 발전적입니다. 또한, 좋은 머리를 타고났다 해도 알코올의존증이나 약물 의존증, 과도한 집착, 불안장애 등으로 뇌 기능이 망가지면 운에서 나무를 만난다 해도 학습효과를 기대하기가 어렵습니다. 그래서 金生水는 후천적 관리도 매우 중요합니다.

9. 뇌가 보여주는 각자의 세계

지연 렌더링(On-Demand Rendering)이란 시스템의 자원을 절약하기 위해서 평소에는 그래픽을 간단하게 처리하다가 사용자가 요구할 시에 고품질 그래픽을 제공하는 컴퓨터의 처리 방식입니다.

우리 뇌는 넓게 보려고 하는 사람에게는 넓게 보여주고, 깊게 보고자 하는 사람에게는 깊게 보여주며, 보고 싶어 하지 않는 이에게는 아무것도 보여주지 않습니다. 심지어는 실재하지 않는 것도 간절히 원하고 집착하면, 환영이라도 만들어서 보여줍니다. 그렇게 망상증에 빠지는 경우도 비일비재합니다. 우리는 모두 각자가 보고자 하는 방식에 따라서 진실을 왜곡하면서 살아갑니다. 정도의 차이만 있을 뿐, 누구나 자기가 보고 싶은 것만 뇌에 요구하면서 왜곡된 세상을 살아갑니다. 사주가 불균형할수록 시야가 좁아지니 왜곡 현상은 더욱 심하게 나타나고, 사주가 어두울수록 시야도 어두워서 정보취합 능력이 저조합니다. 그래서 상황을 있는 그대로 받아들이지 않고, 인지적 오류를 일으켜 세상을 더욱 심하게 왜곡하니, 이분법적 사고, 과잉 일반화, 강박, 부정적 사고, 독심술 등의 비합리적 신념 체계를 만들어 자신을 스스로 가둡니다. 위와 같은 문제를 해소하기 위해서는 대운을 만나야 하므로 필요한 대운을 제때 잘 만나는 건 매우 큰 복입니다.

지금까지 거시적 관점으로 이 세상을 보았고, 이제부터는 甲乙丙丁戊己庚辛壬癸 십성의 특성을 하나씩 살펴보도록 하겠습니다.

2장

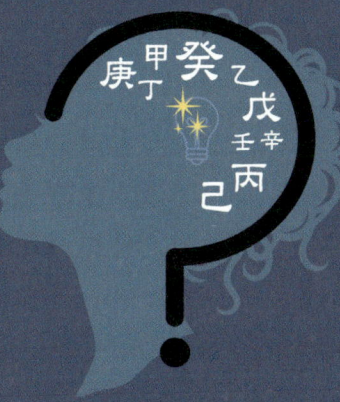

새로운 시각의 물상론

선학자들은 음양오행을 만물에 대입하여 에너지의 특성을 설명하려 하였고, 직관적인 해석을 위해서 점진적으로 물상론(物象論)을 발전시켰습니다. 필자는 우주 만물의 자연법칙을 궁리하던 중에 자연과학 기초지식을 활용하여 필자만의 기준을 세웠고, 그 기준에 맞게 물상론을 재해석하여 새로운 방식을 구상했습니다. 기존의 물상론이 기본 바탕을 이루나, 음과 양의 기준을 명확히 세우고 철학과 과학적 사고로 확대했다는 것에서 차이가 있습니다. 궁리 기간이 충분하지 않아서 부족함이 있을 수 있으나, 아인슈타인의 유명한 말 "I have been thinking about that all the time."처럼 내내 이 생각만 했기 때문에 에너지들의 고유특성을 이해하기에 무리가 없을 것으로 예상합니다. 필자의 사주 상, 연구가 癸卯년부터 20년간 이어지게 되어있으니, 향후 더 많은 연구를 통해서 더 풍부한 내용을 보충할 수 있을 것으로 기대하고 있습니다.

십성은 甲乙(나무), 丙丁(불), 戊己(땅), 庚辛(광물), 壬癸(물)의 10글자로 구성됩니다. 양(甲丙戊庚壬)은 발산이고, 음(乙丁己辛癸)은 수렴입니다. 양(甲乙丙丁)은 발산이고, 음(庚辛壬癸)은 수렴이며, 戊己土는 음양 에너지가 분리되지 않도록 중앙에서 잡아주는 매개체 역할을 합니다. 甲丙은 발산이 강하고, 辛癸는 수렴이 강합니다. 발산은 에너지를 확산하고 수

木		火	
甲	乙	丙	丁
상록수 체계적 학습 깊은 학습 강직성, 배타성	과일나무 모방 학습 넓은 학습 다양성, 유연성	자연의 빛과 열 미래지향적 자연과학적 사고 관찰 능력	인공의 빛과 열 목표지향적 기술문명적 사고 탐구 능력

土		金		水	
戊	己	庚	辛	壬	癸
대지 수용력 상황인식 공공성,평등	영역, 궤도 선 긋기 자기인식 개인성,계급	금속광물 논리력 이성적 분류적	비금속광물 직관력 감각적 세부적	우주,어둠 정보의 힘 염세,장악력 혼돈의 세계	생명수 생각의 힘 감성 미지의 세계

〈표1. 십성의 특징〉

렴은 에너지를 응축합니다. 발산만 있고 수렴이 없으면 시작만 있고 결과가 없으며, 정신이 산만하여 집중을 못 하고, 일만 벌이고 수습을 못 하는 불균형을 초래합니다. 반대로 수렴만 있고 발산이 없으면, 과정과 노력 없이 결과를 얻으려 하며, 전진 없는 후퇴만 반복하여 퇴행의 길을 걷습니다.

원자는 물질을 구성하는 기본 단위로, 원자핵과 전자로 이루어져 있고, 원자핵은 양성자와 중성자로 구성되어 있습니다. 이때 양성자는 서로 밀어내기 때문에 양성자끼리 있으면 튕겨 나가므로 원자핵 안에 중성자가 함께 존재합니다. 화학 원자구조에 대입하면, 양(甲丙庚壬)은 (+)양성자, 戊는 중성자, 음(乙丁辛癸)은 (-)전자, 己는 궤도에 해당한다고 볼 수 있습니다. 음과 양은 인력(서로 끌어당기는 힘)으로 작용하고, 양과 양, 음과 음은 반발력(서로 밀어내는 힘)으로 작용합니다. 〈그림1〉과 같이 火와 水, 木과 金은 서로 대립하고 있으며, 이들은 양은 양끼리(丙壬, 甲

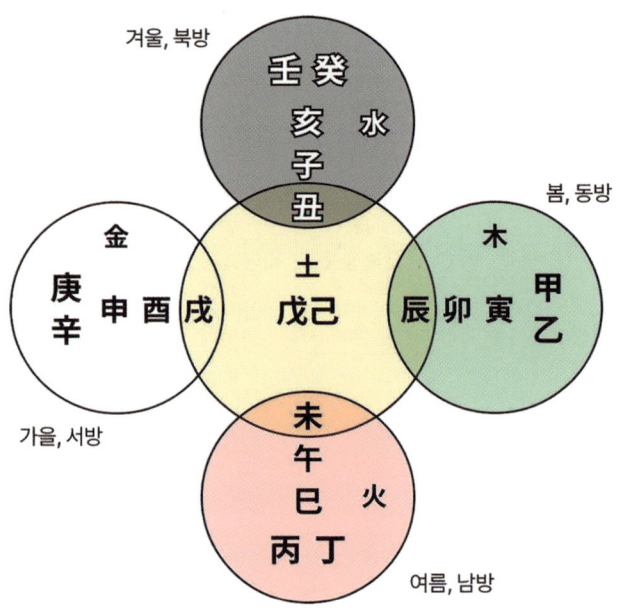

〈그림1. 인력과 반발력〉

庚), 음은 음끼리(丁癸, 乙辛) 반발력이 작용합니다. 반발력이 작용하면, 지킬 박사와 하이드처럼 양립할 수 없는 양가의 감정이 모순적으로 작용하고, 이러한 모순을 제거하기 위해서 억지로 하나의 감정을 통제합니다. 감정의 통제가 원만하게 조절이 되면, 개인의 성장에 큰 이득이 되지만, 그렇지 못하면 장기적으로 심리적 문제를 초래할 우려가 있습니다. 천간은 의식 속에서, 지지는 무의식과 환경에서 이루어지는 충돌입니다. 이러한 문제를 해결하는 세 가지 방법이 있는데, 하나는 그림과 같이 土로 중화하여 항상성을 유지하는 것이고, 두 번째는 중간 매개체로 다리를 이어서 순환 구조를 이루는 것입니다. 물과 불 사이에 나무와 광물을 두어 다리를 잇고, 나무와 광물 사이에 물과 불을 두어 다리를 잇습니다. 거듭되는 말이지만, 중용은 아무리 강조해도 지나침이 없습니다. 그리고 나머지 하나는, 천간합입니다. 예를 들면, 丙壬이 서로를 밀어내면서 감정의 충돌을 일으킬 때, 丙火의 음양 합인 丁火가 壬水의 속을 들여다보는 것이고, 甲庚이 충돌을 일으킬 때는, 乙木이 庚金의 주의를 돌리는 것입니다. 마찬가지로 癸丁은 壬水가, 乙辛은 庚金이 중재합니다.

생지 寅申巳亥에는 모두 戊土가 함께 있는데, 이는 양전하가 서로 튕겨 나가지 않도록 중재하는 중성자와 일맥상통합니다. 寅申巳亥의 戊土는 辰戌丑未에서 넘어왔다고 누군가 추론했지만, 옛 선학자들이 어떤 의미에서 戊土를 넣었는지는 모를 일입니다. 단순한 우연의 일치일지라도 그저 놀라울 따름입니다.

양은 자연의 힘이고, 음은 인공(人工)의 힘입니다. 자연의 힘은 매우 힘차고 거대하여 멈춤 없이 퍼져나가기만 하므로, 먹이사슬 시스템이 없으면 자연은 한없이 무성해지고 투박하며 무질서하게 확산합니다. 그래서 최상위 포식자인 인간의 힘은 질서를 만드는 가장 큰 힘으로 작용합니다. 물리 법칙상, 일어날 확률이 높은 쪽으로 힘의 방향이 정해지는 것을 '엔트로피(Entropy)'라고 하는데, 자연의 힘은 인간의 힘을 압도하므로 양이 이끄는 쪽으로 음은 따를 수밖에 없습니다. 즉, 음은 양을 제어하는 게 아니라, 양이 가는 방향을 따르면서 양의 에너지를 이용해 시스템을 관리합니다. 자연의 법칙에서 폭포수는 아래로만 떨어지지만, 인간은 그 힘을 이용해서 전기에너지도 만들고 펌프 시설을 만들어 물을 위로 끌어올릴 수 있습니다. 자연 앞에서 인간의 힘은 한

없이 나약하지만, 섬세하고 효율적입니다. 그래서 자연에 인공이 첨가되면 완성도가 높아지고 값어치가 상승합니다. 양보다 음의 기술이 여러모로 섬세하고 세련되고 실용적이지만, 자연의 힘을 확보하지 못하면 발전이 크지 않은 단점이 있습니다. 양은 본능이고 음은 의지이며, 본능이 있어야 의지가 생기는 법이고, 의지가 있어야 본능을 제어하는 법입니다. 〈육신〉에서 살펴보겠지만 미리 언급하자면, 명리학에서 흉신으로 분류되는 겁재는 사실, 음양의 균형을 가져오는 길신 중에 길신이라는 게 필자의 주장이며, 길신과 흉신은 시대에 맞게 재평가돼야 합니다. 모든 원흉은 불균형과 부조화에서 오는 것이지, 육신 자체에서 오는 게 아님을 명확하게 인지해야 합니다.

한편, 앞서 설명했듯이 천간은 의식이고 계획이며, 자신을 상징하는 사회적 얼굴(persona)입니다. 천간에 따라서 사회적 처세가 다르며, 큰 특징을 살펴보면 다음과 같습니다.

甲木은 외길 인생일지라도 옳다고 생각하면 직진하라 하고,
乙木은 다양한 관점이 있으니, 유연한 사고력을 갖추라 합니다.
丙火는 긍정의 힘이 밝은 미래로 이끈다고 하고,
丁火는 능력을 갖추어 쓸모가 생기면 세상이 반긴다고 하며,
戊土는 너른 마음으로 타인의 의견을 일단 수용하라고 가르치고,
己土는 서로의 선을 넘지 말라고 가르칩니다.
庚金은 이성적 판단으로 세상을 살아가라고 말하고,
辛金은 섬세한 감각으로 완벽함을 갖추라고 합니다.
壬水는 이 세상은 불확실성만 존재하니 돌다리도 두드리라 하고,
癸水는 생각부터 하고 행하라 합니다.

모두 맞는 말이므로, 중용을 이루면 적재적소에 적용하면서 성숙한 인간으로 성장하지만, 한쪽으로 치우치면, 치우친 의견만을 진리로 받아들일 우려가 있습니다. 세상에서 가장 무서운 사람은 책을 딱 한 권만 읽은 사람이라는 말처럼 아무리 좋은 가르침도 하나만 맹신하면 비합리적인 신념을 만들어 자신도 모르는 사이에 공동체에 해를 입힐 수 있습니다. 타인의 행동을 볼 때 도무지 이해가 되지 않는 경우가 있는데, 그것이 타인의 문제일 수도 있지만, 그 에너지를 갖추지 못한 자신의 문제일 수도 있음을 우리는 늘 유념해야 합니다. 우리는 일생 4단계로 성장하면서 대운이 바뀔 때마다 새로운 기능을 추가합니다. 대운이 있다는 건 생긴 대로 살지 말고, 이번 생에서 균형을 잡아 갱생의 기회를 얻으라는 신의 배려일 것입니다.

지금부터는 각 글자가 가진 속성을 자연과학에 대입하여 미시적으로 살펴보는 시간을 갖도록 하겠습니다. 모든 글자는 명암이 있고, 배합을 갖추지 못하면 장점보다 단점이 두드러진다는 점을 인지하면서 학습해야 합니다. 우리가 이 배움의 세계에서 태어났다는 건, 졸업 요건을 충족하지 못한 유급생이라는 의미와 같습니다. 그래서 정도의 차이만 있을 뿐 우리는 모두 모자랍니다. 자신의 모자람을 인지하고 채우고자 노력하는 사람은 오르막을 걷고, 그렇지 못한 사람은 내리막을 걷습니다. 물론 필자도 많이 모자란 사람이므로, 이 책도 여러모로 부족한 면이 있음을 고백합니다.

십성 에너지는 하늘과 땅에 분포되어 있으므로 앞서 살펴본 천간과 지장간의 의미를 상기하면서 공부하시면 효과적입니다.

1. 나무(甲乙木)

물과 불, 그리고 땅은 생명이 살아가는 데 없어선 안 되는 가장 기본이 되는 요소입니다. 광분해는 물($H2O$)을 산소($O2$)와 수소(H)로 분해하는 광합성 작용이며, 광합성은 빛 반응과 어둠 반응의 두 단계로 이루어집니다. 나무는 광분해 된 수소를 공기 중의 이산화탄소($CO2$)와 결합하여 포도당($C6H12O6$)을 만들어 영양분으로 저장하고 부산물인 산소는 공기로 방출합니다. 우리가 호흡하는 산소 대부분은 이 과정에서 만들어집니다. 빛 반응(명반응)은 산소를 공기 중으로 방출하는 과정이고, 어둠 반응은 명반응 후에 이어지는 절차로 이산화탄소를 포도당으로 전환하는 과정입니다. 과학적 근거에서도 알 수 있듯이, 나무는 水와 火의 화합 '수화기제(水火旣濟)'에 의해서 건강하게 성장하며, 생명체는 산소 없이 살 수 없으므로 나무 또한 생명이 살아가는 데 가장 기본이 되는 요소입니다.

나무는 생명이 있는 유기체를 상징하고, 금속은 생명이 없는 무기체를 상징합니다. 그래서 사주에 생목(生木)이 있으면 기본적으로 인류애를 장착하고 있으며, 어진 성품을 지니고 인간미가 살아 있습니다. 앞서 설명했듯이 이 세상은 프랙털 구조로 되어있는데, 목성이 혜성으로부터 태양계를 보호하는 몸빵 역할을 하듯이, 나무는 공동체를 보호, 유지해야 하는 임무가 있습니다. 군집을 이뤄야 바람을 막고 습도를 유지하여 서로를 보호하고, 자연수분을 통해 열매 생산량이 늘어납니다.

그리고 태양 빛을 두고 경쟁해야 위로 곧게 자랍니다. 그러나 적절한 간격을 유지하지 않으면 물과 토양 분의 부족으로 오히려 성장이 더디어지고, 해충과 전염병에 취약합니다. 반면 숲을 이루지 못한 나무는 경쟁할 필요가 없으므로 크고 곧게 자라지 않고, 외부의 환경에 그대로 노출되어 온갖 재해를 혼자서 감당해야 합니다.

오늘날을 살아가는 대부분이 서양의 개인주의적 사고를 따라가며 서로 간섭하지 않고 살아가는 것을 당연하고 현명한 것으로 받아들입니다. 그러나 아시아권은 오행 지리적으로 木에 해당하므로 木의 성질을 닮도록 진화해 왔습니다. 그러므로, 개개인이 개인주의화 되어간다 해도, 암묵적으로 나무의 모이는 성질을 버릴 수가 없기에 외로움이 사회적 문제로 대두되고 있습니다. 동서양의 문화 차이는 집단주의와 개인주의로 뚜렷하게 구분되는데, 개인주의적 문화에서는 성공과 실패를 개인이 책임지도록 사회화되고, 집단주의적 문화에서는 자신보다 집단과 상대방의 관심사를 통한 집단 내의 조화를 이루는 것을 장려합니다. 오늘날 한국 사회는 개인주의를 표방하고 있지만, 개인의 자유를 앞세워서 살아가다가 문제가 생기면 집단 뒤에 숨으려는 매우 미성숙한 자세를 취합니다. 자유에는 반드시 책임이 따른다는 원칙을 깊게 새겨야 함이 마땅합니다.

"인간은 자유라는 형벌을 받았다."
— 장 폴 사르트르

한편, 甲乙木은 있으나 庚癸나 辛壬이 부족하면, 머리를 쓰는 분야보다 매뉴얼을 따르는 수동적 사고를 요구하는 분야가 적성에 맞습니다.

이런 경우, 명리학을 철학으로 인지하기보다는 통계학으로 인지하며, 심리학을 공부하더라도 사람의 마음을 수치로 계산하여 보는 심리측정 분야에 의지하는 경향이 있습니다. 초년에 원국과 대운에서 생목을 키울 수 있는 여건이 마련되면 학업성과를 이룰 수 있으나, 그렇지 못하면 공부와 연이 일찍 끊겨서 실용 분야로 들어서게 됩니다. 다 자라지 않은 묘목은 땔감으로도 부적절하고 풍족한 열매도 맺지 못하므로 나무를 재목으로 쓰기 위해서는 각 과정을 완성하는 인내심이 필요합니다. 나무가 인내심을 발휘하기 위해서는 꾸준한 영양 공급이 주어져야 하므로, 土克水+金生水가 필수적입니다. 음양오행이 뇌에 미치는 영향을 알아보기 위해서 잠시 기초 뇌 과학 지식을 조금 다루도록 하겠습니다.

우리 뇌는 대략 1,000억 개의 뉴런(neuron)이 연결망을 형성하고 있고, 뉴런과 뉴런 사이에는 아주 좁은 틈, 시냅스(synapse)가 있습니다. 각 뉴런은 양전하 이온과 음전하 이온이 교차하면서 활동전위와 휴식전위를 반복하고, 이는 전기적 흥분 신호(스파이크)를 일으켜 시냅스로 신경전달물질(호르몬)을 내보냅니다. 호르몬을 저장하고 있는 축삭말단에서 출력이 되면, 가지돌기의 수용체가 시냅스로 뿜어져 나온 호르몬을 받아들이면서 입력이 이루어집니다. 활동전위와 휴식전위의 대비가 선명할수록 정보 전달능력이 높아지는데, 이는 활동전위를 자극하거나 억제하는 호르몬이 큰 역할을 합니다. 활동전위를 자극하는 신경전달물질은 도파민, 세로토닌, 글루타메이트 등이 있고, 억제하는 호르몬은 GABA, 멜라토닌, 아데노신 등이 있습니다. 丙火는 세로토닌, 丁火는 도파민, 壬水는 GABA, 癸水는 멜라토닌, 戊己土는 코르티솔 호르몬과 쓰임이 비슷합니다. 뉴런들은 나무뿌리처럼 얽히고설켜서 서로의 정보를 주고받는데, 회로들이 겹쳐서 많은 정보를 공유할수록 외부 정보를 정확하게 비교, 분석하는 능력이 향상됩니다. 중복회로 구조가 복잡하게 발달할수록 현상을 바라보는 시야가 넓어지고, 생각이 풍성해지며, 그로 인해 창의력이 향상됩니다. 아는 만큼 보이는 법이므로 매우 당연한 이치입니다.

기초 뇌 과학 지식에서도 알 수 있듯이, 중복회로가 발달하려면 입력되는 정보가 많아야 하고, 정보를 획득하는 데 가장 효과적인 방식이 바로 학습입니다. 세상에 존재하는 낯선 지식을 폭넓게 학습하고 경험해 보는 것이 뉴런에 새로운 정보를 제공하는 가장 확실한 방법입니다. 한마디로 뉴런은 오행으로 나무이고, 水生木은 뉴런에 지식의 물을 공급하는 것입니다. 광분해가 잘돼야 식물이 잘 자라듯, 사주에 수화기제(丙癸)가 잘되면 두뇌활동이 활발하므로 학습효과가 상승하고 창의력이 발달합니다. 학습이 木克土로 뿌리를 단단히 내려 뇌에 저장이 잘되려면 土克水가 필요합니다.

나무가 물을 공급받지 못하면 말라 죽듯이 지식의 양분을 공급받지 못하는 뉴런 회로도 "Use it or lose it."의 원리에 따라 퇴화하며, 이를 '시냅스 가지치기(synaptic pruning)'라 명명합니다. 가지치기를 당한 시냅스 줄기가 많을수록 건망증, 알츠하이머 등의 인지기능 저하를 일으킵니다. 평생 공부하는 학자도 한 가지 공부에만 장시간 몰입하면 하나의 가지에만 물을 공급하니 다른 가지들은 퇴화하여 인지기능 저하가 일어날 수 있습니다. 辛金의 직관력에 학습이 더해지면 예리한 사고력으로 누구나 가질 수 없는 고급기술을 갖추지만, 나무 없이 辛金만 발달하면 학습이 아닌 자신의 직관력에 의지하는 삶을 살아가므로 시냅스를 가지치기하여 확증편향과 기억력 저하로 이끕니다. 辛金은 물상으로 가위에 비유됩니다. 그래서 뇌를 건강하게 유지하고 싶다면, 새로운 것을 꾸준히 학습하는 자세를 취해야 합니다. 노년 뇌 건강을 지키는 습관으로 의학계에서 강조하는 세 가지는 신체활동, 인지활동, 사회활동이며, 이는 모두 木의 특성이므로 水生木이 뇌 건강에 얼마나 중요한지를 상기시키는 대목입니다. 甲乙木이 없는 사주는, 운이 당도했을 때 水生木으로 독서습관을 기르고, 木生火로 체력을 증진하고, 木克土로 사회활동 반경을 넓히는 게 좋습니다. 매일 똑같은 사람들과 매일 한정적인 얘기만 반복하는 건 뇌 건강에 매우 해롭습니다.

甲乙木이 多하면, 학습한 것, 경험한 것 외에는 믿지 않으려는 성향이 짙게 나타나고, 나무가 없으면 실재하는 것보다 보이지 않는 영적인 것에 마음을 쏟으니 지나치면 맹신하여 인생을 망칠 우려가 있습니다. 甲木이 중한 경우, 자신이 경험한 것을 신뢰하니 누군가 속일 의도로 경험을 심어주면 그 또한 맹신하여 확증편향으로 자신을 인도합니다. 그래서 우리는 늘 균형을 잡으려는 노력을 기울여야 합니다. 생목을 키울 수 있는 운이 오면 시기를 놓치지 말고 반드시 공부하는 습관을 길러 성장을 이뤄야 합니다. 한편, 우리는 자신을 낮추는 말과 행동을 겸손이라고 여기지만, 진짜 겸손은 이 거대하게 창조된 세상에서 자신이 아는 게 턱없이 부족하다는 걸 인지하고 끊임없이 배우는 것입니다. 주변을 돌아보면 큰 내적 성장을 이룬 사람이 참으로 많아 고개가 절로 숙여지는데 그것이 진정한 겸손입니다.

전통적으로 甲木은 나무, 乙木은 꽃, 화초, 넝쿨, 나무 잎사귀 등으로 비유하지만, 필자는 甲木은 상록수, 乙木은 과일나무로 정의하고 그에 맞춰서 궁리하였습니다.

1) 甲木: 상록수, 깊이 있는 학습

甲木은 꽃을 피우지 않는 나무로, 상록수와 같습니다. 꽃을 피우지 않으니 벌과 나비를 유혹하는 향기가 없습니다. 향기가 없으니 기교를 부릴 줄 모르고 배운 대로만 행하여, 이론적이고 직설적입니다. 부러질지언정 굽히지 않겠다는 기개가 있어 올곧고, 강직해 보이지만, 자칫 융통성이 부족한 사람으로 보입니다. 발산이 강한 甲木의 치고 나가는 성질은 한 가지에 꽂히면 전후좌우를 살피지 않고 직진하므로 잘못된 선택을 할 우려가 늘 도사립니다. 경험보다는 체계적인 이론 학습을 중요시하고 깊이 있는 절대적 실력을 쌓아 학자의 면모를 드러내지만 깊이만 생각하느라 넓이를 염두에 두지 않으니 세상 물정 모르고, 실전경험이 부족하여 상대적 실력을 보유하지 못한다는 단점이 있습니다.

庚癸 또는 辛癸와 丙火를 보면 생각하는 힘을 바탕으로 학문적 성과를 이루고, 辛壬 또는 庚壬를 보면 생각이 아닌 정보력에 바탕을 두며, 丁火를 더하면 학문에 실용성을 더합니다. 金生水와 火生土로 수화기제를 이루면, 인문과 실용과학을 두루 갖추게 되고, 반대로 배합이 전혀 맞지 않으면, 늦도록 자신의 재능을 계발하지 못하여 방황하기도 합니다. 金生水가 원활해도 土가 두터워서 물의 흐름을 방해하면 생각을 쉽게 떠올리지 못하니 이해능력과 창의력이 부족하여 학문적 소양을 쌓는 데 장애가 발생합니다. 앞서 〈표1〉에서 정의했듯이, 壬水는 정보이므로, 외부의 정보로 지식을 쌓아가지만 癸水로 내면을 채우지 않은 상태로 壬水가 과하면 정보의 홍수로 인해서 줏대 없이 흔들릴 수 있습니다. 丁火를 본 甲木에 金生水가 더해지면 전문기술에 학문적 성과를 더하지만, 金生水도 부족하고 丁火 마저 없으면 단순노동에 투

입되거나 선비 근성으로 육체노동을 꺼리니 한량처럼 살아가기도 합니다. 또한, 甲木이 丁火와 짝이 되려면 우선 사목(死木)이 되어야 하므로 벽갑(甲庚)이 필요합니다. 학문에만 매달리지 않고 실용기술을 터득하는 것을 말합니다.

한편, 고서《자평진전》에서 천간합을 자신의 임무를 잊고 사랑놀이에 빠져 육신이 제 역할을 못 하는 것으로 설명하니, 오늘날에도 천간합을 남녀관계로 해석하여 육신이 쓸모없어진다고 해석하는 일이 만연합니다. 그러나 필자의 연구에 의하면, 합(合)에서 나온 에너지는 능력치를 올리는 데 크게 이바지합니다. 다만 늘 강조하듯이, 배합을 이루지 못하여 육신이 능력 발휘를 못 하는 것이 문제고, 넘치는 오행이 더 과해지는 것이 문제입니다. 모든 오행이 배합으로 쓸모가 생기듯이, 천간합의 부가된 에너지도 배합이 맞아야 시너지 효과를 가져올 수 있습니다. 모든 사람은 다섯 번째 대운에 월간이 천간합을 이루는데, 대체로 인생 2막을 계획하는 시기로 새로운 도전을 통해서 크고 작은 성취를 이루게 됩니다. 이는 합이 만들어 내는 시너지 효과입니다. 그로 인해서 부수적으로 따라오는 유혹이 있을 수는 있으나, 꽃이 핀 곳에 나비와 벌이 오고, 변이 있는 곳에 파리가 들끓는 법입니다. 즉, 먹을 것이 있는 곳에 유혹이 도사리니 그 에너지를 감당할 힘이 없으면 유혹에 넘어가고, 감당할 힘이 있으면 직업적 성장동력으로 작용합니다. 만약 고서의 설명처럼 천간이 합하여 발이 묶인다면 모든 사람은 40, 50대에 망조의 길을 걸어갈 것입니다. 그러나 현실은 그와 반대로 가장 큰 성취를 이루는 시기는 중년기입니다. 이 운은 자신에게만 주어지는 것이 아니라 모두에게 오는 기회입니다. 이 시기에는 인생 2막을 준비하면서 성장을 이루어야 하는데, 무의미하게 시간을 낭비하면 새로운 미래로 가는 문이 닫혀버립니다. 태어난 신분으로 평생을 살아가던 시대가 오래전에 끝났듯이, 초년에 수확한 과실로 평생을 살아가는 시대도 이미 끝났음을 일찍 깨달을수록 새 희망의 문에 발을 들이는 시기가 빨라집니다. 다섯 번째 대운은 중년에 당도하므로, 일간과 에너지의 관계를 잘 살펴야 합니다. 예를 들어, 丁火 일간이 다섯 번째 대운에 월간에서 甲己합을 했을 때 부가되는 土에너지는 丁火 일간에게 식상이므로 인왕해야 하는데, 甲木으로 이미 인왕하니, 丁火의 기술을 더해서 일을 진행합니다. 물론 甲木이 金生水로 잘 자란 상태여야 좋은 효과를 얻을 수 있습니다.

甲己합이 되면, 숲을 이루기 위하여 자신의 영역을 확장하고자 합니다. 영역확장은 사업소(프랜차이즈)를 여러 군데에 설치하거나, 부동산 욕심을 내거나, 영업 구역을 넓히는 방식 등으로 나타납니다. 여러 군데에 납품, 배달하는 사업도 영역을 확장하는 사업입니다. 甲丙은 확산하는 기운이 강해서 무질서하게 벌일 수 있으니 이때는 丙火의 긍정적 사고보다는 壬水의 비판적 사고가 더 필요합니다. 〈전국노래자랑〉 최장수 MC인 故 송해 선생님은 甲辰월주로 己亥대운에 라디오 프로그램 〈가로수를 누비며〉를 맡아 전국의 운전자들과 소통하는 교통방송으로 인기를 누렸습니다. 또 매주 일요일에는 라디오 공개홀에서 노래 경연을 했는데, 이는 훗날 〈전국노래자랑〉의 밑거름이 되었습니다. 그 후 바통을 이어받은 한 분은 甲子월주이고, 다른 한 분은 甲午월주입니다. 이처럼 甲己합의 숲을 이루는 방식은 발품을 팔아 군중을 만나며 인기와 세력을 확장하는 방식도 있습니다. 나무는 사람입니다.

대운, 월운, 세운에서 천간 甲木을 만나면, 뉴런을 활성화하기 좋은 때입니다. 이때 책을 펼치면 자신에게 필요한 지식을 책에서 손쉽게 구할 수 있습니다. 또한, 생각을 글로 써 내려가면 癸水가 움직이기 시작해서 창의력이 증가하고 좋은 아이디어가 떠오릅니다. 책을 읽는 것에서 멈추면 木克土를 하는 것이고, 정보를 취합하여 생각을 꺼내면 水生木을 하는 것이고, 생각을 글이나 말로 외부에 노출하면 木生火를 하는 것입니다. 그에 더해 성찰로 내면을 다듬으면 金生水를 하는 것입니다. 그래서 책은 많이 읽는데 생각이 편협하고 인격적 발전이 없는 사람들은 金生水를 하지 않는다고 볼 수 있습니다.

甲木의 해에는 독서와 학습으로 이론체계를 확장하는 과정에서 자신에게 필요한 보물을 찾을 수 있습니다. 甲乙木이 지장간에 있으면 의식과 무의식이 합치되어 계획을 세우고 실행하지만, 그렇지 않으면 작심삼일로 끝나버릴 수 있습니다. 金生水가 있으면 방법을 알고 진행하지만, 그렇지 못하면 학습 방법을 몰라서 효과가 크지 않습니다. 나무는 있는데 水生木을 할 수 없다면, 의도적으로 매일 亥子시를 이용하여 나무에 물을 공급하는 노력을 기울이면 이롭습니다. 亥시에 책에서 도움이 되는 정보를 구하고, 子시에는 책을 덮고 내용을 곱씹으면서 생각을 글로 표현하는 훈련을 하면 뉴런이 생각의 물을 먹고 활성화되어 지혜로 승화됩니다. 뉴런도 훈련이 되어야 활성화됩니다. 金生水가 있어도 土가 더 두터우면 기억력은 좋으나 응용능력이 떨어져서 나무를 키우기가 어렵습니다. 타고나지 못한 것을 가지려면 타고 난 사람보다 10배의 노력을 해야만 가질 수 있으나 운을 이용하면 2~3배의 노력으로 비교적 수월하게 능력을 얻을 수 있습니다. 그래서 사주에 나무가 없으면, 매해 寅卯월 만이라도 책을 가까이하여 지적 수준을 올려야 합니다.

2) 乙木: 과일나무, 넓은 학습, 다양성

乙木은 열매를 맺는 과일나무로 벌과 나비 그리고 인간에 의해서 관리됩니다. 봄에는 꽃을 피워 벌과 나비를 유혹하니 은은한 향기가 있어 인기가 좋고, 여름에는 과일을 알알이 맺어 희망을 키우니 인내력이 좋습니다. 가을에는 잘 익은 열매를 주렁주렁 달고 있으니 삶이 버거워도 능력이 있고, 겨울에는 태양 빛을 가리지 않도록 벌거벗으니 희생정신이 투철합니다. 때에 맞춰 모습을 바꿀 줄 아는 乙木은 상황에 따라 분위기를 잘 맞추니 친근하며 인기가 좋습니다.

乙木은 이야기보따리와 같습니다. 열매마다 자신의 이야기를 담고 있어서 다양한 관점으로 유연한 사고력을 갖춥니다. 이러한 특성은 경청을 바탕으로 한 공감 능력, 소통 능력을 키워주니 향후 이 시대가 요구하는 리더의 모습을 갖추게 합니다. 乙木이 庚癸와 짝이 되면 몸통과 가지를 튼실하게 가꿔서, 즉 내면을 강하게 다듬어서 열매를 풍성하게 키우고, 辛壬과 짝이 되면 엄선된 정보력으로 열매를 키웁니다. 乙庚합을 하면 서풍이 불어 과일나무에 이야깃거리가 가득 맺히고, 辛金으로 편집하면 이야기의 질이 좋습니다. 그리고 丙火가 있으면 보따리가 열려서 이야기가 밖으로 퍼져 나옵니다. 땅 파도 돈 안 나온다는 영어로 "Money doesn't grow on trees."로 표현하지만, 乙庚합 하면 과일나무에 돈이 주렁주렁 달립니다. 이야기, 즉 지식을 금전화시키는 특허, 저작권, 미디어 수익, 투자수익, 자식 농사 등에 해당합니다. 부부궁합에서 乙庚합을 하면 복덩이가 태어나 재산이 늘어나고, 이야깃거리가 많아지니 집안이 화목합니다. 그러나 앞서 설명했듯이 하늘의 뜻과 땅의 뜻이 상통해야 효과를 얻을 수 있으니 지지에서도 辰酉합이나 申子辰처럼 乙庚합이 필요하며, 운에서 만나도 효과가 나타납니다. 열매가 풍성해진다는 것은 삶의 무게가 가중된다는 의미도 있지만, 그만큼 능력도 좋아지므로 풍족한 생활환경을 만들 수 있습니다. 다만 이때도 역시 배합이 무척 중요합니다. 열매가 풍성해지려면 그만큼의 질 좋은 토양과 깨끗한 물, 그리고 빛으로 광합성을 해야 합니다. 丙火로 미래지향적 사고를 갖추어야 열매가 다 자랄 때까지 충분히 기다리고 丁火로 목표지향적 사고를 갖추면 더 좋은 결과를 위해서 박차를 가합니다. 그러나 천간에 金이 多하면 서풍이 강해져 열매가 다 자라기도 전에 떨어질 수 있으니 주의가 필요합니다. 이는 결과지향적 사고가 조급함을 불러와 황금알을 낳는 오리의 배를 가르는 것과 같습니다. 丙火가 있다면 긍정사고로 庚金의 조급함을 제압하니 열매가 안전하게 자랍니다.

甲木이 하나의 나무에만 공을 들이는 깊이 있는 학습이라면, 乙木은 열매, 즉 미래의 나무를 키우므로, 넓은 학습을 지향하고, 타인의 경험도 자신의 것처럼 승화시킵니다. 뇌에는 일명 "모방 세포"라 부르는 거울 뉴런(mirror neurons)이 있습니다. 거울 뉴런은 다른 사람이 특정 행동을 수행하는 것을 관찰할 때 활성화되는 뉴런으로 타인의 행동을 이해하고 모방하는 데 중요한 역할을 합니다. 이는 乙木의 특성과 매우 유사하므로 乙木은 거울 뉴런이 발달했다고 볼 수 있습니다. 이런 모방 능력은 응용력의 기반이 되므로 매우 좋은 능력이지만, 깊이 있고 체계적인 학습에 무관심하게 하는 단점이 있습니다. 체계적인 단계를 무시한 경험은 어깨너머로 배운 지식과 같아서 乙木 만으로는 좋은 결과를 보기가 어렵습니다. 이 세상은 그렇게 만만한 곳이 아니기에 체계적인 학습을 거치지 않으면, 아무리 실무능력이 뛰어나도 사회적으로 인정받기 쉽지 않다는 걸 일찍 깨달아야 발전적입니다. 乙木의 삶의 무게에서 오는 억척스러움을 甲木은 이해하지 못하며, 乙木은 甲木의 학문적 성취를 세상 물정 모르는 어리숙한 선비로 경시하는 경향이 있습니다. 그래서 甲乙木을 다 갖춰야 편협한 사고에서 해방되고, 깊이와 넓이를 두루 갖춘 능력자가 됩니다. 그러므로 운에서 寅卯木을 만나면, 시기를 놓치지 말고 교육기관을 통해서 체계적 학습과 학력을 쌓는 것이 필요합니다. 공부엔 결코 늦은 나이가 없다는 걸 명심하면 길합니다. 한편, 乙木은 열매를 키워야 하는 막중한 의무를 지니고 있으므로 불편한 상황에서도 웃는 모습을 유지하며 스스로 인내심을 키웁니다. 이러한 모습은 식솔을 줄줄이 달고 사회적 무게를 감내하는 가장의 모습을 연상시킵니다. 고서에서 乙木이 多하면 태양 빛을 가려 땅이 습하다고 했는데, 乙木이 천간에 나란히 2개 이상이면 연달아 40년을 乙木으로 살아가는 것을 뜻하므로 참고 참다가 마음이 곪아버릴 우려가 있습니다. 丙火의 미래지향적 사고는 인내심에 가장 큰 힘으로 작용합니다.

운에서 천간 乙木을 만나면, 폭넓은 학습과 경험을 통해서 생각의 유연성을 키워야 하는 기간입니다. 지장간에 乙木이 있다면 사람들과 교류를 통해서 다양한 환경을 만나고 그 속에서 다양한 것들을 습득하며 사고를 개방하지만, 그렇지 못하면 역시, 마음만 있을 뿐 환경을 만나지 못해서 흐지부지되어 버릴 수 있습니다. 여기서도 丙火의 관찰력이 더해지면 효과가 매우 좋으므로 乙木과 丙火는 서로에게 시너지를 주는 좋은 파트너입니다. 卯辰시는 직장인이면 출근길과 업무를 준비하는 시간입니다. 이때 대중교통에서 사람들을 관찰하거나 직장 동료들과 모닝커피를 함께하면서 수다를 늘려보는 게 좋습니다. 소시오패스가 먹잇감을 발견하면 제일 먼저 하는 일이 호감을 사는 말을 하고, 두 번째로 주변인들과 관계를 끊게 하여 고립시키고 자신을 향한 의존도를 높이는 거라고 합니다. 폐쇄적인 사람이 소시오패스의 가장 좋은 먹잇감인 걸 보면 乙丙의 개방감이 얼마나 중요한지를 새삼 느끼게 됩니다. 물론 지나친 개방도 범죄에 쉽게 노출되므로 뭐든지 적당한 게 좋습니다.

2. 불(丙丁火)

모든 유기체가 생명을 유지하려면 에너지가 필요합니다. 에너지는 영양분으로부터 얻고, 영양분을 구하기 위해서는 일을 해야 합니다. 그래서 일은 곧 에너지입니다. 우리가 살아가는 물리적 세계에서는 일하면 열이 발생합니다. 그래서 火는 가장 큰 에너지를 생성하는 힘을 갖고 있습니다. 일(work)은 열을 만들고, 열은 에너지를 만들고, 에너지는 저장할 수 있고, 저장된 에너지는 일로 바꿀 수 있습니다. 즉, 일해서 돈을 벌고, 번 돈으로 타인의 노동력을 살 수 있는 구조입니다. 木生火로 에너지를 만들고 火克金으로 에너지를 방출하고(물질을 취하고) 남은 에너지는 火生土로 저장하므로, 火生土는 배터리와 같습니다. 그래서 火生土가 없으면, 방출하고 남은 에너지는 공기 중으로 사라지고 돈이 잘 모이지 않습니다. 그래서 옛말에 돈은 땅에 묻으라 했고, 火生土가 잘되는 사람은 저축을 잘하는 편입니다.

火는 여름의 주인으로서 활기와 노동력을 상징합니다. 노동이라고 하면 육체적 노동만 생각할 수 있는데, 수화기제는 정신노동으로 육체노동보다 더 큰 에너지를 창출합니다. 물질은 가열되는 온도에 따라서 고체, 액체, 기체 상태로 변하고, 훨씬 더 높은 온도에서는 '제4의 물질 상태'라 부르는 플라스마 상태가 됩니다. 플라스마는 앞서 언급한 뇌세포의 스파이크 작용으로 볼 수 있으며, 스파이크가 활발하게 일어날수록 뇌는 창의적인 아이디어를 더 많이 생산해 낼 수 있습니다. 이 부분은 壬癸水 편에서 보충하도록 하겠습니다. 사주에 火가 없다는 건 열에너지를 만들기가 어렵다는 뜻이므로 그로 인해서 발생하는 문제들은 단순하지가 않습니다. 또한, 火는 있으나 나무가 없어 木生火를 하지 못하면 연료가 부족하여 충분한 에너지를 만들지 못합니다. 나무의 학습을 동반하지 않는 노동력은 충분한 에너지를 만들지 못하므로 저장할 수 있는 에너지도 적습니다. 그러나 사주에 火를 타고나지 못했어도 누구나 대운에서 긴 시간 동안 木生火 구간을 만날 수 있으니, 이 기간에 적극적으로 활동하면 충분한 에너지를 만들 수 있습니다. 바꿔 말하면, 木生火가 부족한 사람이 이 기간에 충분한 에너지를 저장하지 않으면 평생 쓸 배터리가 부족할 수 있음을 의미합니다. 2025년부터 3년간 火生土 구간이므로 火가 부족한 사주는 이 기간에 에너지를 열심히 모아야 합니다.

한편, 丙丁火는 세로토닌과 도파민을 만들어 행복감과 열정을 높여줍니다. 명리학에는 "조후"라는 개념이 있으며, 계절별로 조후가 맞지 않으면 심리적 결함과 같은 여러 문제가 나타납니다. 날씨가 온화한 봄과 가을엔 조후가 필요하지 않으나, 겨울과 여름은 추위와 더위를 해결하지 못하면 문제가 발생할 수 있으니 조후를 우선으로 살펴보아야 합니다. 추운 날씨는 배터리 효율을 크게 떨어뜨리고 방전을 가속합니다. 현대 사회에 가장 만연한 심리적 문제는 우울증과 불안장애가 있습니다. 엄동설한에 태어났으나 火의 부족으로 사주가 어둡고 추우면, 한 치 앞을 보지 못하여 불안하고 추위에 웅크리는 심리상태가 발동합니다. 운에서 丙丁火와 巳午未를 만나면 증상이 호전되지만, 운이 끝나면 다시 기분이 가라앉을 수 있으니 각별한 주의가 필요합니다. 火는 밝음을 상징하므로 자신의 상태를 스스로 인지하는 자각효과와 감정을 표현하는 정서적 개방능력이 있습니다. 자가점검 능력이 없으면 심리적 불안감을 느껴서 위축되기 마련이고, 감정을 표현하지 못하고 속으로 삭이면 화병 등의 감정 문제와 의사소통의 오류가 생길 수 있습니다. 만약 감정을 드러내면 안 되는 특수한 직업 속성을 가진 사람이라면 안성맞춤이지만, 그 외의 경우는 火가 있어야 심리적 안정을 유지할 수 있습니다.

우울증의 생물학적 원인은 뇌 내 신경전달물질인 세로토닌의 부족으로 인해서 발생합니다. 그래서 치료방법으로 현재 가장 많이 사용되는 방식이 항우울제 처방이며, 이는 시냅스에 세로토닌의 양이 증가할 수 있도록 유도하는 것입니다. 세로토닌은 기본적으로 인체가 만들어 내는 호르몬이지만, 우울증 환자는 세로토닌과 도파민을 생성하는 기능이 현저히 부족하므로 외부적 도움을 받아야 합니다. 태양 빛에는 천연 세로토닌이 다량 함유되어 있으므로, 의학 전문가들은 우울증 환자에게 태양광에 자주 몸을 노출할 것을 권장합니다. 낮에 태양광 치료를 받은 환자들은 그렇지 않은 환자들에 비해서 매우 호전적인 결과를 가져온다는 연구 결과가 있으므로, 子丑寅卯월생이 木生火가 부족하다면, 巳午未時에 적극적인 야외활동을 권장합니다. 햇빛을 받으며 독서를 즐기는 방법을 추천합니다. 피부미용을 위해서 야외활동을 꺼리는 사람치고 성격이 밝은 사람을 본 적이 없습니다. 반면에 더운 계절에 丙丁火가 많고 壬癸水가 힘을 쓰지 못하면 반대의 문제가 발생할 수 있습니다. 세로토닌과 도파민이 과다하게 분비되면 오히려 폭력성이 증가한다는 연구 결과가 있는 만큼, 특별히 신경 써야 합니다. 발산만 하고 수렴하지 못하는 상황이 만들어 내는 문제들이므로, 심리적 문제뿐 아니라 물질적 손상으로 이어질 우려가 농후합니다. 우리가 사는 물리적 세계에서는 돈이 곧 에너지인데, 에너지가 과하면 오히려 없는 것과 같아집니다. 사주에 火가 많으면 추진력이 강하여 성공확률이 높고, 그와 동시에 실패확률도 높습니다. 그러므로 火多者에겐 불길을 제어하는 金生水가 매우 중요합니다. 앞서 언급했듯이, 癸水는 멜라토닌과 같고 壬水는 GABA와 같으니, 휴식전위 에너지가 공기 중에 풍부한 亥子丑시를 이용해서 독서나 명상, 감성을 자극하는 활동으로 힘을 빼면 균형을 이루는 데 도움이 됩니다. 그리고 水生木의 꾸준한 학습은 불길의 방향을 제대로 설정해 줍니다. 木生火+火生土가 강한 사주가 火生土 운을 만나면 열이 팽창하여 배터리가 폭발을 일으킬 수 있으니, 미리 에너지를 방출해서 덕(德)으로 교환하는 게 좋습니다.

열역학 제0 법칙, 열평형 법칙은, 열이 높은 곳에서 낮은 곳으로 흐르며 두 물체 온도가 같아지는 현상입니다. 에너지가 많은 사람이 에너지가 부족한 사람에게 열을 나눠주는 건, 매우 바람직한 자연의 법칙입니다. 자연의 법칙을 따르는 사람은 자연의 혜택을 받고, 위배하는 사람은 훗날 정산해야 할 계산서에 이자까지 붙어서 차곡차곡 쌓이게 되니 평소 맘보를 곱게 써야 합니다. 평소 나눔을 생활화하는 사람은 욕심이 없는 사람이 아니라 자연의 법칙을 터득한 현자와 같습니다.

한편, 전통적 물상론에서는 丙火는 태양, 丁火는 불로 정의하지만, 필자는 丙火는 자연의 빛과 열, 丁火는 인공의 빛과 열로 정의하고 특성을 구분 지었습니다. 오행에서 土는 토대를 말하고, 水와 火는 능동적 주체이며, 木과 金은 수동적 객체입니다. 그래서 水나 火가 투간하면 능동적으로 자신의 인생을 잘 계발할 수 있습니다. 火는 金을 다루고 발산하는 등의 매우 큰 역할을 하므로 더 많은 궁리가 필요하니 이 책

뿐 아니라 다양한 명리학책을 읽어보시고, 스스로 궁리해서 알아가는 것이 좋습니다. 火는 인의예지신 중에 예(禮)를 뜻합니다.

1) 丙火: 미래지향적 사고, 자연과학적 사고

> "쉽게 지치는 사람들은
> 눈부신 태양이 비추고 있음에도
> 그 눈부심을 탓하며 평온한 그늘만을 찾아 헤맨다.
> 자신을 성장시키는 빛인 줄도 모르고
> 너무 뜨거워 움직일 수 없다며 탓만 하게 된다."
> – 니체, 《왜 너는 편하게 살고자 하는가》 中

丙火는 태초의 밝음, 자연의 빛과 열입니다. 그래서 밤을 은은하게 밝히는 달도, 반짝이는 별도, 천둥·번개, 반딧불이도 모두 丙火라고 할 수 있습니다. 과학적으로도 달과 금성, 목성과 같은 행성은 태양 빛을 반사해서 빛을 내는 것일 뿐, 스스로 빛을 내지는 않으며, 밤하늘의 수많은 별은 대부분 태양처럼 자체발광하는 항성입니다. 또한, 자연에 의해서 발생한 불과 마그마도 丙火에 해당합니다. 태양은 바다와 강물을 증발시켜 비를 내리고, 지열을 발생시켜 다시 수분을 거둬들이는 순환체계를 통해 만물을 성장시킵니다. 태양의 역할 중에 단연코 가장 중요한 것은 세상을 밝고 따뜻하게 만드는 일이며, 태양이 없다면 태초의 밝음이 없으니, 이 지구의 시스템은 존재할 수 없습니다. 그래서 사주에 丙火는 매우 귀한 수호신입니다. 丙火는 모든 만물의 성장을 도와야 할 막중한 책임이 있지만, 과도한 책임감은 오히려 회피본능을 일으켜 책임질 일을 애초에 차단하는 이중성을 보이기도 합니다.

긍정사고, 미래지향적, 행복(만족)감, 희망은 丙火를 대표하는 단어들로 병화의 성격을 쉽게 파악할 수 있습니다. 丙火의 가장 큰 능력은 관찰력이며, 관찰력은 호기심이 있어야 발동하는 능력으로 木과 짝을 이뤄야 합니다. 특히 乙木의 호기심은 다양한 관점과 유연한 사고력을 갖추게 하니 관찰력에 날개를 달아줍니다. 경험적 학습은 크게 모방학습, 대리학습, 관찰학습으로 나눌 수 있는데, 모방학습은 乙木, 관찰학습은 丙火, 대리학습은 타인을 본보기 삼는 학습 방법이니 辰土로 볼 수 있습니다. 丙火가 천간에 있으면 위에서 아래를 내려다보니 시야가 넓고, 巳午火에 있으면 땅에서 관찰하니 더 자세히 볼 순 있으나 시야가 좁습니다. 연간에 있으면 관찰 범위가 넓고 시간으로 갈수록 범위가 작아지니 丙火의 통찰력은 연간에 있을 때 가장 효과적으로 발현됩니다. 연간 丙火는 사회적 현상, 정치, 해외 정세 등에 폭넓게 관심을 두고, 월간에 있으면 직업 활동을 통해, 일지나 시지는 사적인 관계를 통해 세상을 관찰합니다. 지지에 겨울과 봄이 있으면 자연이나 인간사에 관심이 있고, 여름과 가을이 있으면 경제 등 물질적 상황에 관심을 둡니다.

골디락스 존(Goldilocks Zone)이란, 태양과 적정거리에 있는 구간을 말합니다. 태양과 너무 가까운 수성과 금성은 열기로 인해서 생명이 살 수 없고, 목성, 토성 등의 행성들은 먼 거리로 인해서 태양의 혜택을 받지 못하니 생명을 키울 수가 없습니다. 그래서 지구처럼 태양과 적정거리에 있는 행성을 골디락스 행성(Goldilocks Planet)이라고 부르며, 그 구간을 골디락스 존이라고 합니다. 丙火는 己土로 궤도를 형성해야 골디락스 존이 어딘지를 알아 사교에 문제가 생기지 않으며, 지구처럼 조화로운 사람을 만나야 본의 아니게 상처를 주는 일이 줄어듭니다. 또한, 자칫 민폐의 대상이 되곤 하는데, 분위기를 파악 못 하고 자신의 모든 것을 여실히 보여주기 때문이며, 세상 물정 모르는 천진난만함이 타인의 심기를 건드리기 때문입니다. 하지만, 세로토닌의 분비가 활발한 丙火는 배척을 당해도 크게 상처받지 않습니다. 丙火의 눈에는 이렇게 밝고 아름다운 세상에서 왜 그렇게 우울해하고, 웅크리고 있는지 이해가 되지 않습니다. 그래서 긍정적인 미래를 만들도록 주변을 도와주고자 하지만, 이 또한 오지랖이고 가르치려 드는 모습으로 비칩니다. 丙火의 문제는 늘 빛을 남발해서 시작됩니다. 아무리 이로운 태양 빛이라 하더라도 바로 보면 눈을 찡그릴 수밖에 없고, 자외선에 오래 노출되면 피부질환과 여러 부작용을 일으키므로, 선행할 때도 직접적인 방식보다 간접적인 방식을 고려하는 게 좋습니다. 그리고 사람은 외향성이 과도하면 뻔뻔해지는 경향이 있어 지나치면 질서를 어지럽히고도 고개를 빳빳이 들 수 있으니, 사회적으로 이로운 일을 해야 하는 丙火가 오히려 사회에 부정적 영향을 끼칠 수도 있습니다. 한편, 丙火의 밝은 빛은 세상을 넓게 비추어 넓은 시야를 확보하지만, 심해처럼 깊숙한 곳까지는 비춰보지 못하니 깊은 본질을 간파하지는 못합니다.

"아무리 밝은 태양도 덮어놓은 바구니 속까지는 밝히지 못한다."
- 강태공

그런데도 잘 안다고 속단하여 곤경에 빠지기도 하고, 문제를 표면적으로만 보아서 자신의 문제만이 아니라 타인의 문제까지도 가볍게 취급해 버리는 단순한 태도를 보이기도 합니다. 천간에 丙火가 2개 이상이면 壬水의 극을 받아야 합니다. 그렇지 못하면 발산능력을 조절하지 못하여 TMI를 방출하니 주제넘게 행동할 수 있습니다. 특히 사주에 양간의 비중이 높으면 특성이 더욱 두드러지니 주의가 필요합니다. 오늘날 사교모임에서 가장 기피되는 대상은 TMI를 방출하는 사람입니다. 시쳇말로 "기 빨린다."라는 표현을 쓰는데, 경청은 매우 많은 에너지를 소비하게 합니다. 그래서 丙火의 발산능력은 직업적으로 청중을 압도할 수 있는 기술이지만, 일상에서는 제어해야 할 요소입니다. 그래서 늘 골디락스 존처럼 타인을 적정거리에 두어야 무탈한 대인관계를 유지할 수 있습니다.

"비관론자처럼 준비하고 낙관론자처럼 꿈꾸라."
― 모건 하우절

丙火가 乙木을 보지 못하면 넓은 시야를 확보하지 못하여 빛이 영양가가 적습니다. 그래서 지식 없이 오지랖만 넓은 사람이 되므로, 丙火의 밝음은 철없는 순진함으로 평가됩니다. 미래를 무작정 낙관적으로 바라보아서 일을 크게 벌이고, 타인의 긍정적인 면만을 바라보고 관계를 시작해서 실망하는 일도 발생합니다. 이러한 습성은 어두운 면을 고려하지 않은 탓에 추진하는 일마다 번번이 실패의 고배를 마시게도 합니다. 그러나, 꿈이 크면 깨져도 조각이 큰 법이니, 실패의 조각은 밝은 미래로 인도하는 징검다리가 되어주기도 합니다. 壬水는 丙火와 반발력이 있는 에너지로서, 좋게 말하면 비판적이고, 나쁘게 말하면 부정적인 정서를 내포하고 있습니다. 그래서 丙火는 壬水의 부정적인 생각이 올라오는 것을 꺼리지만, 중요한 선택을 할 때는 壬水의 능력이 매우 귀하게 쓰입니다. 한마디로 壬水의 정보를 머금은 乙木의 생을 받으면 영양가가 높은 빛이 됩니다. 그러므로 丙火가 壬乙을 동반하지 못했다면, 자신의 능력을 절반만 신뢰하는 마음을 품어야 합니다.

지구에서 가장 단단한 경도를 가진 다이아몬드는 탄소가 지구 맨틀에서 1,000~3,000℃의 고온과 높은 압력을 견뎌내야 형성이 되고, 보석류는 대체로 이 과정에서 탄생합니다. 앞서 설명했듯이, 丙火는 자연의 빛과 열이므로 지구의 내핵과 마그마도 丙火에 해당합니다. 그래서 丙辛합을 하면 질 좋은 보석이 탄생합니다. 합으로 부가된 에너지 壬癸水의 주된 임무는 나무를 키우는 것인데, 나무가 없어 水生木을 하지 못하면 辛壬의 도세에만 신경을 쓰게 됩니다. 즉, 외형이나 실용기술만 터득하고 지식을 쌓지 않으니, 보석의 값어치가 떨어집니다. 이 역시도 운이 당도했을 때, 독서 등으로 인문학적 소양을 쌓아서 내면을 강화해야 합니다. 辛金은 예민함을 상징하는 글자이지만, 이러한 과정을 거치면 소위 말하는 멘털 甲이 됩니다.

운에서 丙火를 만나면, 세상을 관찰하는 능력을 키우기 좋은 해입니다. 관찰해야 세상이 보이고, 관찰하지 않으면 시야가 어두워 눈 앞에 펼쳐진 지뢰를 무작위로 밟으면서 인생을 살아가야 합니다. 巳午未시에 야외로 나가서 사람도 관찰하고 나무와 새도 관찰하고 세상에 존재하는 모든 것을 관찰하면서 사고를 전환해야 합니다. 이 과정은 뒤에서 설명하겠지만, 물을 순환시키는 것과 같습니다. 물이 고여서 썩으면 나무도 썩어버리니 아무짝에도 쓸모없는 일에 집착하며 정신을 망가뜨립니다. 관찰 과정에서 각종 범죄의 실체도 볼 수 있으니 사기 피해를 미리 예방하는 효과도 누릴 수 있습니다. 보기 싫다고 눈을 돌리면 그다음 피해자는 자신이 될 수 있다는 것을 명심해야 합니다. 2026, 丙午년은 하늘에서 태양이 내리쬐고 땅이 열리니 지하에 숨겨졌던 모든 더러운 것들이 밖으로 튀어나오고, 대청소가 시작되는 해입니다. 이때 볼거리가 많아지므로 눈을 크게 뜨고 관찰하려는 자세를 취하면 반면교사(反面教師) 효과를 얻어서 길하고 그렇지 않으면 깨달음을 얻을 좋은 기회를 놓치니 스스로 지뢰를 밟아가면서 깨달음을 얻어야 합니다.

2) 丁火: 목표지향적 사고, 기술 문명적 사고

丁火는 인간의 열(노력)로 만들어 내는 모든 기술 문명을 말하며, 그중에서 가장 위대한 역작은 단연코 전기입니다. 전기는 인공적인 빛과 열을 만들 수 있으므로 태양 빛이 사라진 밤의 세계를 환하게 밝혀줍니다. 열정을 상징하는 丁火에게 학습 여건과 재료, 그리고 목표만 주어진다면 丁火는 무궁한 발전을 이룰 수 있는 능력자입니다. 양의 에너지는 자연의 에너지이므로 거대하지만 단순한 것에 반해 음의 에너지는 매우 복잡하고 섬세합니다. 그래서 음간을 연구할 때는 좀 더 복잡한 사고력을 요구합니다.

丁火가 금속 물질인 庚金을 만나면 청동부터 강철, 티타늄에 이르기까지 다양한 물질을 만들어 내며, 비금속 물질인 辛金을 만나면 도자기, 유리부터 세라믹, 반도체에 이르기까지, 다양한 문명의 재료를 만들어 냅니다. 丁火는 金을 보아야 물질문명을 만들어 내므로 庚辛金이 없다면 불만 사용하던 원시시대를 사는 것과 같습니다. 고서에서는 물이 불을 끈다고 해석하지만, 필자의 궁리에 의하면, 丁火는 壬水의 어둠 속에 숨겨진 비밀을 발견해 기술 문명을 이끌고, 癸水를 플라스마 상태로 만들 수 있습니다. 丁火는 태양처럼 온 세상을 넓게 밝힐 수는 없지만, 무광층 심해나 빛이 들지 않는 어두운 실내, 밤의 세계를 환히 밝힐 수 있고, 심지어는 뒤집어 놓은 바구니 속을 비춰볼 수도 있으므로 능력이 잘 개발되면 한 길 사람 속도 들여다볼 수 있습니다. 상대가 원하지 않아도 빛을 내리쬐는 丙火와는 다르게 丁火는 상대가 스위치를 켜야 주변을 밝혀주므로 과하지 않아서 인기도 좋습니다. 어두운 망망대해를 떠다니는 사람들에게는 길잡이 등대가 되어주니 심리상담 분야에서도 탁월한 재능을 보입니다. 丙火는 전체를 관찰하는 능력이 좋고, 丁火는 한곳만 비추어 면밀히 검토하는 능력, 즉 탐색 능력이 좋습니다. 그래서 丙丁火가 함께 있으면 우수한 통찰력을 지닐 수 있습니다. 뒤에서 살펴보겠지만, 지지 午火에는 丙丁火가 함께 있으므로 午火가 있으면 재리에 밝습니다.

丁庚, 丁辛은 정신세계(동지~하지)에서는 나무에 깨끗한 물을 조달하는 수원의 역할이 크고, 물질세계(하지~동지)에서는 산업사회를 발전시키는 인력으로 활용도가 높습니다. 乙木의 얕고 넓은 학습 방법은 전체를 보기 위해서 폭넓은 사고를 갖춰야 하는 丙火를 이롭게 하고, 甲木의 한 우물만 파는 학습 방법은 집중 공략을 해야 하는 丁火를 이롭게 합니다. 그래서 乙丙, 甲丁이 짝이 되는 게 마땅하나, 甲丙, 乙丁이 짝이 되면 다른 특수성이 나타납니다. 이과 분야의 종사자일 경우에 甲丁은 한 우물만 파는 연구에 헌신하고, 乙丁은 다양한 분야를 두루 알아야 하는 직종에 종사합니다. 甲丁이 연구, 기능직이라면 乙丁은 총괄관리직에 해당합니다. 광범위한 경험적 학습은 많은 시간과 비용을 요구하는 학습이므로 乙木이 丁火의 땔감이 되기 위해서는 양자택일을 해야 할 상황에 놓일 수 있습니다. 사회적 성공을 위해서 가정에 소홀하거나, 건강을 희생하는 등의 불균형이 일어날 우려가 있으니 평소 균형을 맞추는 노력을 더 기울여야 합니다. 乙木이 땔감으로 부족한 또 하나의 이유는 庚金이 乙木을 만나면 벽갑을 하지 않고 열매를 풍성하게 맺으려 하기 때문입니다. 그래서 乙丁이 짝이 되면 庚金은 벽갑(金克木)이 아니라 수원(金生水)의 역할을 하게 됩니다. 사업을 할 때, 당장의 이익이 아닌 미래가치를 위해서 넓게 포석을 까는 방식이 이에 해당합니다.

丁火는 에너지가 분산되어 낭비되는 걸 싫어하므로 실용과 효율, 선택과 집중의 현명함이 있습니다. 이러한 능력은 목표지점에 빠르게 도달하게 하므로 경쟁 사회에서 우위를 선점할 수 있는 특별한 능력으로 작용합니다. 丁火의 열정은 실현 가능하다는 판단이 서면 집착에 가까울 정도로 몰입하는 경향이 있으므로 땔감만 꾸준히 들어온다면 지구력이 높아져 최소한 무라도 쓰는 집요함을 보입니다. 庚辛金은 丁火에게 목표이므로 선택이고, 甲木은 집중입니다. 선택을 잘해야 엉뚱한 데 집중하지 않습니다. 열정은 식지 않고 계속 타올라야 목적을 달성할 수 있으므로 땔감이 꾸준하게 들어와야 합니다. 그래서 도끼로 나무를 쪼개는 벽갑(甲庚)을 해야 하는데, 벽갑이 안 되면 통나무를 한 번에 태워버리니 나무를 태우기도 전에 불이 꺼지거나, 강하게 불타오르고 빠르게 꺼져버리는 상황이 발생합니다. 마음먹은 것을 빠르게 포기하거나, 벼락치기를 하는 경우입니다. 능력자 丁火도 천간에 2개 이상으로 多하면, 완급조절이 안 되어 땔감을 빠르게 소진하니, 번 아웃(burn out) 현상이 나타날 우려가 있습니다. 과도한 열정으로 밤낮 구분 못 하고 온몸을 불사르는 행위는 경계해야 하며, 도파민 과다분비로 인한 모든 부작용을 조심해야 합니다. 도파민이 과다하게 분비되면, 흥미를 이끌만한 것을 찾아다니다가 도박중독, 게임중독, 인간중독 등에 빠질 수 있으며, 그로 인해서 초가삼간을 다 태워버릴 우려가 있습니다. 음모론에 심취하는 다양한 이유가 있지만, 丁火의 경우는 자극적인 것을 찾다가 매몰된다고 볼 수 있으며, 이는 뇌 손상으로 이어질 우려가 있습니다. 반대로, 도파민이 부족하면 파킨슨병에 걸릴 우려가 있으므로, 丁火 없이 사주가 냉(冷)하다면 삶에 열정을 가질만한 소재를 의도적으로 찾는 노력을 기울여야 합니다.

한편, 고서에서는 丁火가 丙火와 천간에 함께 있으면 丙火에게 공을 빼앗긴다고 하였는데, 궁리에 의하면 서로의 역할이 다를 뿐입니다. 丙火가 관리자라면 丁火는 기술전문가이므로, 丙火가 하지 못하는 걸 음양합인 丁火가 맡아서 해주는 것입니다. 물론 丁火는 육신으로 겁재에 해당하므로 합당한 대가를 지급해야 합니다. 〈육신〉 편에서 더 설명하겠지만, 미리 조금 언급하자면, 겁재를 두고 "재물을 겁탈한다."고 해석하는 건 도둑 심보에서 나온 것일 수도 있습니다. 사용했으면 사용료를 내야 하는 것은 당연한 일입니다.

운에서 丁火를 만나면, 무언가 열정을 쏟을만한 것을 발견합니다. 전술했듯이, 열정을 쏟을만한 대상이 성장에 도움이 되는 거라면 더할 나위 없이 기쁘지만, 중독 현상을 일으킬 만한 불건전한 것일 수도 있습니다. 미리 관심 둘 대상을 찾지 않는다면 엉뚱한 게 관심사에 꽂힐 수 있으니, 미리 익힐 기술을 하나 준비하는 게 이롭습니다. 丁火+庚辛金이 없는 사람들은 신문물을 멀리하는 기계치가 많습니다. 평소 첨단기술(technology)에 크게 관심이 없는 사람이라면 丁火운이 왔을 때, 현대 과학기술의 산물을 조금씩 써보면서 실용성과 효율성을 맛보고 실생활에 적용하는 자세를 지니는 게 좋습니다. 과거에는 노인이 되면 자녀들이 도움을 주는 시대였지만, 현시대는 스스로 알아서 해야 하는 시대입니다. 현시대뿐 아니라 이 세상은 원래 그런 곳입니다. 우리는 배우러 온 사람들이지 즐기러 온 사람들이 아니라는 것을 빨리 깨우칠수록 인생길이 꽃길이 되고 진정한 즐거움을 영위할 수 있습니다. 丙午년과 丁未년은 丁火의 신문물을 익히기 매우 좋은 해이니 시기를 놓치지 말고 AI 사용 기술이나 가사 로봇 등의 사용법을 익혀두면 이롭습니다.

3. 땅(戊己土)

지구는 둥근 구(毬) 형태로 내핵과 외핵, 맨틀과 상부 맨틀 그리고 지각과 대기가 겹겹이 쌓인 층으로 구성되어 있습니다. 土는 지각에 해당하며, 오늘날의 다섯 대륙은 원래는 하나의 대륙이었다는 설이 지배적이고, 몇억 년 후에는 다시 하나의 대륙으로 합쳐질 것으로 지질학자들은 예측합니다. 나무가 땅에 뿌리를 내리고 살듯이, 인간은 두 발을 땅에 딛고 살아야 합니다. 火生土는 내핵과 태양, 안과 밖에서 대지의 자원을 풍부하게 하고, 土生金은 인간에게 필요한 광물을 제공합니다. 식물이 뿌리를 내려 木克土할 수 있도록 土克水는 대지를 단단하게 하니 모든 동식물은 대지가 주는 풍부한 자원으로 생명을 유지합니다. 그래서 대지는 모든 생명의 터전이고, 모든 생명을 품어주는 엄마와 같습니다.

土는 유동적이지 않고 있는 듯 없는 듯, 그 자리를 지키고 있으므로 무색무취한 성질이 있습니다. 오행의 방위에서 중앙에 위치하며, 인의예지신(仁義禮智信) 중에 信으로 신뢰를 의미합니다. '중앙' 하면 떠오르는 단어는 균형, 안정감, 안전함, 중립 그리고 사막 국가들입니다. 모든 길은 중앙으로 통하게 되어 있으므로 정보가 중앙으로 모이고, 그로 인해 많은 정보가 중앙에 저장됩니다. 그래서 상황 인식능력이 좋고, 저장(암기)능력이 우수합니다. 어느 곳에도 치우치지 않으려는 土의 특성은 타인에게 안정감과 신뢰감을 주므로 상대의 입을 쉽게 열게 하고, 보고 들은 것을 묻어두므로 비밀유지의무가 있는 종교인이나 상담사, 변호사 등의 직업에 알맞은 속성입니다. 土는 기본적으로 자신의 주장이 강하지 않고, 강한 오행을 따르는 성질이 있습니다. 그러므로 오행이 조화를 이룰 때는 중용의 자세를 취하지만, 한쪽으로 쏠리면 한 오행만을 맹목적으로 따르게 되어 벽창호와 같은 사람이 될 우려가 있습니다.

항상성이란, 평형상태를 유지하려는 인지능력으로써, 자신의 내적 상태를 균형 있게 조절하여 심리적 안정을 취하려는 성질을 말합니다. 두뇌는 스트레스가 쌓이면 위기로 인지하고, 항상성 유지를 위해 콩팥에 있는 부신에 코르티솔(cortisol)을 분비하도록 신호를 보냅니다. 코르티솔은 스트레스를 해결하는 이로운 호르몬이지만, 만성 스트레스로 인한 과도한 분비는 부신의 기능을 약화하여 대사질환의 불균형을 초래하고 만성질환을 일으킵니다. 우리 인체에서 土의 기능은 바로 이 코르티솔 호르몬과 같아서 스트레스에 취약한 현대인에게 매우 필요한 요소입니다. 사주에 土가 없으면 안정감이 부족하므로 명상으로 항상성을 키우는 것을 권장합니다. 요즘은 '알아차림' 명상법이 인기를 끌고 있는데, 상황에 대한 인식과 자신의 마음 상태를 제삼자의 시각처럼 한 발짝 떨어져서 관찰하고 자각 능력을 키우는 것입니다. 이는 심리학에서 게슈탈트(Gestalt) 치료법과 유사합니다. 이는 꼭 명상을 통하지 않아도 관찰자 시점으로 자신의 상태를 바라보고 점검하면서 항상성을 키울 수 있습니다. 자신을 객관화하면 타인을 향한 원망과 증오가 줄어들며 평정심을 유지할 수 있습니다. 명상법을 찾아보면 무념무상의 방법과 위에 언급한 알아차림, 그리고 몰입방식이 등장하는데, 토다자(土多者)는 물길을 막아서 생각하는 능력이 부족하므로 몰입으로 물길을 열어주는 명상법이 좋고, 무토자(無土者)는 무념무상으로 항상성을 키우고, 알아차림으로 자신의 마음과 상황을 인식하는 명상법이 좋습니다.

"적을 알고(戊) 나를 알면(己) 백전백승이다."

土가 多하면 스님 팔자라고 했는데, 土多者가 속세를 떠나는 이유는 융통성 부족으로 급변하는 세상에 적응하기 어려운 걸 가장 큰 이유로 볼 수 있습니다. 그러므로 土多者에게는 무념무상 명상법은 지양되어야 합니다. 또한, 진정한 도(道)는 속세에서 닦는 것이지, 산중에서 닦는 게 아님을 깨우칠 필요가 있습니다.

앞서 설명했듯이, 火生土는 기본적으로 뛰어난 저장능력을 갖추고 있으므로, 기억력이 우수합니다. 그래서 암기력을 요구하는 절대평가에 유리합니다. 그러나 상대평가가 이루어지는 실전 사회에서는 水의 이해력과 융통성이 더 요구되므로, 戊土가 多하여 물길을 막으면 융통성이 부족하여 사회생활에 어려움을 겪는 경우가 왕왕 발생합니다. 그래서 상명하복 시스템대로 움직이는 공무원이나 판례에 따르는 법조인, 매뉴얼이 정해져 있는 단순 업무 쪽으로 진로를 잡는 경우가 많습니다. 뇌 과학 측면에서도, 우수한 기억을 초래하는 기제는 창조적 사고 능력에 중요한 요소인 구성적 과정에 불리하게 작용한다고 합니다. 土의 고정되어 변하지 않으려는 성질은 고착화를 일으키는 주요 원인이며, 고착은 통찰력과 창의력을 방해하는 주된 장애물입니다. 또한, 저장능력이 좋으면 오래된 나쁜 기억을 날려버리지 못하고 가슴속에 묻어두고 살아가다가 트라우마를 호소하기도 하므로 프로그램을 삭제하는 金克木이 필요합니다. 庚金은 불필요한 데이터를 삭제하고, 辛金은 세부적으로 편집합니다. 그래서 庚金은 불필요한 정보에 무관심으로 일관하고, 辛金은 입맛대로 편집합니다. 만약 金克木이 안되면, 다양한 경험학습으로 새로운 기억을 덧씌우면서 살아가야 하므로 乙木이 필요합니다. 乙木이 없을 때 운에서 만나면, 때를 놓치지 말고 좋은 기억을 덧씌워 나쁜 기억을 뒤로 밀리게 해야 합니다. 그리고 土는 저장능력이 좋으므로 물건도 버리지 못하고 저장하는 경향이 있습니다. 戊土는 지구 전체의 대륙과 같고, 己土는 국경선, 택지, 필지처럼 인간의 편의에 따라서 구획 지은 영역과 같습니다.

1) 戊土: 경계가 없는 자연의 대지

戊土는 자연이 모두에게 허락한 자연의 대지입니다. 자연은 누구에게나 너그럽게 땅을 밟도록 허락했으나, 소유욕을 본능으로 타고난 인간은 땅을 구분 짓고 차지하기 위해서 유혈사태도 일으킵니다. 하지만, 戊土는 대지 위에서 유혈사태가 발생해도 상황을 지켜만 볼 뿐 누구의 편도 들지 않습니다. 겉보기에는 흔들리지 않고 중립을 지키는 현자처럼 보이지만, 무엇을 해야 할지 몰라서 시류에 편승하여 몸을 사리고 있는 것일 수도 있습니다. 자기주장이 강한 사람은 타협할 수 없는 가치관 때문에 열변을 늘어놓아 제 뜻을 관철하려 노력하지만, 戊土는 가치관이 뚜렷하지 않아서 대체로 의견을 듣는 쪽입니다. 그러나 앞서 언급한 것처럼 오행이 한쪽으로 쏠리면 戊土는 신념으로 가득 차서 자신의 고집으로 모두를 위험에 빠뜨릴 수도 있습니다. 무식한 사람이 신념을 가지면 무섭다는 말처럼, 너무 강한 신념만큼 무섭고 위험한 건 어디에도 없습니다. 그래서 戊土에게 가장 중요한 건 무식해지지 않도록 木克土+水生木으로 대지 위에 나무(뉴런)를 풍성하게 키우는 것입니다. 배합을 잘 이뤄 인식능력이 개발된다면, 모든 의견을 취합하여 중재자 역할을 하니 포용력이 좋은 리더로 성장할 수 있습니다. 하지만, 편이 나뉘는 경쟁 구도에서는 자칫 회색분자로 낙인찍힐 수 있다는 점도 유의해야 합니다.

丙癸가 있으면 토양이 비옥하여 나무를 키우기 좋고, 庚辛金이 있으면 광물자원도 풍부합니다. 하지만, 丙火가 많하면 땅이 메마르고, 庚辛金이 많하면 토양이 자갈밭처럼 척박하니 이때는 丁火로 庚辛金을 녹여서 사용해야 나무를 심을 수 있는 땅이 됩니다. 戊土는 甲木보다는 乙木을 반깁니다. 乙木은 과일을 생산하여 생명의 발길이 닿게 하고, 낙과한 과일은 땅에서 거름이 되게 하며, 겨울에는 잎사귀를 떨어뜨려 戊土가 태양 빛을 받게 배려합니다. 반면에 甲木은 소나무, 전나무, 삼나무와 같아서 戊土에게서 양분만을 가져가고 사시사철 태양 빛을 가리니 버섯만 자라게 합니다. 이는 당장의 찬란한 태양을 포기하고 학문에 정진하는 것과 같으니, 생목인 甲木을 키울 때는 물을 충분히 주면서 인내력을 키워야 합니다. 만약 수화기제가 부족하여 나무를 키우기 어렵다면 벽갑을 하여 丁火의 땔감으로 사용해야 하는데 丁火마저 없으면 戊土의 쓰임이 불분명합니다. 戊癸합으로 丙丁火가 창출되면 온기가 생겨서 생명이 싹트는 옥토가 되니, 배움의 자세를 갖추게 됩니다. 戊土에 물길이 열려 기억력과 응용력이 배합되니, 두뇌가 활발하게 열에너지를 발생시키는 것으로 볼 수 있습니다. 필자의 레이더망에는 유독 金生水가 되지 않는 土多者들이 많이 보이는데, 남녀노소를 막론하고 진로 문제를 겪는 사람들이나 뚜렷한 재능 없이 불로소득으로 살아가는 땅 부자들이 많았습니다. 편하게 놀고먹으면서 불로소득으로 살아가는 것을 인생의 가장 큰 복으로 생각하는 사람들이 많지만, 균형성장을 가장 큰 복으로 여기는 필자의 관점에서는 성장을 멈춘 사람들로 보이므로 안타깝게 생각합니다. 한편, 土多者라 할지라도 원국에서 戊癸합을 이룬 경우에는 언변과 경청능력이 우수한 경우를 많이 보았고 늦은 나이에도 도전을 멈추지 않는 모습들이 매우 인상적이었습니다.

운에서 戊土를 만나면, 마음의 크기(수용력)를 키워야 합니다. 마음의 문을 활짝 열고, 제 땅에 들어온 사람에게 좋은 대접을 해야 하는데, 푸대접하면 운이 달아나서 낭패를 봅니다. 물론 옥석을 가릴 줄 아는 눈이 있어야 아무나 들이지 않습니다. 우리는 운에서 끊임없이 시험을 당합니다. 마음의 크기를 키우려고 노력하면 넓은 대지와 같은 길이 펼쳐지지만, 그렇지 않으면 스트레스를 받아서 더 폐쇄적인 성향이 되어버릴 우려가 있습니다. 그래서 戊土의 해에는 자신보다 상대의 성향에 맞춰주려는 노력으로 자신을 단련해야 하고 명상 등으로 항상성을 높이는 훈련을 하면 도움이 됩니다. 하지만 丙火의 생을 받은 戊土가 戊土운을 만나면 선 넘는 행동을 해서 낭패를 볼 수도 있으니 주의해야 합니다. 이는 丙火도 마찬가지입니다. 그리고 戊土는 己土와 음양합을 이뤄야 자신의 한계에 맞는 수용력을 갖출 수 있습니다.

2) 己土: 인간이 정한 영역

이 땅에는 수많은 영역을 나누는 선이 있습니다. 국경선이 있고, 도시 영역을 가르는 선이 있고, 개인의 영역을 표시하는 선이 있습니다. 땅에 직접 선을 긋기도 하고, 지도나 토지대장에 선을 긋고, 자신의 마음에도 선을 긋습니다. 타인의 영역에 발을 들이려면 사용료를 내거나 허락을 받아야 하며, 그 외에는 대부분 불법 침입에 해당합니다.

戊土와 己土는 중립적인 자세로 모든 의견을 존중한다는 의미에서 같은 속성을 지닌듯하지만, 그 속성은 뚜렷이 구분됩니다. 戊土는 모두가 자유롭게 오고 갈 수 있어서 선의 경계가 불분명하지만, 己土는 철저하게 선을 지키고자 합니다. 그래서 戊土에게는 지구촌이라는 의식이 자리하고, 己土는 개인주의적 성향이 지배적입니다. 하나의 안건을 두고 대화를 할 때, 戊土는 '이 의견도 일리 있고, 저 의견도 일리가 있네'의 관점이라면, 己土는 '이 사람은 이렇게 생각하고, 저 사람은 저렇게 생각하는구나'의 관점입니다. 이 둘은 비슷한 것 같지만, 戊土는 타인의 의견을 먼저 수용한 후에 판단하고, 己土는 타인의 의견을 존중하지만, 자신과는 상관없는 일로 여깁니다. 己土는 경계선을 매우 중요하게 생각하기 때문에 누군가 자신의 영역으로 함부로 들어오는 것도 꺼리고 자신이 타인의 영역으로 들어가는 것은 더 부담스럽습니다. 그래서 己土와 선을 넘으며 가깝게 지내는 일은 그리 쉽지 않습니다. 반면, 戊土는 경계선이 없으니 자유롭게 오고 가서 타인의 민감한 부분을 건드리는 경우가 있습니다. 양의 속성을 많이 가진 단순한 사람과는 큰 문제가 없으나, 음의 속성을 많이 가진 섬세하고 복잡한 사람에게는 본의 아니게 상처를 주는 경우가 종종 발생하니, 주의가 필요합니다.

己土의 자기 인식능력은 주변의 상황보다 자신의 필요(needs)에 더 크게 초점을 맞추어 자기밖에 모르는 이기적인 사람으로 비칠 수도 있습니다. [육신변화론] 관점에서 청년이 戊土이고 중년이 己土라면, 청년에는 상대에게 맞춰주는 비중을 더 크게 두고 살아가다가, 중년에 들어서 '이제는 나를 위해서 좀 이기적으로 살고 싶다.'는 생각을 하게 됩니다. 그래서 자신의 필요에 따라 의견을 조금씩 피력하고, 자신의 왕국에 발을 들일 사람과 아닌 사람을 정리해 나가니, 사람이 좀 변했다는 말을 듣기도 합니다. 己土가 누군가를 자신의 영역으로 들인다는 것은 나름대로 신중에 신중을 기한 것이므로, 사이가 틀어질 때 받는 충격은 믿음의 크기와 비례합니다. 그래서 사이가 틀어져도 정을 떼지 못하고 집착으로 이어질 우려도 있습니다.

앞서 己土를 궤도로 정의했습니다. 태양계는 세 가지 조건이 맞아야 행성의 자격을 얻게 되며, 조건에는 공전과 질량 그리고 궤도 지배력(orbital dominance)이 있습니다. 명왕성이 2006년 태양계 행성의 자격을 박탈당하고 왜소행성으로 분류된 이유는 세 번째 조건인 궤도 지배력을 충족하지 못했기 때문입니다. 한마디로 한 궤도에는 하나의 행성만 존재해야 하는데, 여러 개가 있으면 행성의 신분이 낮아집니다. 그래서 자신의 삶만큼은 지배적으로 살고자 합니다.

모든 게 제 궤도에 있어야 안정감을 느끼는 己土는 오케스트라 지휘자 같습니다. 그래서 루틴(routine)이 있는 삶을 좋아하고, 사람은 제 위치에서 생긴 대로 살아야 한다는 계급주의적 사고가 있습니다. 신분이 높은 사람에겐 깍듯하고 그 반대의 경우는 선을 넘지 못하도록 하는 매몰참이 있기도 합니다. 반대로 己土 없이 戊土만 있으면 루틴 없는 삶을 살아가는 경향이 있어, 무계획이 계획인 사람들이 이 속에 있습니다. 그러다 대운에서 己土를 만나면 계획적인 삶을 살고자 하는 마음을 품거나 그런 환경을 만나게 됩니다. 己土는 丙火를 보아야 궤도가 안정적인 상태를 유지하고, 壬水를 보면 불안정한 궤도를 그립니다. 기임탁수(己壬濁水)는 탐욕을 부리다가 홍수에 모든 재물과 사람이 쓸려나가는 현상을 말하는데, 사주에 己壬이 함께 있으면 길이 없는 곳에서 길을 만들어 가니 머리가 비상하게 작동합니다. 그러다 자칫 탐욕으로 인해 편법을 사용할 수 있으니 늘 주의가 필요합니다. 丙火의 중력으로 己土가 안정적인 궤도를 그리더라도 壬水 운을 만나면 丙火의 힘이 줄어들어 궤도가 불안정해집니다. 그래서 이때 丙己가 잡아둔 위성들이 새로운 궤도를 찾아 먼 길을 떠날 수 있습니다.

"위대한 발견은 대부분 실수에서 비롯된다."
− 머피의 법칙

자신에 대해서만큼은 누구보다 자신을 잘 알고 있는 己土는 섣부른 약속을 꺼리고 무모한 도전을 하지 않는 현명함을 보입니다. 그러나 때로는 무모한 도전이 큰 성공의 발판이 되듯이, 壬水를 보아 길이 없는 곳에서 방황해 보는 것도 인생에 큰 자산이 될 수 있습니다.

운에서 己土를 만나면, 자기 자신을 객관적으로 평가할 수 있는 운이 당도한 것이니, 이때는 자신이 진정으로 원하는 게 무엇이고 자기 궤도(위치)가 어디인지를 명확히 인지하는 기간으로 삼아야 하며, 이런 과정을 통해서 자아 성찰을 이루게 됩니다. 스스로 자신을 점검하고 제

위치로 가지 않으면 강제로 자신의 궤도로 복귀하게 됩니다. 60간지 시스템이 제 궤도에 있지 않고 이탈한 사람들을 제자리로 세팅하는 기간이므로, 자신에게 맞지 않는 옷을 입은 사람들이 대거 자신의 자리로 돌아가니 일장춘몽을 경험하게 됩니다. 이는 사필귀정(事必歸正)의 의미가 내포되어 있습니다. 乙巳년 己卯월은 4월 4일 21시 46분까지입니다.

우리 모두에겐 자신에게 맞는 궤도가 정해져 있고 상위 버전의 궤도로 이동하는 방법은 타고난 재력이나 편법, 요행이 아니라 실력에 의해서라는 걸 명심해야 합니다. 실력을 키우면, 己土 운에 상향 궤도에 올라타고, 요행을 바라면 하향 궤도로 내려갑니다.

4. 광물(庚辛金)

지구는 N극과 S극을 가지고 있는 거대한 자석 덩어리입니다. 지구의 가장 중심에는 뜨거운 내핵이 있고, 그 바깥에는 철(Fe)과 니켈(Ni)로 이루어진 외핵이 있습니다. 내핵의 열에 의해 액체 상태가 된 외핵의 금속은 지구 자전으로 끊임없이 대류 운동을 합니다. 이때 뜨거운 물질은 위로 올라가고, 차가운 물질은 아래로 내려가면서 복잡한 대류 흐름이 발생합니다. 이러한 대류 흐름은 코리올리 효과(Coriolis Effect)를 받으며, 나선형으로 비틀린 패턴을 형성합니다. 외핵을 이루는 철과 니켈은 전기 전도성이 높은 물질로, 대류 운동이 발생하면서 전류가 흐르게 됩니다. 이 전류는 자기장을 만들어 내고, 만들어진 자기장은 다시 대류 운동을 강화하며 자기장을 유지하는 발전기(dynamo) 역할을 합니다. 이렇게 형성된 자기장은 태양풍과 우주방사선으로부터 지구를 보호하는 자기권을 형성해 지구의 대기를 보호합니다. 자기장의 가장 큰 역할은 보호막을 형성해서 외부의 침입을 막는 방패 역할입니다. 또한, 자기장은 보이지 않는 길과 같으므로 모든 지구 생명체는 자기장을 통해서 길을 찾습니다. 도로가 없는 바다에서 나침반으로 방향을 찾듯이, 철새들의 자기수용 능력은 자기장의 방향과 강도를 감지하여 위치와 이동 경로를 인식할 수 있습니다. 연어나 거북이가 산란할 때 특정 장소로 이동하는 것처럼 모든 생명체가 자기수용 능력을 기본으로 갖고 있습니다. 다만 감지능력이 생명체마다 다를 뿐입니다.

철(Fe)은 지구상에서 가장 풍부하게 존재하는 금속이며 인간의 역사와 산업발전에 기여도가 가장 큰 물질입니다. 철은 탄소나 크롬 등의 원소와 결합하여 강철, 스테인리스와 같은 합금을 만드는 재료로 기술 문명에 지대한 공헌을 하지만, 뜨거운 열이 없으면 돌덩어리에 불과합니다. 명리학에서 金은 광물을 통칭하며, 광물은 크게 금속광물과 비금속광물로 나뉩니다. 금속광물(庚金)에는 철과 니켈, 금(gold), 티타늄 등이 있고, 비금속광물(辛金)에는 대표적으로 탄소(C) 원자인 보석류와 규소(Si) 원자인 석(石)류가 있습니다. 금속광물과 비금속광물을 분류하는 기준은 도체와 부도체이며, 우리가 실생활에서 사용하는 거의 모든 물질은 금속광물과 비금속광물이 조합되어 사용되므로 음양합이 될 때 더 큰 시너지를 발휘합니다. 고무와 유리가 없으면 자동차를 만들 수 없으며, 庚辛金의 관계는 이와 같습니다.

1) 庚金: 금속광물, 이성적 사고

庚金은 지구 내핵의 뜨거운 열(丙火)에 용해되어 자기력을 발생시키고, 인간의 과학기술이 만든 열(丁火)에 의해서 물질문명의 주재료로 사용됩니다. 丙庚의 자기장은 보호막 역할을 하므로, 외부의 유해환경으로부터 자신을 보호할 수 있는 능력을 갖추게 하며, 보호 본능을 일으켜서 타인도 보호합니다. 인체로 보면 면역체계와 같습니다. 사회활동을 하다 보면 보호막을 쳐야 할 상황은 다양하고 빈번하게 발생하는데, 丙庚은 실드(shield)를 잘 치므로 위험한 상황에 쉽게 노출되지 않습니다. 또한, 세상을 보호해야 하는 매우 중요한 역할을 하며, 천간의 위치에 따라서 보호의 범위가 달라집니다. 연월간에 배합이 될 경우, 대체로 폭넓은 자원봉사나 기부, 확인업 등, 큰 테두리를 보호하는 사회적 역할을 하며, 丙庚이 일간과 시간에 있을 땐 좁은 범위를 보호합니다. 그리고 지장간에 나무가 있으면 생명을 보호하고, 나무가 없으면 사물을 보호합니다. 생명은 사람부터 동물, 식물까지 다양하고, 사물은 건물부터 재산까지 다양합니다. 甲乙木이 연지에 있으면, 보호해야 할 대상이 방대하며, 시지로 갈수록 범위가 좁아지므로 보호의 대상이 사적입니다. 시지의 경우는 과잉보호로 이어질 수 있으니 주의가 필요합니다. 丙庚이 보호할 영역이 좁은 건 상관없으나, 이런 구조를 가진 사람이 공직에 있다면, 지나치게 자기 사람만 보호하느라 사회적으로 물의를 일으킬 우려가 있습니다. 또한, 자기장은 길잡이 역할도 하므로 丙庚은 인류를 바른길로 인도하는 역할도 합니다. 대표적으로 베스트셀러 《사피엔스》의 저자 '유발 하라리(丙辰년 庚寅월 丙午일)'를 예로 들 수 있습니다. 필자 주변에는 유독 丙庚이 배합된 사람들이 많은데, 대체로 사회적 활동에 관심이 많고 베풂에 인색함이 없습니다. 丙火가 주체이므로 丙火의 구간을 지날 때 위와 같은 특징이 더 크게 나타나며 丙庚이 나란히 붙어 있지 않으면 위의 특징들이 적게 나타났습니다. 巳火 속 丙庚은 〈지지〉 편에서 다루도록 하겠습니다.

丁火에게 庚金이 없으면 기술은 있으나 재료가 없는 것과 같고, 庚金에게 丁火가 없으면 재료는 있으나 기술이 없는 것과 같습니다. 丁庚이 되면 기술 문명을 쉽게 받아들이므로 사람들이 옥스퍼드 사전을 들고 다닐 때 전자사전을 사용하고, 인터넷으로 정보를 검색할 때 AI를 이용하고, 로봇청소기나 식기세척기, 기계화 시스템 등으로 육체노동을 대체하여 시간의 효율을 높입니다. 비용이 드는 단점이 있지만, 실용성과 효율성을 따지는 丁庚에게는 시간보다 값비싼 건 없는 듯 보입니다. 앞서 여러 차례 설명했듯이, 인생에 발전을 이루려면 호기심과 학습이라는 기본 요소가 있어야 하므로, 丁庚이 기능 발휘를 제대로 하려면 水生木이 배합되어야 합니다. 己土에서 庚金을 채굴하면 사용 목적에 맞는 도구를 생산하니, 선택과 집중의 현명함을 발휘할 수 있고, 辛金과 음양합을 이루면, 제련에 완성미가 더해지니 가치가 높아집니다. 丁庚이 癸水를 보면 지하수를 끌어 올리는 펌프와 수도꼭지가 되는데, 이는 아이디어를 생산하는 과정과 같습니다. 庚癸는 추론 능력이고 창의력은 추론하는 과정에서 길러집니다. 庚壬은 정보를 진짜와 가짜로 구분하는 분별력으로 작용합니다.

두뇌의 사령탑 역할을 하는 전두엽은 의식의 전반을 다루는 역할을 하므로 전두엽이 잘 발달한 사람은 자신의 감정을 잘 조절하여 안정된 생활방식을 영위합니다. 게임이나 기호품 등에 빠졌다가도 중단하고자 마음먹으면 자신의 의지만으로 손쉽게 끊어낼 수 있는 능력이 있는데, 물상으로 도끼에 비유되는 庚金은 무 자르듯이 딱 잘라내는 특성이 있습니다. 庚金은 甲木을 벽갑하여 丁火의 불길을 오래 유지하게 하는데, 이는 일을 단계적으로 계획하고 진행하는 것과 같습니다. 그리고 앞서 설명한 것처럼 乙木과 합을 이뤄 결과물을 풍성하게 만드는 능력도 있습니다. 다시 말해, 丁火의 도파민 시스템과 庚癸의 차가운 이성이 만나서 전두엽을 강화한다고 볼 수 있습니다. 전두엽이 강화되면 논리적 사고력이 발달하여 감정에 쉽게 휘둘리지 않고, 무의식보다는 의식이 이끄는 곳으로 인생의 방향을 정하는 특징이 있습니다. 이러한 특성들 때문에 병약용신에서 천간의 庚金은 여러모로 귀하게 쓰이는 글자입니다. 그러나 庚金이 丙丁火를 보지 못하면 제련되지 못한 금속 덩어리와 같아서 손대는 것마다 파괴를 일삼을 수 있고, 木生火보다 金이 강하면 제련이 충분하지 못하여 오작동을 일으킬 수 있습니다. 이 경우 수도꼭지가 되다 말고 도끼가 되다 마니, 나무를 키우고 벽갑하기가 어렵습니다. 논리력은 사라지고 자기중심적인 안하무인이 될 우려가 있으므로 운에서 木生火를 만나면 노력을 통하여 쓸모를 갖춰야 합니다. 위의 뛰어난 기능들은 庚金의 고유기능이 아니라 丙庚, 丁庚 그리고 土克水+水生木배합의 기능이라는 점을 다시 한번 강조합니다.

운에서 庚金을 만나면, 인생에 새로운 기능을 하나 추가할 수 있는 재료가 당도한 것으로 볼 수 있습니다. 木生火로 庚金을 다룰 수 있는 기술이 있으면 기능이 추가되고 그렇지 않으면 아까운 재료만 낭비합니다. 평소 폭력성이 있는 사람은 庚金운에 폭력성이 조금 증가하고 성급해질 수 있으니 내면 공부를 통해 金氣를 설하는 게 좋고, 부주의로 인해서 사고 수가 발생할 수 있으니 각별한 주의가 필요합니다. 특히 庚金이 중첩되거나 庚申기둥을 만나면 원숭이가 나무에서 떨어지는 것과 같으니 사고로 이어질 수 있는 위험한 일은 되도록 뒤로 미루는 게 좋습니다.

2) 辛金: 비금속광물, 직관력, 감각적 사고

辛金은 비금속광물에 속하며, 인류와 가장 친숙한 비금속 원소는 주기율표 14족 위, 아래로 위치한 탄소와 규소가 있습니다. 탄소는 압력과 열의 정도에 따라서 석탄이 되기도 하고 다이아몬드가 되기도 합니다. 탄소가 다이아몬드가 되려면 맨틀에서 매우 높은 고압과 고온을 견뎌내야 하며, 그렇게 탄생한 금광석은 용암의 분출과 함께 세상에 나오게 됩니다. 일반적으로 辛金을 보석에 비유하여 조심히 다뤄야 하는 대상으로 말하지만, 다이아몬드는 경도 10으로 세상에서 가장 단단한 물질입니다. 즉, 예민함을 기본값으로 타고났지만, 丙火의 긍정적 사고를 장착하고 웃는 얼굴을 유지하면 매우 강한 존재가 될 수 있습니다. 규소는 도자기나 유리 등을 만드는 점토에 해당하며 丁辛으로 소성(燒成)되어야 쓸모가 생깁니다. 이 또한 온도가 높을수록 우수한 품질을 얻을 수 있으므로, 쉽게 얻어지는 건 아닙니다. 깨지기 쉬운 도자기부터 강화유리, 세라믹에 이르기까지 사용 범위가 매우 넓으며, 첨단 과학기술로 천연 다이아몬드에 버금가는 인공 다이아몬드도 생산할 수 있습니다. 천연 보석류는 대체로 귀금속 재료로 사용이 되나, 인공 보석류는 광학 장비, 열 전도체(반도체), 정밀 외과 도구, 렌즈 등 산업 전반에 걸쳐서 다양하게 활용이 됩니다. 특히, 수정(christal)은 전압이 가해지면 진동을 시작하는데, 진동 주파수가 매우 정확하여 시계 산업의 혁신을 이끌었습니다. 이러한 수정 공진기술은 현대의 시계만이 아니라, 컴퓨터, 통신장비, GPS 시스템에도 사용됩니다. 사용된다는 말은 위와 같은 도구를 다루는 능력이 있다는 뜻입니다.

특정 진동수를 가진 모든 보석류는 심리 요법(therapy)에 사용되기도 하는데, 辛金은 자신과 같은 진동수를 가진 사람을 잘 감별하고, 마음을 편안하게 해주는 특별한 능력이 있습니다. 이런 능력은 어떤 마음을 품고 사용하는지에 따라서 사람을 구할 수도, 해칠 수도 있으므로 주의가 필요합니다. 이처럼 辛金도 庚金처럼 丙丁火를 만나야 목적에 맞는 쓰임을 갖출 수 있으며, 얼마나 높은 압력과 온도를 견디는지에 따라서 값어치가 결정됩니다. 火를 만나지 못한 辛金은 예쁜 돌덩이나 모래에 지나지 않으므로, 운에서 丙丁火, 巳午未를 만나면 부딪히고 깨지고 견디면서 쓰임을 찾아가야 귀한 대접을 받을 수 있습니다. 제련된 庚辛金이 함께 있으면 이성적 판단과 직관력이 시너지를 일으켜 남다른 판단력으로 상황을 리드하니 경쟁 사회에서 우위를 점할 수 있습니다.

辛金이 도자기와 같은 물그릇이 되어 癸水를 담으면 생각, 감성, 영혼 등을 담는 그릇의 역할을 하므로, 여러 개의 자아 정체성을 갖게 됩니다. 그래서 역할에 따라 얼굴을 바꿀 수 있는 연기자나 무속인, 사람의 감정선을 예리하게 다룰 수 있는 작가, 심리학자 등이 있고, 사람의 환심을 사서 정신을 조종하는 선동 기술자나 나르시시스트도 辛金과 밀접한 관련이 있습니다. 그릇이 되는 辛金은 깨끗한 물을 담아야 하며, 물을 깨끗하게 유지하기 위해서는 생명체인 나무로 물을 소비 순환시켜야 합니다. 물이 고이면 총기를 잃어버려서 그릇이 제 역할을 하지 못합니다. 그러므로 총명함을 유지하기 위해서는 폭넓은 학습을 통한 배움의 자세를 늘 유지해야 합니다.

한편, 밤하늘의 반짝이는 별과 같은 辛金은, 시각적인 매력을 지녀서 주로 연예계에 많이 분포되어 있습니다. 그래서 우리는 그들을 스타(star)라고 부릅니다. 辛酉년에는 탑 클래스 스타들이 대거 태어난 해입니다. 辛金들의 고향인 酉金은 지상으로 내려온 봉황으로 수려함의 상징이며, 잘 익은 과일처럼 상품 가치가 높습니다. 이런 해에 辛金으로 태어났으니 시각적 완성미를 갖추고 태어납니다. 이에 壬水의 도세를 더하면 광고효과가 더해지니 값어치가 높아지는 효과가 있습니다. 연예계에서 물 들어올 때 노 저으라는 속담은 壬水운을 두고 하는 말인 것 같습니다. 壬水는 어둠이므로 반짝이는 辛金을 더욱 부각해 주는 효과가 있습니다. 밤이 깊어 어두울수록 별은 더욱 반짝이니, 앞이 보이지 않아 의지할 곳을 찾는 이들에게 辛金은 한 줄기 빛처럼 느껴집니다. 그러나 辛金은 자신을 빛낼 수 있을 뿐, 丙丁火처럼 세상을 밝히거나 온기를 줄 수가 없습니다. 그러나 대중은 반짝이는 辛金을 위안으로 삼습니다.

庚金의 이성이 객관적이고 논리적 판단이라면, 辛金의 감각은 주관적이고 직관적입니다. 그래서 庚金이 카테고리별로 분류한다면 辛金은 세부적으로 나눕니다. 辛金의 디테일을 보는 세련된 눈과 예리함은 완벽주의를 낳고, 완벽주의는 예민함을 낳습니다. 제안서(proposal)를 낼 때, 플랜C까지 준비하는 철두철미함, 화가의 손끝에서 탄생하는 마지막 한 획의 예술성, 식사를 마치고 깔끔하게 뒷정리하는 꼼꼼함. 이 모든 것이 완벽주의적 辛金의 장점입니다. 완벽주의 성향은 모든 게 자신의 계획대로 흘러야 마음에 안정을 얻으므로 매사에 꼼꼼하고 세심하고 사려 깊은 연출을 기획합니다. 또한, 계획에 차질이 생겨서 예기치 못한 상황을 마주쳤을 때를 대비해서 아무런 계획을 세우지 않는 방식을 취하기도 합니다. 己土와 짝을 이루면 매일 짜인 루틴에 의해서 움직이고, 익숙한 곳, 익숙한 사람만 만나고, 불필요한 외출을 삼가는 등의 모습을 보이기도 합니다. 이러한 성향이 과하면 신경증적 기질로 나타나므로 천간에 나열되면 대인기피증이나 불안 강박증으로 번질 우려가 있습니다. 대체로 불안장애를 앓는 사람들은 완벽주의적 꼼꼼함을 가진 사람이 많다고 합니다. 그러나 완벽함은 탄탄한 과정에서 얻어지는 것이므로 나무가 없는 완벽함은 존재하지 않습니다. 겉으로 보기엔 완벽해 보일 수 있으나, 실상은 모래성과 같습니다. 그래서 운에서 나무를 만나면 튼튼하게 과정을 재설정하는 작업이 요구됩니다.

戊辛하면, 戊土의 항상성으로 평온한 내적 상태를 유지하니 예민함이 줄어들지만, 己辛하면, 己土의 선 긋기와 辛金의 예민함이 만나서 자신의 영역으로 타인을 들일 때 조건을 더 까다롭게 따질 수 있습니다. 기본적으로 庚辛金은 냉소적이므로 다정다감함이 부족합니다. 그래서 배합을 잘 갖추지 못하면 庚金은 안하무인, 辛金은 자기애 성향이 두드러지게 나타나므로 좋은 사람이 오래 머물지 못한다는 단점이 있습니다. 이는 사실 자신이 세운 자신만의 왕국에 스스로 가두는 형국이지만, 취향이 고결해서 까마귀 노는 곳에 백로가 가지 않는 것입니다. 辛金이 지나치면 순백을 강조하여 오히려 사회에 해악을 끼치는 존재가 될 수도 있으니, 너무 깨끗한 물에는 물고기가 살 수 없다는 진리를 깨달아야 이롭습니다. "만독불침(萬毒不侵)"은 만 가지 독에 단련되어 어떠한 독도 침범하지 못하는 경지를 말하며, 인간은 세상 독에 단련되어야 큰일을 할 수 있습니다. 더러운 것을 손수 치우지 않고 피하기만 하면 면역력을 키우지 못하여 미량의 독에도 치명타를 입습니다. 이 세상은 독으로 뒤덮여 있으며, 그 독을 이겨내면서 살아가는 게 인생입니다. 어릴 때 땅바닥에 앉아 흙도 먹고 개미도 주워 먹어본 사람이 신체 면역력이 좋고, 전속력으로 달리다가 넘어져 본 사람이 자신의 한계를 뛰어넘을 줄 아는 법입니다.

辛金의 완벽주의는 태어난 계절에 따라서 분야가 다르지만, 절대음감, 글 작가의 섬세한 상황묘사, 상담 분야에서 고객의 상태를 꿰뚫어 보는 눈, 위생, 보석 세공, 회계 등 정교함(detail)이 중요한 모든 분야에 특화되어 있습니다. 치고 나가는 순간을 빠르게 판단해야 하는 기민함을 요구하는 운동 종목에서도 辛金의 능력은 크게 쓰입니다. 또한 辛金은 포인트를 잡아내는 능력이 뛰어나기 때문에 촌철살인을 잘하는 특징도 있습니다. MC급 유명 개그맨들에게서 庚辛金을 쉽게 볼 수 있는 이유입니다. 지금까지의 설명으로 보면, 丁火와 辛金의 간파능력은 비슷한 것처럼 보이나, 丁火의 탐색능력은 숨겨진 본질을 간파하는 데 있고, 辛金의 예리함은 겉으로 드러난 특성을 빠르게 간파하는 데 있습니다.

운에서 辛金을 만나면, 부족한 것에 완성미를 줄 수 있는 운이 들어옵니다. 완성미는 반복된 훈련으로 채워지므로 丙丁火로 단련되어야 유의미한 효과를 거둘 수 있습니다. 또한 丙辛합으로 보석이 된 辛金은 甲丁의 전문기술로 세공되어야 값어치가 상승합니다. 운에서 甲丁을 만나면 업그레이드 기간을 만난 것과 같으니 때를 놓치지 말고 전문지식이나 기술을 하나 배우는 게 좋습니다.

5. 물(壬癸水)

인간만이 아니라, 모든 유기체는 물이 없으면 생존할 수 없습니다. 생명체에게 물이 얼마나 중요한지는 작은 데이지 종류의 꽃만 키워봐도 알 수 있는데, 하루만 물을 주지 않아도 줄기가 시들어 고개를 바닥까지 떨구다, 물을 주면 언제 그랬냐는 듯이 줄기가 철사처럼 꼿꼿이 서고 수분을 머금은 꽃이 방긋방긋 웃습니다. 물은 생명 그 자체이므로, 사주에 水가 부족하면 생기가 부족하여 활기가 없고 쉽게 지칩니다. 水는 유비쿼터스(ubiquitous), 동시에 어디에나 존재하는, 이 세상 모든 것을 연결하는 존재로 강과 바다에 있고, 땅속에 있고, 구름 속에 있고, 공기 중에 있고 우리 몸속에 있습니다. 물은 고여 있으면 썩어버리므로 계속해서 순환되어야 하고, 순환되려면 사용되어야 합니다.

전통적으로 壬水는 지식, 癸水는 지혜로 해석하지만, 궁리에 의하면 壬水는 외부에서 오는 정보이고, 癸水는 내면에서 만들어 내는 생각입니다. 같은 책을 읽어도 壬水는 그 속에 든 정보(knowledge)를 흡수하고, 癸水는 지혜(wisdom)를 찾아 내면을 채우니 둘 다 있어야 온전한 지식이 되어 나무를 풍성하게 키울 수 있습니다. 그래서 壬癸水가 천간에서 水生木을 잘하면 지적인 이미지가 있습니다.

물의 가장 큰 역할은 水生木이며, 그다음이 水克火입니다. 丙丁火는 식지 않는 열정으로 불길을 확산하므로, 제어가 되지 않으면 화마(火魔)

로 변하여 초가삼간을 다 태워버립니다. 그래서 水克火로 불길이 제어되어야 마땅합니다. 壬癸水는 정보를 취합하여 고심하고, 거침없이 앞으로 나아가려는 丙丁火를 차분하고 신중한 태도로 선회하게 하지만 火보다 水가 다하면 끓는 피를 식어버리게 하는 단점도 있습니다. 돌다리를 너무 두드리다가 기회를 놓치거나 열정이 빨리 식어버리는 등의 현상으로 나타납니다. 나무만 울창하게 키우고 땔감으로 사용하지 않으며, 해봐야 안 되는 상황을 고려해서 그릇의 크기에 맞춰 사는 것을 지혜롭다고 생각합니다.

물은 낮은 온도에서는 얼음이 되고, 높은 온도에서는 기체가 되어 구름을 형성합니다. 대기의 상승 기류와 하강 기류가 물방울과 얼음 입자를 충돌시키면서 구름 상부는 양전하, 하부는 음전하를 띠게 되고 구름 내부에 강한 전기장이 형성됩니다. 전기장이 충분히 강해지면 공기와 물 분자가 부분적으로 이온화되면서 전자의 흐름이 가능해지고, 번개와 같은 플라스마 현상이 일어납니다. 앞서 나무에서 설명했듯이, 뉴런은 전기적 신호로 소통하며, 뇌의 약 75%는 물로 이루어져 있습니다. 무언가를 골몰히 생각할 때면 번뜩이는 아이디어가 생성되는데, 이는 뉴런시스템에 음전하와 양전하가 활동전위와 휴식전위를 빠르게 반복하면서 번개 현상을 일으키는 것과 같습니다. 번개가 나무를 강타해서 불길을 일으키듯이 뉴런이 점화되어 도파민 시스템 丁火가 가동되면 아이디어로 멈추지 않고 실현 가능한 목표를 설정합니다. 점화된 불씨를 타오르게 하려면 인화성 물질인 나무가 있어야 하듯이, 번뜩이는 아이디어도 학습으로 단련된 뉴런 가지가 많아야 인화가 활발하게 일어납니다. 특히 壬癸水의 고향인 子월생이 여름 대운을 만나면 수화기제가 활발해져서 비상한 두뇌활동을 시작하고 창발적 아이디어를 생산합니다. 그래서 子月생은 능력이 늦게 발현되는 특징이 있습니다. 한편, 신경의학에서는 뉴런이 너무 쉽게 점화되면 양극성 장애가 생기고, 점화가 잘되지 않으면 우울증이 생긴다고 합니다. 창작활동으로 너무 과도하게 뇌를 활성화하면 조현병 등의 장애를 겪게 될 우려가 있습니다. 예부터 사람이 너무 똑똑하면 미친다고 했고, 예술계나 과학계에 정신장애를 앓는 비중이 높다고 합니다. 이는 창작에 대한 집착이 뇌를 망가뜨린다고 볼 수 있으며, 창작활동을 할 때 가장 중요한 것이 水克火 전원 끄기에 해당합니다. 火克金으로 수도꼭지가 있어야 필요할 때만 물을 틀고 水生木으로 학습을 동반해야 양질의 아이디어가 생성되는데, 무턱대고 생각을 쥐어짜면 문제가 발생할 수 있습니다.

1) 壬水: 혼돈 속의 불확실성과 정보

> "태초에 하느님께서 말씀하시기를 "빛이 있으라." 하시자
> 빛이 생겼다. 그 빛은 하느님께서 보시기에 좋았다.
> 하느님은 빛과 어둠을 가르시어 낮과 밤으로 구분 지으셨다.
> 이는 하느님께서 세상을 만들어 내신 첫 번째 날이다."

인류역사상 가장 많이 팔린, 베스트셀러 《성경》의 시작 구절로 비 종교인도 한 번쯤 들어보았을 구절입니다. 丙火는 태양이므로 빛이고 낮이며, 壬水는 그 반대편인 어둠이고 밤입니다. 壬水는 암흑우주와 같고 丙火는 태양과 같으므로 규모로 보자면, 壬水 앞에서 丙火는 아주

작은 빛 구슬 정도에 불과합니다. 壬水는 모든 만물을 품은 거대한 집합체이므로 범인(凡人)은 상상할 수 없을 정도의 장악력을 갖고 있습니다. 그러나 壬水의 어둠 속에는 빛이 없으므로 불확실성만 존재합니다. 미래를 내다보고 싶은 기본 심리가 내재한 인간은, 불확실한 상황을 마주하면 불안하고 초조하고 두려우므로 무언가 의지할 것을 필요로 하고, 丁火의 과학기술은 어둠 속에서 헤매는 인류에게 한 줄기 빛을 내려 무지(無知)에서 벗어나도록 도와줍니다. 자연 철학계에 수많은 업적을 남겨 근대과학의 발판을 마련한 '아이작 뉴턴'이 1727년 85세의 나이로 세상을 떠날 때, 당대 최고의 시인은 아래의 글로 뉴턴의 업적을 기렸습니다.

> "자연과 자연의 법칙은 밤의 어둠 속에 잠겨 있었다.
> 신이 "뉴턴이여 있으라." 명하시자 온 세상이 밝아졌다."
> – 알렉산더 포프

과학은 까막눈인 인류에게 환한 빛과 같으므로, 丁火의 기술 문명이 없는 壬水는 까막눈과 같습니다. 모든 것이 질서정연하게 정돈돼 있더라도 암흑 속에서는 아무것도 찾을 수 없으므로 어둠은 혼돈 그 자체입니다. 이는 존재하지 않는 게 아니라 존재하나 볼 수 없는 것입니다. 오리무중 상태에 빠져 있으니 자신이 진정 원하는 것이 무엇인지를 몰라서 세상이 원하는 것에 맞춰 살아갑니다. 그러다 丁火를 만나면 자신의 속마음을 들여다보기 시작하고, 己土를 만나면 어둠 속에서 자신의 궤도를 찾고자 합니다. 壬水가 丁庚의 기술 문명적 사고와 학습 능력을 갖추지 못하면, 종결 욕구가 강해져 조급하게 결정을 해버리고, 불안감을 제거하기 위해서 종교나 무속신앙에 의존할 수 있음을 주의해야 합니다.

한편, 壬水는 다른 글자들과는 공존할 수 있지만, 앞서 말한 이유로 丙火와는 공존할 수 없습니다. 壬水의 세계에서 丙火는 달빛에 반사된 빛만큼의 영향력만 행사할 수 있을 뿐, 丁火처럼 힘을 쓰지 못합니다. 사주 원국에 壬丙이 나란히 있을 때, 壬水의 구간에서는 비판적인 시선으로 세상을 보다가 丙火가 되면 언제 그랬냐는 듯이 긍정사고력을 키워나갑니다. 丙火가 나서면 壬水는 뒤로 사라지고, 壬水가 나서면 丙火는 뒤로 사라집니다. 壬水는 丙火의 긍정적 사고를 낙천적(naive)으로 보고, 丙火는 壬水의 부정적 사고에 질식할 것 같은 답답함을 느낍니다. 그렇게 丙火와 壬水는 공존할 수 없는 관계에서 평행선을 유지합니다.

壬水는 우주의 진공상태에 있는 것과 같으므로 질식의 공포를 불러일으켜 공황장애 같은 불안장애를 유발하기도 합니다. [더큼학당] 창광 선생님은 壬水를 戊土로 제방하지 않으면 홍수에 기억이 떠내려가서 치매에 걸릴 위험이 있다고 하셨습니다. 이는 불안장애가 치매의 위험성을 높인다는 의학 연구 결과와 일맥상통하는 것으로 戊土의 항상성이 壬水의 불안장애를 다스리는 것과 같습니다. 그에 더해, 나무를 심는 학습이 뒤따라 준다면, 치매의 위험성에서 벗어날 수 있습니다. 아는 게 없으면 막연한 불안감 속에서 살아가므로 학습의 중요성은 아무리 강조해도 지나침이 없습니다. 아는 만큼 보이는 법이고, 보이는 만큼 두려움이 사라지는 법입니다.

壬水는 외부에서 들어오는 정보로서 모든 것이 혼재되어 진짜와 가짜가 무분별하게 뒤섞여 있으므로 혼돈 그 자체입니다. 정보라고 다 쓸모 있는 정보가 아니며, 현시대는 진짜보다 가짜가 더 많은 비중을 차지하므로, 있는 그대로를 받아들이면 파멸로 이끄는 아주 무서운 것입니다. 그래서 丁庚의 거름망이 필요하며, 이는 분별력으로 위험성을 최소화합니다. 丁辛으로 관리하면 꼼꼼하고 예리한 눈으로 리스크를 관리하지만 庚金 없이 辛金만 있으면, 감각에 의존하여 편향된 사고를 불러올 수 있으니 주의가 필요합니다. 마찬가지로 庚金만 과하면 단순무식한 이분법적 사고로 인지적 오류를 범할 수 있음을 주의해야 합니다. 壬水는 가지 못하는 곳이 없으므로 아주 먼 곳까지 소식을 전할 수 있어 사회적 연결망(network)을 활용하는 능력을 보유할 수 있습니다. 물론 배합을 잘 갖춰야 능력이 활용될 수 있고, 배합은 앞서 설명한 십성의 특성들을 조합해서 유추할 수 있으니 생략하도록 하겠습니다.

투자의 달인 워런 버핏은 壬子일주로, 2018년 기준, 그의 재산은 90조 원으로 알려졌습니다. 우리는 그가 이룩한 결과만 보고 그의 투자 실력을 부러워하지만, 모든 자수성가형 사업가들의 성공에는 불확실성이 만들어 내는 불안감과 스트레스, 팽팽한 긴장감이 늘 함께하는 법입니다. 그의 투자에는 성공을 견인하는 일부 양질의 회사가 있었을 뿐, 많은 부분 마이너스를 기록했다고 합니다. 도서《워런 버핏의 주주 서한》은 그가 자산운용사인 '버크셔'를 운영하면서 주주들에게 보낸 서한들을 모아둔 책입니다. 서한을 읽어보면, 그가 얼마나 진실하게 주주들을 대하였는지와 주주들의 재산에 손해를 끼치지 않기 위한 고심, 경영인으로서 인적자원을 활용하는 데 얼마나 많은 애로가 있었는지 등이 고스란히 담겨 있습니다. 그리고 편지에서 느껴지는 그는 매우 인간적이고 도덕적이며, 이성적이고, 비판적이며, 성찰이 깊은 인간형이었습니다.

끊임없이 의심하고 부정하고, 비판적 시각을 장착하는 것이 바로 성공한 壬水의 모습입니다. 당연히 壬水를 갖고 있다고 해서 누구나 성공을 이루는 건 아닙니다. 壬水는 기본적으로 자기 속을 자기도 모릅니다. 위험성을 분석하는 능력을 키우기보다는 잘못된 정보를 받아들여 음모론에 심취하고, 긍정적인 사람을 순진하다고 얕보고, 타인보다 우월하다는 착각에 빠져서 대접을 받으려 하고, 돌다리를 과하게 두드리느라 한 발짝도 앞으로 나아가지 못하며, 부정적인 시선으로 모든 걸 바라보아 결국 자신을 어둠으로 이끄는 것도 실패한 壬水의 모습입니다. 이렇듯 壬水를 양극단으로 평가하면, 비판적 사고로 안전한 미래를 만들어 가거나, 부정적 사고로 후진만 하여 미래를 망치기도 합니다. 그래서 모든 에너지가 그렇듯이 壬水도 제대로 능력을 발휘하기 위해서는 배합이 매우 중요합니다.

운에서 壬水를 만나면, 열심히 탐험해야 할 거대한 세계가 찾아옵니다. 丁火의 실용적이고 효율적인 사고와 열정을 보유하고 있으면 甲乙木의 학습효과를 누릴 것이고, 그렇지 않으면 한 치 앞도 보이지 않아서 불안감에 사로잡힙니다. 어둠이 내려앉은 壬水의 세계에서 미래에 대한 심리적 불안이 발동하면 남들이 좋다는 것을 무턱대고 따라가다 주식, 코인, 도박 등으로 낭패를 볼 수 있습니다. 辛金은 壬水의 칠흑 같은 어둠 속에서 나침반 역할을 해주는 한 줄기 희망과 같으니 망망대해에서 별을 보고 뱃길을 찾는 사람과 같다고 볼 수 있습니다. 심해에서 빛이 나는 촉수로 먹이를 유인하는 초롱아귀처럼, 壬水의 세계에는 늘 위험이 도사리고 있습니다. 그래서 甲丁庚의 전문기술이나 乙丁庚의 경험치가 없다면 차라리 壬水의 시간에는 몸을 사리는 게 이롭습니다. 그렇지 않으면 미궁 속에 갇혀서 길을 잃어버립니다. 辛金은 유인책과 같으니, 반짝임(자신의 촉)에 유혹당하면 패가망신합니다. 학습이 동반되지 않는 직관력을 조심해야 합니다.

사담이지만, 필자는 壬辰년에 5개월가량 스포츠도박으로 적지 않은 돈을 잃은 경험이 있고, 壬寅년에는 명리학의 세계로 들어왔습니다. 귀신에 홀린 듯이 도박에 발을 담갔을 당시, 안 보이는 힘에 놀아나는 중이라는 걸 확연하게 느끼면서도 단칼에 끊어내지 못했는데, 덫에서 벗어날 때가 되니 채널을 돌리던 중에 영화 〈타짜〉의 실제 주인공 다큐멘터리를 집중해서 보게 됐고, 그 순간 정신이 번쩍 들었습니다. 당시의 경험으로, 안 보이는 힘이 요행을 바라는 사람을 어떻게 갖고 노는지를 명확히 알게 되었으니 오히려 인생에 큰 득이 되는 경험을 했다고 볼 수 있습니다. 이렇듯 이 세상은 배움의 장으로서 끊임없이 우리를 시험하고 스스로 깨달음을 얻게 함으로써 성장시킵니다. 사주에 도끼를 만드는 능력이 없으면 끊어내는 힘이 부족하니 중독을 부르는 위험요소에는 애초에 발을 들이지 말아야 합니다. 이 세상에서 보물을 찾으려면 수많은 함정을 지나쳐야 하므로 유혹과 보상은 한 세트로 움직입니다. 전술했듯이 유혹 중에서 가장 무서운 것은 나태함이고, 편하게 살고자 하는 마음은 "한탕주의 늪"으로 이끕니다.

몇 해 전, 분수 쇼를 보기 위해 묵었던 대형카지노 호텔의 기다란 복도에서 망연자실한 표정으로 주저앉아 있는 아빠의 옆에, 죄지은 듯이 서서 지나가는 사람들을 쳐다보던 아이의 눈빛을 기억합니다. 맛있는 저녁을 먹고 웅장하고 아름다운 분수 쇼를 감상하며 카지노의 눈물이 참 웅장하다는 생각을 했습니다. 같은 공간, 모든 걸 다 잃은 사람과 아름다운 광경을 보면서 행복해하는 사람들의 조합, 이것이 이 세상의 명암입니다. 빛과 어둠은 늘 공존하고 어디에 뿌리를 내릴지는 자신이 선택할 수 있습니다.

2) 癸水: 생각의 힘

물은 나무의 뿌리에서 흡수한 미네랄과 영양소를 식물의 각 부분으로 운반하는 매개체 역할을 하며, 광합성을 지원하는 데 필요합니다. 이러한 작용은 인체에서도 일어나므로 사람을 포함한 모든 유기체는 물 없이 생명을 유지할 수 없습니다. 엄밀히 말하면, 물이 없이는 애초에 생명체가 출현할 수 없습니다. 그래서 우주 탐사를 보낼 때 외계생명체 존재 여부를 알아보기 위해서 선행되는 것이 물의 흔적을 찾는 일입니다. 丙火는 바다와 강물을 증발하여 구름을 만들고 비를 내려 만물을 소생시킵니다. 丙火는 물을 증발하여 온 누리에 비를 내리니, 丙癸는 물 보급 시스템으로 볼 수 있습니다. 온 누리를 적시고 남은 癸水는 지하수로 저장되며, 지하수를 끌어 올려 나무(생명)를 살리려면 丁庚의 기술 문명이 필요합니다. 만약 기술 문명(과학적 사고)이 없어서 癸水를 제때 쓰지 못한다면 우리는 아마도 기우제(祈雨祭)를 올리던 옛 선조들처럼 여전히 기복신앙에 의존해야 할 것입니다. 문명이 고도로 발달한 오늘날에도 학습과 과학적 사고력 없이 水가 多하면, 종교적 맹신이나 점술 등에 의존도가 높아지는 경향이 있습니다. 종교나 점은 정신 에너지를 안정시키므로 인간 세상에 필요한 시스템입니다. 필자도 종교가 있고, 타로점도 보고 굿의 효능을 본 적도 있습니다. 그러나 이것이 맹신으로 가버리면 앞서 말한 안 보이는 힘에 인생을 내맡기는 꼴이 되어버리니 그 끝이 좋을 리 만무합니다. 하느님은 기도하는 사람이 아니라 행동하고 노력하는 사람의 소원을 들어주십니다.

어둠의 세계인 壬水와 癸水의 차이점은, 壬水는 존재의 유무는 알고 있으나, 갈 수 없는 미개척지와 같고, 癸水는 존재의 유무조차 모르는 드러나지 않은 미지의 영역입니다. 사람 머릿속에 癸水가 만들어 내는 생각은 언행으로 드러내기 전까지는 누구도 알 길이 없습니다.

"열 길 물속은 알아도 한 길 사람 속은 모른다."

壬水는 '열 길 물속'과 같고 癸水는 '한 길 사람 속'과 같습니다.
癸水는 미지의 영역이고 창조의 영역이며, 실체가 없으므로 누구도 계산할 수 없는 영역입니다.

"천체의 움직임은 계산할 수 있으나, 사람들의 광기까지는 계산할 수 없다."
- 아이작 뉴턴

뉴턴의 이 유명한 말은, 주식으로 큰돈을 잃은 후에 했던 말로 알려져 있습니다. 이렇듯 천재 과학자도 인간의 머릿속은 계산할 수 없습니다. 우리는 이 거대한 세상에서 전달되어 오는 정보(壬水)를 아무 생각 없이 받아들이고, 생각 없이 말하고 생각 없이 행하며 살아갑니다. 인간은 생각하는 동물이라지만, 생각한다는 생각이, 사실은 착각에 불과하며 생각하면서 사는 사람은 그리 많지 않습니다. 만약 모두가 생각하면서 살아가고 있다면, 우리는 유토피아까지는 아니어도 지금보다 훨씬 더 질서 있고 아름다운 세상을 만들었을 것입니다.

庚癸는 추론 능력이고, 辛癸는 직관력입니다. 문제가 발생했을 때, 스스로 해결할 수 있는 능력은 맑은 생각에서 나오며, 癸水가 나무에 영양소를 운반하듯이 생각도 뉴런 가지를 타고 퍼지며, 필요한 암묵적 기억을 취합합니다. 풍부한 경험과 축적된 학습이 고찰과 만날 때 높은 통찰력을 갖추게 되고, 지혜라는 이름으로 승화됩니다. 癸水가 투간되면 지혜로워 보이는 이유는, 말을 뱉기 전에 생각부터 하기 때문입니다. 과거에는 암기능력으로 사회적 서열이 정해졌지만, 오늘날의 암기는 AI가 대신하므로, 癸水의 생각하는 능력, 즉 창의력이 사회적 서열을 정하는 기준이 되고 있습니다. 그러나 AI의 출현으로 사람들은 자기 결정권을 포기하는 방향으로 자신을 이끌어 조금이나마 남아 있는 사고능력을 점점 더 상실하고 있습니다. 그래서 AI를 정보취합 용도로 사용하면서 배움의 영역을 넓혀가는 사람은 매우 큰 성장이 있을 것이고, AI에게 선택의 영역까지 맡기는 사람은 쓸모없는 뇌를 반납하게 될 것입니다. 그래서 AI 교육 시에 무엇보다 중요한 건 "정보는 받되, 선택은 스스로 하라."는 메시지가 되어야 합니다.

辛癸는 예리하고 세련된 사고기술(social skill)을 구사하며, 눈치(sense)가 좋습니다. 이는 癸水의 사고력에 辛金의 섬세함과 감각이 더해져서 얻어진 것으로, 어느 포인트에서 기분이 좋고 나쁠지를 아는 그들만의 고급기술입니다. 현재 AI의 수준으로 보면 도덕과 윤리조차 인간을 현저히 앞서 있지만, 辛癸의 센스는 AI가 쉽게 뚫을 수 없는 영역으로 보입니다. 계절에 따라서 癸水의 능력에 커다란 차이가 있지만, 상대의 감정을 먼저 생각하고 헤아리는 능력은 시대를 막론하고 특별한 능력이 아닐 수 없습니다. 그러나 癸水가 多해서 辛金을 설기하면 辛金의 고유한 능력이 고갈됩니다. 생각이 많아서 辛金의 기민함과 직관력을 무디게 하는 것으로 볼 수 있습니다.

한편, 말라 죽어가는 식물은 살릴 수 있으나, 물을 많이 줘서 병든 식물은 살리지 못하니, 癸水의 고향인 子月에 癸水가 多하여 생각이 꼬리에 꼬리를 물면, 끝없이 펼쳐지는 번뇌가 한없이 바닥으로 끌고 내려가서 우울증과 같은 심리적 장애를 일으킬 우려가 있습니다. 壬水가 무중력상태의 우주와 같다면, 癸水는 블랙홀과 같습니다. 이때 戊土가 癸水를 머금으면 한없이 가라앉는 것을 막을 수 있고, 옥토(沃土)가 되어 나무가 잘 자라니 학습효과가 좋아집니다. 癸水는 나무를 타고 올라야 생각이 건전하고 丙丁火의 광합성이 더해지면 창의력이 발달합니다.

戊癸合을 흔히 나이 든 남성과 젊은 여성의 만남으로 비유하는데, 생각이 많고 감성적인 癸水가 안정적이고 여유 있어 보이는 戊土의 모습에 끌리기 때문입니다. 이런 현상은 실제로도 나이 차이가 크게 나는 커플에서 종종 발견되는 모습이나, 무조건 천간합을 이성 관계의 문제로 해석하는 건 매우 위험하니 지양해야 합니다. 과거에는 사람들의 지적 수준이 낮아서, 육체적 관계에서 즐거움을 찾는 비중이 상당히 컸지만, 오늘날에는 넘치는 에너지를 운동으로 승화하고, 육체적 쾌락 대신에 정신적 쾌락을 추구하는 비중이 늘었습니다. 지식을 교류하는 건전한 소통을 선호하는 비중은 인류의 지능 향상과 함께 계속 늘 것으로 전망합니다. 시대는 발전해서 사람들의 수준이 달라졌는데, 천간합이나 암합을 여전히 남녀관계로만 해석해서 가정파탄을 일으키는 역술인은 타인의 운명을 논하기 전에 본인부터 성찰해야 할 것입니다.

운에서 癸水를 만나면, 생각이 많아지고 감수성이 살아납니다. 이때 癸甲을 하면 생각을 글로 승화시키니 블로그나 SNS에 글을 올리고, 출판을 준비하기도 합니다. 火克金, 金生水를 잘하고 있으면 수도꼭지를 열어서 필요할 때만 생각을 불러내어 좋은 글을 써 내려가지만, 수도꼭지가 없으면 한 번에 물을 쏟아버리니 홍수를 일으켜 나무를 죽이고 癸水가 고갈됩니다. 건전한 글 대신 악성 댓글이나 소설에 가까운 악의적 기사나 찌라시 등을 만들어 내는데 써버리니 타인을 감정 쓰레기통으로 취급해 버리는 것과 같습니다. 癸水의 시간인 子丑시에는 멜라토닌 수치가 높아지고 세로토닌 수치가 낮아지므로 火生土의 힘도 줄어듭니다. 그래서 子丑시에는 낮에 억눌러 놨던 감정들이 되살아나서 감수성이 풍부해집니다. 이때 癸水가 활발한 활동을 하면 창의적인 아이디어가 쏟아지므로 창작활동 능력치가 상승하지만, 癸水가 많한 사람은 이 시간엔 되도록 숙면을 하는 게 이롭습니다.

한편, 모든 에너지가 태어난 계절에 따라 쓰임이 달라지듯이, 癸水도 마찬가지입니다. 午월과 子월은 상반되는 계절입니다. 午월은 물질세계이므로 천간 癸水의 사고력은 불길 확산을 제어하는 역할로 나타나고, 子월은 정신세계이므로 정신 에너지를 증폭시키는 것으로 나타납니다. 같은 癸水라 할지라도 월지에 따라서 판이한 속성을 지니므로 사주팔자에서 가장 큰 비중을 차지하는 건, 태어난 계절인 월지입니다.

십성이 천간에 있으면 의도적 계획으로 특징이 드러나고, 지장간에 있으면 습관적인 행동으로 나타납니다. 예를 들면, 乙木의 모방 능력이 투출해 있으면 의식적으로 타인의 좋은 모습을 모방하고자 하지만, 무의식에서 받쳐주지 않으니 깊게 각인되지는 않습니다. 그러다가 운에서 뿌리를 내리면 무의식에 조금씩 새겨집니다. 반대로 卯木과 辰土만 있으면, 의식적으로 모방하려 하지는 않으나, 자신도 모르게 타인의 습관을 모방하게 됩니다. 그래서 누군가의 얘기를 할 때 그 사람의 말투를 흉내 내는 특징도 있습니다.

예를 들면, "엄마가 왜 여태 시집도 못 가냐고 잔소리하더라고." 이런 간접화법을, 지장간 乙木은 "엄마가, '가스나야 니는 시집 안가나?!' 하대~" 이렇게 직접화법으로 대화를 하는 경향이 있습니다. 에너지가 상통되면 특징이 더 뚜렷하게 나타나고 지장간에만 있으면 세운이나 대운처럼 운이 길게 들어올 때 의식적으로 능력을 깨웁니다.

다음 장에서는 12지지가 가지고 있는 환경의 특성을 살펴보고, 그 속에서 우리가 찾아야 하는 보물을 알아가 보도록 하겠습니다. 미리 언급하자면 여기서 말하는 보물은 "돈"이 아닌 "성장"을 말합니다. 재력은 성장과 함께 자연히 따라오는 것으로 내적 성장을 멈춘 채로 돈만 좇는 행위를 두고 필자는 요행이라고 부릅니다.

3장

12지지에서 보물찾기

1. 24절기

동양인에게 매우 익숙한 24절기는 고대 중국에서 농업 활동을 위해 만든 태양력 기반의 체계입니다. 음력 생일로 사주팔자를 본다고 오해하는데, 명리학은 24절기를 기반으로 하므로 태양력 기반의 양력 생일을 기준으로 합니다.

24절기는 태양의 황경(黃經)에 맞춰 1년을 15일 간격으로 24등분 한 것입니다. 한 해는 약 365.25일이므로 4년마다 한 해를 366일로 지정하여, 간극을 조절합니다. 오늘날은 지구 온난화로 이상기온이 있지만, 절기는 매우 놀라울 정도의 기후 규칙성을 갖고 있습니다. 춘분과 추분은 밤과 낮의 길이가 정확히 같은 날로, 춘분을 지나면 낮의 길이가 길어지고, 추분을 지나면 낮의 길이가 짧아집니다. 밤과 낮의 길이가 같음에도 불구하고, 춘분에서 추분까지의 길이는 약 180일이고, 추분에서 춘분까지의 길이는 약 186일로, 보편적으로 가을-겨울이 봄-여름보다 약 6일 정도 더 깁니다. 이는 지구가 태양을 공전할 때 미세하게 타원을 그리기 때문이며, 타원의 기울어진 정도를 나타내는 값을 이심률(eccentricity)이라고 합니다.

지구의 공전 이심률은 0.0167로 거의 원에 가까운 아주 근소한 기울기가 있습니다. 그리고 6일을 366일로 나누면 이심률과 거의 일치하는 수치를 확인할 수 있습니다. 현대의 과학이 복잡한 수학적 계산으로 밝혀낸 이심률은 사실 24절기만 알면 간단하게 계산할 수 있는 것이었습니다.*

고대인들이 탄생시킨 24절기는 이처럼 정교하며, 24절기를 기반으로 만든 사주팔자는 매우 정교한 시스템으로 볼 수 있습니다. 사주는 물론이고 대운수와 사령도 24절기에 의해서 계산이 됩니다.

---

* 출처: 유튜브 DMT PARK.

2. 운의 순환체계

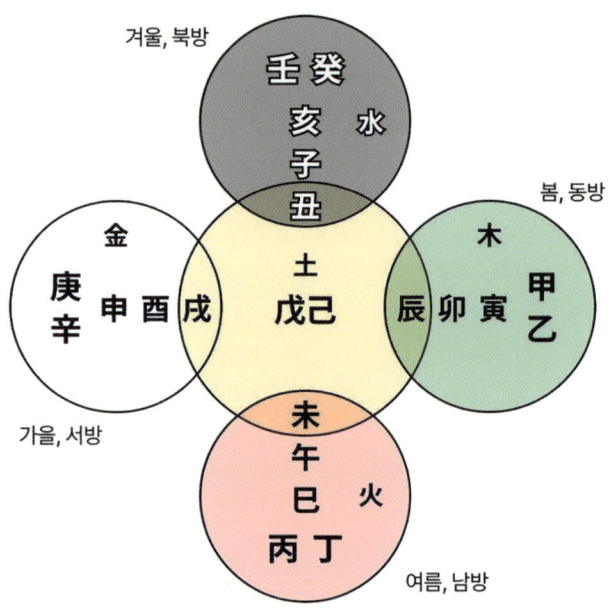

〈그림1. 오행의 방위〉

12지지는 그림과 같이 寅卯辰, 巳午未, 申酉戌, 亥子丑이고, 계절마다 생지(寅申巳亥), 왕지(子午卯酉), 고지(辰戌丑未)의 조합으로 구성됩니다. 십성이 배합을 이루며 쓸모가 생기듯이 지지도 월지를 기준으로 조화를 이뤄야 합니다. 봄 생은 겨울이 있어야 준비를 잘하고 여름이 있어야 활용하며, 가을 생은 여름이 있어야 준비하고 겨울이 있어야 활용을 잘합니다. 그리고 중년에 이르러 반대편 계절을 대운에서 만나고, 여섯 번째 대운에서 월지 충(沖)으로 문이 열리며 반대편 기운이 섞입니다. 지지는 인간사가 일어나는 환경이므로 형·충·파·해 등의 갖가지 사건을 만들어 내고 이 과정에서 천간의 처세술이 요구됩니다. 인간은 사회적 동물이므로 모든 인간은 환경에 지배를 받고, 환경으로 인해서 천간의 쓰임이 정해진다고 볼 수 있습니다.

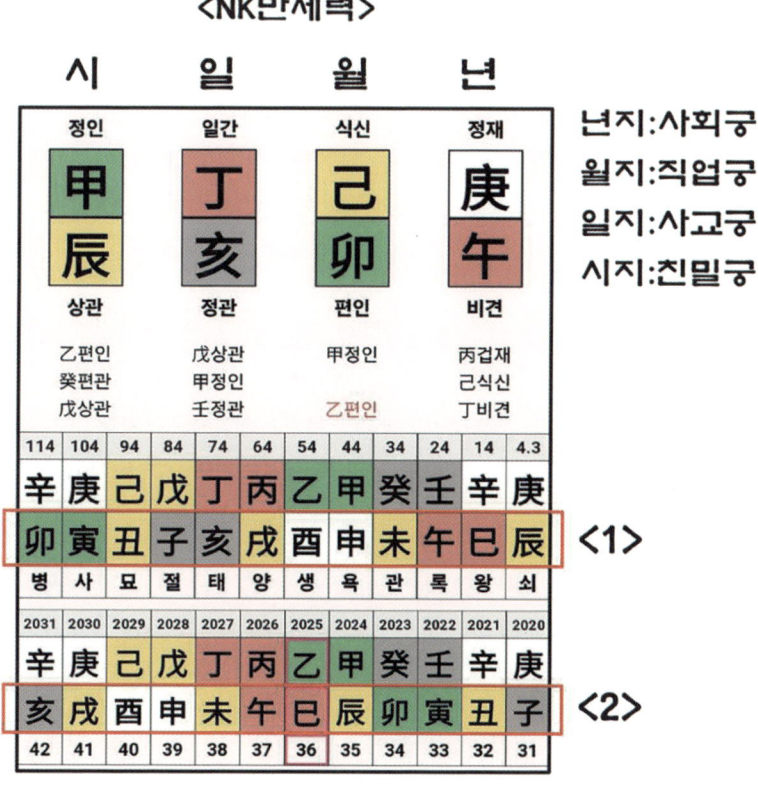

〈그림2. 지지환경〉

명리학을 계절학으로 말할 정도로 태어난 계절, 월지는 인생에 가장 큰 영향을 미칩니다. 목성(寅卯辰), 화성(巳午未), 금성(申酉戌), 수성(亥子丑)에서 온 사람들이 지구에 모였다고 생각하면 이해가 빠를 것입니다. 12지지는 각자 고유한 특성이 있고, 그 특성은 우리의 무의식 속에 잠재력으로 존재합니다. 그래서 무의식이 이끄는 곳으로 발길을 옮겨 자신의 환경을 만들고 그 환경에서 능력을 키워갑니다.

월지는 직업으로 사용해도 될 만큼의 큰 재능을 뜻하므로 가장 특화된 잠재력입니다. 월지가 배합을 잘 이루면 일찍이 자신의 재능을 계발하기 시작하고 그렇지 않으면 운을 거치면서 조금씩 깨웁니다. 사람마다 잠재력을 깨우는 시기는 다르며, 일찍 깨우는 게 꼭 좋은 걸 의미하지는 않습니다. 자신의 적성을 알아차리지 못하여 좌충우돌하던 경험이 커다란 자산으로 쌓여 훗날 성장에 가장 큰 발판이 되어주기도 하기 때문입니다. 관찰 결과, 우리가 적성을 만들기 시작하는 시기는 15세경부터이므로 격국(格局)이나 삼합국(三合局)이 연월간에 떠 있거나 희신 배합이 연월간에 뚜렷하게 드러난 경우를 제외하고는 보통 15~25세경에 만나는 대운이 직업을 결정하는 것으로 보입니다. 〈1〉번은 직업적으로 만나는 환경을 말해주므로 그 환경을 거치면서 우리는 자신의 재능을 빌드업(build up)하고 〈2〉번에서 미션을 달성하여 과실을 수확합니다. 미션을 달성하는 과정에서 재능이 능력으로 승화되니 대운에서 재능을 계발한다고 해서 누구나 능력자가 되는 건 아닙니다. 앞서 〈대운〉 편에서 설명했듯이, 〈1〉번은 기간학습을 하는 교실과 같고, 천간은 배워야 할 과목과 같습니다. 간지가 간여지동이나 생하는 구조로 들어온다면 수월하게 학습이 이루어지지만, 위 가상 인물의 대운처럼 간지가 극하는 구조로 되어있다면 경매시장에서 인문학을 배워야 하는 것처럼 불일치한 상황이 발생하니 배움의 과정이 녹록지 않을 것입니다. 결국, 대운과 원국의 조화가 흥망성쇠를 결정한다고 볼 수 있습니다.

우리의 인생은 자신의 집을 스스로 짓는 과정과 같습니다. 그래서 네 번째 대운까지 남의 집에 얹혀살던 사람이 다섯 번째 대운에 별안간 집을 완성한다는 건 불가능한 일입니다. 그러나 미래 불안증으로 사주 풀이를 받는 많은 이들이 언제 좋은 운이 오는지를 묻습니다. 앞서 언급했듯이, 좋은 대운을 만나면 자신의 재능을 크게 키우고자 하는 의지가 생깁니다. 그러나 사람들이 바라는 좋은 운은 누워만 있어도 먹을 게 떨어지는 운을 말하는 것 같습니다. 능력을 키우지 않으면 스스로 살아갈 방도가 없으니 타인의 삶에 얹혀가고자 하며 그런 마음을 품는 순간 팔자가 꼬이기 시작합니다. 그러므로 제대로 잘 살고 싶으면 불안정한 모래성을 허물고 튼튼한 땅을 찾아서 다시 기초공사부터 시작해야 합니다. 벽돌 한 장이라도 직접 쌓아야 합니다.

한편, 직업이 삶에 미치는 영향은 거의 전부라고 할 수 있을 정도로 중요하므로, 월지는 가장 중심이 되어야 합니다. 그러나 우리는 4개의 지지환경을 갖고 태어나므로 연지, 일지, 시지 또한 삶의 중요한 부분입니다. 월지가 배합을 잘 이루면 적성대로 사니 직업적 쓰임이 좋고, 시지가 배합을 잘 이루면 취미(작은 재능)를 직업으로 삼으려는 경향이 있습니다. 그러나 취미는 취미일 뿐이니 직업적 적성을 타고난 사람보다 실력이 뛰어나기는 어려워 보입니다. 즉, 酉金은 庚辛金의 본고장으로 물리적 아름다움을 창조하는 감각을 타고났는데, 연지나 일지, 시지에 酉金을 둔 사람이 월지에 酉金을 둔 사람의 실력을 뛰어넘기는 어렵다는 뜻입니다. 그러나 시지 배합을 잘 이룬 사람이 월지 배합을 이루지 못한 사람보다 실력이 더 좋을 순 있습니다. 모든 것은 배합의 문제입니다. 보통 45세경부터는 제2의 직업을 찾거나, 은퇴 후에 취미 생활을 즐기는 경우가 일반적이므로, 이때부터는 시지가 제2의 적성으로 떠오릅니다. 그래서 학습하실 때 월지를 기준으로 잡아서 궁리하시되, 나머지 환경도 함께 고려하기를 권장합니다. 배합은 월지뿐 아니라 연지, 일지, 시지 와도 잘 맞아야 삶에 균형이 있습니다.

지지의 모든 과정은 씨앗부터 시작해서 나무가 되고, 나무가 성장해서 열매를 맺고, 열매가 새로운 씨앗을 품은 채 몸집을 키우고, 온갖 자연재해를 이겨내어 또 다른 쓸모를 갖추고, 넓게 사용된 후 다시 씨앗만 남아 새로운 삶을 시작하는 여정입니다. 인생은 〈그림2〉의 〈2〉처럼 子水부터 시작해서 亥水에서 마무리되는 여정입니다. 그렇게 5번을 거치면 60년이고, 60간지 시스템을 모두 경험합니다. 그래서 운명의 성장궤도에 있는 사람이라면 子丑해에 마음의 불씨를 지필 씨앗을 품기 시작하고 寅卯辰해에 준비 기간을 거치며, 巳午未해에 꽃과 열매를 맺고 申酉戌해에 결실을 수확합니다. 그리고 亥水해에 갈무리를 합니다. 60간지 운행 기차는 누구에게나 같은 시각에 도착합니다. 기차에 올라타는 방식은 사람마다 다르지만, 봄과 여름을 거치지 않고 좋은 결실을 수확하는 사람은 없습니다. 만약 있다고 해도 요행수에 불과하므로 모래성과 같습니다. 이번 사이클은 庚子년에 시작했습니다. 팬데믹의 영향으로 외관상 모든 게 멈춘 것처럼 보였으나 외부와의 단절로 개인의 시간이 많아지면서 많은 사람이 새로운 능력 개발에 매달릴 수 있던 시기였습니다. 필자도 이때 공인중개사 자격증을 취득했는데, 학습 능력을 점검할 수 있는 매우 유의미한 시간이었습니다. 그리고, 생활방식의 변화로 많은 직종이 물갈이되기 시작했고 AI의 출현으로 급격한 변화가 현재진행형으로 일어나고 있습니다. 가치 있는 일은 빨리 이뤄지지 않는 법이므로 차근히 단계를 밟는 사람은 가을에 거둘 게 있고, 조급하게 첫술로 배를 채우고자 한 사람은 중도에 하차하니 가을에 거둘 것이 없습니다. 12개월은 단기목표를 달성하는 것이고, 12년은 장기목표를 달성하는 것입니다. 단기목표 달성이 쌓여서 장기목표를 달성하게 하니 지치지 않도록 시간 분배를 잘해서 여유를 챙기는 게 무엇보다 중요합니다.

창광 김성태 선생님은 태어난 계절을 8개 적성 분야로 나눈 [팔품 당령]을 창안하셨습니다. 각 당령마다 직업적 특성과 희기용신 배합이 있으며, 이는 '더큼학당'에서 배우실 수 있습니다. 이 외에도 많은 명리학 지식을 배우실 수 있습니다.

3. 정신세계와 물질세계

이 지상의 세계는 크게, 정신세계와 물질세계로 나눌 수 있습니다. 동지~하지까지는 정신세계의 영역이고, 하지~동지까지는 물질세계의 영역입니다. 정신세계를 지배하는 글자는 丙火와 癸水로 자연을 좋아하고, 물질세계를 지배하는 글자는 丁火와 壬水로 기술 문명을 좋아하는 경향이 있습니다. 정신세계에서는 머릿속의 지식과 창의력으로 살아갈 수 있는 구조이므로 자금력에 크게 구애를 받지 않는 세계이나, 물질세계는 물질적 기반 없이는 할 수 있는 게 없으므로 물질만능주의적 성향이 있습니다. 그래서 정신상태보다 외모에 집착하는 경향도 짙게 나타납니다. 기술 문명은 과학이 기반이므로 물질세계에 특화되어 있을 것으로 보여도, 사실 과학 분야는 자연을 관찰하는 능력이 뛰어나야 업적을 이룰 수 있는 영역입니다. 18세기 이전에 자연 철학자들은 주로 이 세계의 자연 규칙성을 연구하며 수학과 물리학을 발전시켰고, 연구 결과를 실험하는 건 대체로 기술자들의 몫이었습니다. 그래서 자연을 수학적으로 연구하는 물리학자는 동지~하지 출생자가 많고, 실험을 위주로 하는 화학자나 발명기술자는 하지~동지 출생자가 많습니다. 과학 채널을 운영하는 인기 유튜버가 사주를 바넘 효과로 폄훼하는 영상을 보았는데, 반쪽짜리 세상에서 살아가는 사람의 모습입니다. 아인슈타인이나 닐스 보어 같은 위대한 업적을 가진 과학자들이 왜 동양사상과 철학에 관심을 가졌는지를 헤아려 보는 것이 좋을 것으로 보입니다.

> "종교 없는 과학은 절름발이요, 과학 없는 종교는 장님이다."
> – 알베르트 아인슈타인

정신세계에서는 도덕과 윤리의식을 바로 세워야 온전한 창의력이 발현되므로 깨끗한 물로 나무를 키우는 것이 가장 중요합니다. 마음가짐이 바르지 않은 상태로 물질세계를 만나면, 세상 물정 모르고 탐욕이 이끄는 곳으로 유인당해 낭패를 볼 수 있습니다. 또는 욕하면서 닮는다고, 자신이 가해자가 될 수도 있으니, 도덕과 윤리로 근본부터 바로 세우는 것이 매우 중요합니다. 물질세계는 힘의 논리로 이루어진 영역이므로 약육강식이 존재하는 밀림과도 같습니다. 이곳은 엄연히 인간의 영역인데 경쟁이 심화하여 균형이 파괴된 사람들은 이곳을 정글로 착각합니다. 그래서 잡아먹히지 않으려면 잡아먹어야 한다는 이상한 사고를 지닌 사람들이 질서를 어지럽힙니다. 어느 세계에서 살아가는지를 막론하고, 극으로 치우치는 것을 경계하지 않으면, 훗날 과거의 잘못에 대한 법적제재를 당하거나 혼(魂)을 쏙 빼놓는 사기꾼들의 먹잇감이 될 확률이 대단히 높습니다. 잘못이 많은 사람일수록 불안 심리가 크고, 불안 심리는 제3의 힘에 기대는 의존증을 키우기 때문입니다. 물질세계에서는 과대광고, 폭력, 절도, 인간의 탐욕을 이용한 사기 등으로 물질을 가로채지만, 정신세계에서는 절박함과 불안 심리를 이용한 세뇌 등으로 정신을 빼앗는 정신 절도가 횡행합니다. 하지만, 최면을 허용한 사람에게만 최면이 걸리듯이, 영혼을 뺏도록 허용한 사람의 영혼만 뺏을 수 있으니 정신 절도라기보다는 갖다 바친다고 볼 수 있습니다. 사이비 교주와 광신도의 관계가 이와 같습니다. 위로에 중독되어 자신의 삶을 송두리째 바치는 위로 중독자가 너무도 많은 것 같습니다.

한편, 전쟁이나 각종 재해를 겪었던 사람들은 물질의 덧없음을 깨닫고 자식에게 물질보다 지적능력을 물려주려는 노력을 많이 한다고 합니다. 지적능력은 마음만 먹으면 경제력도 끌어당길 수 있는 원동력이 되므로, 매우 현명한 처사가 아닐 수 없습니다. 필자도 개인의 역량을 인생의 가장 중요한 자본으로 보기 때문에 잠재력을 키우는 것에 초점을 맞춰서 지지를 설명하도록 하겠습니다.

자기효능감(self-efficacy)이란, 특정한 과제를 실제로 일정 수준까지 수행할 수 있다는 자기 능력에 대한 믿음을 말합니다. 자기효능감이 높을수록 자존감도 높아지고, 자존감이 높은 사람은 능동적으로 삶을 이끄는 힘이 있습니다. 자기효능감은 내세울 만한 재능이 있어야 생기는 것으로 잠재력이 꾸준히 계발될 때 점점 높아집니다. 사주에서 잠재력을 깨우는 건 삼합의 역할이며, 삼합 시스템이 어떻게 작동하는지만 제대로 알아도 아주 많은 것을 개선하고 자신의 인생을 주도적으로 이끌 수 있습니다. 삼합은 다른 계절들이 모여서 이루고, 방합은 같은 계절끼리 모여서 이룹니다. 필자가 방대한 명리학 지식을 습득하던 학습기에는 삼합을 자기계발형 재능이라고만 배웠기에 그 효능을 간과했었습니다. 그러나 궁리가 시작된 이후에 사주에서 삼합이 얼마나 큰 기능을 하는지를 알게 되었고, 필자가 현재까지 알아낸 삼합의 모든 것을 지금부터 풀어보도록 하겠습니다.

4. 삼합(三合)

三合	水局(壬癸)	金局(庚辛)	火局(丙丁)	木局(甲乙)
	申子辰	巳酉丑	寅午戌	亥卯未

12지지 중, 3개의 지지가 합쳐져서 하나의 목적을 갖는 것을 삼합이라고 합니다. 동기(motive)란 행동을 일으키게 하는 내적인 직접 요인을 총칭하는 말로, 아주 강력한 목적의식을 일으킵니다. 목적의식을 가진 사람은 성취 욕구가 강하기 때문에 자기계발에 적극적입니다. 월지에서 삼합을 이루는 건 직업을 위한 것으로 경제적인 목적이 있어 동기가 더 강하게 작용하고, 미래를 위한 투자형 계발인 경우가 많지만, 업무의 속성상 꾸준한 업데이트가 이뤄져야 하는 상황도 있습니다. 천간은 계획이고 지지는 행동이므로 三合은 뚜렷한 계획이나 목적과는 상관없이 습관적인 자기계발과 같습니다. 이때 국(局)이 투간하면 자신의 재능을 인지하고 있으니 뚜렷한 목적을 둔 자기계발이 이뤄집니다. 그래서 삼합을 전부 갖추고 국이 투간하면, 일찍부터 삼합의 재능을 계발할 수 있으나, 그렇지 않으면 사이클을 여러 번 거친 후에 잠재력이 눈뜨기 시작합니다.

디지털 노마드(digital nomad)는 컴퓨터 한 대만 있으면 장소의 제약 없이 어디서나 수익을 창출할 수 있는 사람들을 지칭합니다. 월지에서 삼합을 이루면 재능으로 살아가므로 발이 묶이지 않고 자유로운 사람들이 많습니다. 반면, 방합(方合)은 寅卯辰, 巳午未, 申酉戌, 亥子丑으로 이뤄진 구조이며, 학연, 지연 등의 인맥을 적극적으로 활용하니, 한 곳에 머무르는 특징이 있습니다. 과거에는 신분이 계급이 되는 시대였기에 높은 직급을 가진 사람과의 인맥이 자신의 계급도 높여주는 효과가 있었습니다. 그래서 방합을 매우 좋은 것으로 보았으나, 오늘날에는 학연과 지연이 많은 사회적 폐단을 일으키는 요인으로 작용하므로 방합을 좋게만 보기는 어렵습니다. 그래도 여전히 인맥은 정보의 공유나 뒷배로 작용하므로 사회적으로 큰 힘이 되어줍니다. 방합은 끼리끼리 어울리므로 자신의 능력이 좋아야 능력 있는 사람들과 어울릴 수 있습니다. 그래서 월지를 사이에 두고 방합과 삼합을 갖고 있으면 능력 있는 사람들과 인맥을 이루고 있다고 볼 수 있습니다. 방합과 삼합을 함께 갖춘 것을 회합이라고 하며, 회합할 경우 발생하는 시너지는 매우 큰 힘으로 작용합니다.

한편, 예전에는 할 거 없으면 기술이나 배우라고 했지만, 최첨단 과학기술의 시대인 오늘날에는 삼합의 재능에 丁庚의 기술이 더해지면 능력이 배가되어 더 좋은 결과물을 창출할 수 있습니다. 그리고 예전에는 여자가 재능이 많으면 팔자가 사납다고 했는데, 여성의 능력을 깎아내리던 시절의 옛말입니다. 재능이 있으면, 자신의 힘으로 세상을 살아가려고 하니 자립심이 강해집니다. 그래서 삼합을 갖고 있으면 사막 한가운데 던져놔도 살아남는다는 말이 있습니다. 반대로 재능이 없으면 봐도 못 본 척, 들어도 못 들은 척하는 투명인간 기술과 억울해도 참는 기술, 권모술수만 늘어납니다. 그만큼 三合은 매우 요긴하게 쓰이며, 반합으로도 효과가 있지만, 삼합이 되어야 잠재력이 온전히 깨어납니다. 또한, 삼합의 주체는 왕지(子午卯酉)이므로 왕지가 빠지면 잠재력을 스스로 깨우기가 어렵습니다. 원국에 있는 것도 중요하지만, 운을 어떻게 이용하는지가 매우 중요한 요소이며 이는 뒤에서 설명합니다.

1) 申子辰(戊壬庚+壬癸+乙癸戊)

지장간을 보면 알 수 있듯이, 넓은 대지 위에서 壬癸水의 정보와 생각으로 乙木을 키워 방대한 지식체계를 갖춥니다. 庚金은 물이 떨어지지 않도록 물탱크가 되어주니 깨끗한 정신으로 다양한 나무를 키워 자아실현을 이루고자 합니다. 물은 그릇에 담겨야 쓸 수 있고, 나무로 소비해야 부패하지 않습니다. 申子로 반합만 하면 물은 충분한데 키울 나무가 없으니 물이 썩고, 子辰만 하면 제때 물이 조달되지 않으니 나무를 풍성하게 키울 수가 없습니다. 그래서 이 경우에는 별도로 申金대신 庚金, 辰土대신 乙木을 갖춰야 하며, 천간에서 乙庚합을 하면 효과가 더욱 좋습니다. 다른 삼합들도 이와 같습니다. 申子辰은 丙丁火나 대운에서 여름을 만나야 통찰력이 증가하고 창의력이 샘솟습니다.

2) 巳酉丑(戊庚丙+庚辛+癸辛己)

酉金이 쓸모를 갖추기 위해서 巳火에서 인고의 과정을 보내고 丑土를 만나 용암의 분출과 함께 세상에 모습을 드러냅니다. 巳火는 경영능력, 酉金은 제작능력, 丑土는 홍보능력과 같습니다. 巳酉를 하면 제작, 운영능력은 있으나 홍보능력이 부족하고, 酉丑만 하면 제작과 홍보능력은 있으나 운영능력이 부족합니다. 월지 酉金에게 巳火가 있으면 완성도를 높이기 위해서 인고의 시간을 보내니 큰 프로젝트에 참여하거나 오랜 기간에 거친 작품을 제작하는 것과 같고, 酉丑만 있으면 제작 기간이 짧은 작품을 생산하여 바로 출품하는 것과 같습니다. 酉金만 있으면 잠재력은 충분하나 훈련을 하지 않고, 丑土만 있으면 분출만 하니 SNS용으로 볼 수 있습니다. 그리고 酉金이 빠진 巳丑은 홍보, 마케팅만 한다고 볼 수 있는데, 운에서 酉金을 만나면 판매할 물건을 만나게 됩니다. 물론 천간에 庚辛金이 있어야 재능을 인식할 수 있습니다. 스포츠부터 프로그래밍에 이르기까지 숙련된 재능을 갖추기 위해서 훈련이 동반되는 모든 활동이 巳酉丑에 해당합니다. 천간에서 丙辛합을 하면 효과가 더욱 좋습니다.

3) 寅午戌(戊丙甲+丙己午+辛丁戊)

寅木에서 희망을 품은 나무들이 午火를 만나니 인화를 시작하고 戌土를 만나 辛金을 창고에 넉넉하게 채웁니다. 寅午戌이 되면 재력을 갖추기 위해서 경쟁 사회에 적극적으로 뛰어듭니다. 午火가 寅木을 만나면 자본시장에서 우위를 점하기 위해 학력을 쌓고 戌土를 만나면 창고에 에너지를 비축합니다. 경쟁이 가장 심화한 곳은 경매와 같은 부동산 시장으로 寅午戌삼합은 부동산과 매우 관련이 높습니다. 천간에서 甲己합을 하면 효과가 더욱 좋습니다. 뒤에서 설명이 보충되지만, 寅午戌 화국의 경우는 임상이 연결돼야 더 큰 쓰임을 알 것 같습니다. 향후 더 많은 연구와 임상을 통해서 업데이트할 수 있을 것으로 기대합니다.

4) 亥卯未(戊甲壬+甲乙+丁乙己)

거대한 자본시장에서 쏟아지는 불확실한 정보 속에서 학습능력과 열정을 키웁니다. 卯木이 亥水를 만나면 학습할 정보의 바다를 만난 것과 같고, 未土를 만나면 학습으로 丁火의 탐색능력을 키웁니다. 탐험 능력이 좋아지면, 乙木에 열매가 맺혀 미래가치를 창출합니다. 미래가치는 사람부터 사물, 주식에 이르기까지 다양합니다. 甲乙木이 커져서 지식이 쌓일수록 丁火의 탐색능력이 좋아지므로 卯木의 넓고 깊은 학습능력이 매우 요구됩니다. 천간에서 丁壬합을 하면 효과가 더욱 좋습니다.

반합만 있을 때, 대운에서 월지 삼합이 완성되면 잠재력이 깨어나서 장기적인 발굴이 시작되나, 대운을 너무 늦게 만나면 온전한 재능을 보유하기가 어렵습니다. 局이 투간하면, 뚜렷한 계획과 목표를 두고 움직이지만, 그렇지 않으면 훗날을 위해 습관적으로 하는 자기계발입니다. 세운에서 局이 뜨면 삼합의 재능으로 달성할 과제가 내려오는데, 과제를 달성하는 과정에서 잠재력이 크게 활성화됩니다. 그 후부터는 월운만 와도 능력이 업데이트됩니다. 예를 들어, 乙巳년에는 乙木이 과제를 주므로 亥卯未가 움직입니다. 그래서 지지에 亥卯未가 있는 사람은 甲辰년부터 재능을 인식하게 되고 미션을 달성하는 과정에서 재능이 능력으로 승화됩니다. 지지 巳火는 巳酉丑을 완성하니 酉丑이 있으면 재능을 계발해야 할 이유나 환경을 만나게 됩니다. 대운과 세운, 월운이 합쳐서 삼합을 이룰 때도, 큰 과제가 주어지며, 이는 뒤에서 보충하도록 하겠습니다.

寅申巳亥 생지는 팀을 리드하고, 子午卯酉 왕지는 팀의 핵심이 되며, 辰戌丑未 고지는 백업(back-up)의 의미가 있습니다. 핵심 역할을 하는 왕지가 지지에 하나도 없이 생지와 고지 조합만 있으면 머리 역할을 할 인재가 없다고 볼 수 있습니다. 비유하면, 전쟁터에서 작전참모가 빠진 사령관과 병사의 조합으로 볼 수 있습니다. 재능이 있어야 재능 있는 사람을 알아보는 법이므로, 어떤 일을 도모할 때도 인재를 영입하기가 어렵습니다. 그래서 지지에 왕지가 없으면 독자적인 분야보다는 조직에 몸담는 것이 이롭습니다. 운에서 왕지를 만나면 재능 있는 사람들과 연이 닿는데, 운에서 온 인연은 한시적이므로 그 재능을 배우려고 노력해야 장래가 밝습니다. 반대로 생지와 고지 없이 왕지만 있으면, 이끌어 주고 뒷받침해 줄 환경이 없으니 재능이 크게 활성화되지 않습니다. 제갈공명이 유비와 관우, 장비를 만나지 못한 것과 같습니다. 그래서 삼합이 있으면, 한 사람이 세 가지 기능을 전부 갖고 있으니, 큰일을 처리할 수 있는 능력이 있습니다.
申子辰은 卯木을 생하고, 亥卯未는 午火를 생하고, 寅午戌은 酉金을 제련하고, 巳酉丑은 子水를 생합니다. 왕지가 이와 같은 구조를 이루면 잠재력을 더 크게 활성화할 수 있습니다. 寅午戌이 亥卯未의 생을 받으면 정보와 학습능력으로 경쟁 시장에서 우위를 점하고, 巳酉丑이 申子辰을 생하면 제작, 마케팅 능력으로 창의적인 아이디어를 널리 알리고, 申子辰이 亥卯未를 생하면 맑은 눈으로 미래를 내다보니 나무에 좋은 열매가 맺힙니다. 寅午戌이 巳酉丑을 제련하면 열정과 자본력으로 상품가치를 높입니다. 寅申巳亥는 왕지를 만나야 중기가 깨어나고, 辰戌丑未는 뭐든지 묻어두는 속성이 있어서 일단 묻어두고 있다가 三合이 되면 꺼내 씁니다. 丑土는 상품가치(辛金)를 땅에 묻어두고, 辰土는 창의력(癸水)을 묻어두고, 未土는 학습능력(乙木)을 묻어두고, 戌土는 기술력(丁火)을 묻어둡니다. 역술계에서는 辰戌丑未를 묘지라고 부르며, 만약 중기가 관성이면 남편이 아프거나 죽는다는 식의 요상한 통변을 하는 경우가 많은데, 왜 이런 저주 같은 요상한 통변을 하는지 도통 이해되지 않습니다.

한편, 모든 지지에는 그 환경에 특화된 정보가 들어 있습니다. 그 정보를 잘 취득하면 자신의 능력이 되고, 그 능력으로 창조하는 모든 것이 우리가 찾는 보물입니다. 그러나 이 세상에 존재하는 모든 정보는 누구나 볼 수 있게 허락된 게 아니므로, 눈이 있다면 볼 수 있는 물리적 진실조차도 누군가에겐 차단(blocking)되어 있습니다. 그래서 보편적 지식인 지구는 둥글다는 물리적 진실조차도 습득하는 게 허락되지 않은 사람에겐 "지구는 평평하다."라는 정보만 전달되고 그 상태로 고착되어 버립니다. 이는 유튜브 알고리즘 시스템과 똑같습니다. 실제로 지구 평평론자와 깊은 대화를 나눈 적이 있는데, 천사들이 지구의 각 모서리를 하나씩 잡고 있다고 믿고 있었고, 지구가 둥글다는 것과 밤하늘의 반짝이는 별들은 나사(NASA)가 불빛을 쏘아 우리를 속이는 거라고 주장했습니다. 오히려 지구가 둥글다고 믿는 사람들을 진실을 모르는 답답한 사람들로 치부했고, 정치는 물론이고 각종 음모론에 매우 심취해 있었습니다. 성경을 맹신하면서도 종교가 없다고 주장했으나, 후에 유명한 사이비종교 신도라는 말을 전해 들었습니다. 충격적인 건, 깊은 대화를 나눠보기 전에는 매우 멀쩡해 보인다는 것입니다. 이처럼 물리적 세계에 존재하는 기정화된 사실과 보편적 진실도, 보는 것이 허락되지 않은 사람에겐 존재하지 않거나 거짓이 되어버립니다. 악화가 양화를 구축한다는 말처럼 자극적인 가짜뉴스에 정신이 팔리는 사람이 많아질수록 진실은 침묵하니 매우 무서운 시대가 아닐 수 없습니다. 그래서 이 시대에 가장 필요한 요소는 진짜와 가짜를 구별할 수 있는 분별력이라고 할 수 있습니다.

그리고 전술했듯이, 모든 지지에는 보물만 있는 게 아니라, 함정도 함께 있습니다. 낮은 함정이면 빠져도 벗어날 수 있지만, 깊은 함정에 빠지면 헤어 나오기가 매우 어려우니 예방이 최선책입니다. 타인의 경험을 보고 배우는 게 예방접종이므로 사회적 목소리에 귀 기울이는 사람이 함정을 잘 피할 수 있습니다. 또한, 능력 문제로 욕심을 내려놓은 사람이 해탈한 듯이 말하는 걸 종종 보는데, 그건 내면의 성장으로 탐욕을 다스린 게 아니라 포기한 것입니다. 물고기를 잡으려면 응당 물을 묻혀야 하는 법이고, 너무 깊이 들어가도 안되지만, 물을 묻히지 않으면 굶어 죽습니다.

이제부터 우리는 이 땅에 펼쳐진 보물을 하나씩 알아갈 것이며, 우리 각자가 찾아야 할 진짜 보물이 무엇인지를 스스로 알아가는 시간을 갖도록 하겠습니다.

4장

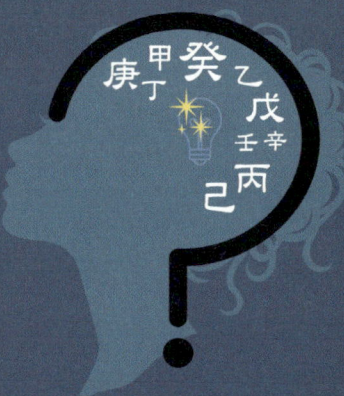

12지지의 특성

겨울:

근본이
중요하다

"아는 만큼 보인다."

철학(philosophy)은 세상의 옳고 그름이 무엇인지를 탐구, 판별하는 것입니다. 세계와 인간의 삶에 대한 근본 원리, 본질 등의 이해와 세계관을 토대로 합니다. 또한, 존재, 지식, 가치, 이성, 인식 그리고 언어, 논리, 윤리 등, 대상의 실체를 연구하는 학문입니다.*

철학은 감정과 직관에 의존하기보다는, 논리적이고 체계적인 사고를 통해서 해법을 찾아 나가며, 문제를 명확하게 인지하여 인류가 이 세상과 사회, 그리고 자신을 더 잘 이해하도록 돕는 학문입니다. 그러므로 철학의 존재 이유는, 문제의 근본 원인을 찾아서 해결하는 데 있습니다. 철학은 뭔가 심오할 것 같지만, 사실 철학은 아주 상식적이고 과학적이며 매우 단순한 것입니다. 이 세상에 존재하는 문제(trouble)들은, 아주 원초적인 문제들을 해결하지 않고 덮어두었기 때문에 불안정한 상황이 축적되어 발생하는 것입니다. 그리고 그 문제는 대부분 무지(無知)가 만들어 냅니다. 그러나 인간은 어리석게도 소중한 것이 무너지고 나서도 무지에서 벗어나려고 노력하지 않으니 제대로 해결하지 못하고

---

* 위키백과.

덮어두어 지속적인 문제를 일으킵니다. 그렇게 인류가 긴 세월 만들어 온 불안정하고 미련한 정신상태로, 계속 육신(肉身)만 바꿔서 삶을 이어가니 역사는 반복적으로 문제를 더하고, 결국 파멸의 길로 갈 수밖에 없는 것이 인간의 미래입니다. 그 가운데, 한쪽 영역(丙癸)에서는 지구를 살려 인류를 구하고자 하고, 다른 영역(丁壬)에서는 지구를 탈출하여 인류를 구하고자 합니다. 하지만 앞서 언급했듯이, 이 세상은 유급생들의 세상이므로 인류를 구제하는 일은 불가항력입니다. 부처님은 무지만 있을 뿐 악(惡)은 없다고 말씀하셨는데, 이 말은 '무지가 곧 악'이라는 뜻으로 해석할 수 있습니다. 그래서 나라마다 인성교육 체계가 그 나라의 운명을 좌우하며, 더 나아가 전 인류의 인성교육이 지구를 살릴 수 있는 유일한 방법입니다. 그러나, 이건 정말 유토피아적 생각일 뿐입니다. 엔트로피 법칙에 따라 이 세계는 계속 팽창하고, 가장 근본인 "태초의 한 점"에서 인류는 점점 더 멀어질 뿐입니다. 올바른 지도 없이, 개인의 역량에만 맡겨두는 사회는 문제를 계속해서 덮어두는 것이므로, 미래가 없습니다. 그래서 나라가 부강하려면 종교나 사설조직에 맡겨둘 게 아니라 아동교육, 청소년교육, 성인교육, 부모교육, 중년교육, 노년교육에 이르기까지 국가 차원에서 끊임없이 인간의 도리를 가르쳐야 합니다. 이를 위해서는 국민을 바보로 만들어 지배하려는 탐욕스러운 저질 정치를 끝내고, 국민의 집단지성이 참여하는 성숙한 정치문화를 만들어야 합니다. 무지는 악의 가장 근원이므로, 무지를 부끄러워하지 않는 사람은 미래가 없습니다.

진정한 철학은, 철학의 역사를 줄줄이 외우고 과거의 말씀을 깊게 새기는 게 아니라, 시대의 흐름에 맞춰서 인간의 보편적 가치를 재설정하고 인간 내면의 아름다움을 깨워서 현재와 미래를 함께 잘 사는 방법을 터득하는 것입니다. 철학적 사고를 장착한 사람은 문제의 원인을 일차적으로 자신에게서 찾아 해결하고, 문제를 미리 예방하고자 노력하므로 우리 사회에 관심이 많습니다. 각 개인이 만들어 내는 문제들이 커다란 집합체를 이뤄 다시 자신에게 돌아온다는 것을 너무도 잘 알기 때문입니다. 그렇게 세상을 관찰하고 사회적 문제를 풀고자 하는 과정에서 혜안이 더 크게 확장됩니다. 철학을 기저에 두어야 하는 이유는, 문제를 쉽게 해결할 수 있기 때문입니다. 모든 문제는 발화점을 시작으로 연쇄반응을 일으키므로 발화점을 찾는 게 매우 중요합니다. 평소 근본을 잘 지키고 사는 사람은 평온한 가운데 빨간불이 들어오면 바로 알아차릴 수 있지만, 그렇지 않은 사람은 수많은 경고음이 울리는 가운데서 살아가므로 하나가 더 울려도 알아차리지를 못합니다. 그렇게 살아가다가 모든 것이 한 번에 터지면 또 '운 탓'을 합니다.

명리학은 60간지를 해독하여 세상의 흐름을 파악하고 미래를 예견하는 학문입니다. 그래서 정치를 비롯한 사회적 현상을 관찰하는 건 숲을 보는 것이고, 개인의 사주팔자를 해독하는 건 나무를 보는 것입니다. 명리학은 거시적 관점과 미시적 관점을 둘 다 갖춰야 온전한 역량을 발휘할 수 있는 분야이므로 철학적 사고가 매우 요구됩니다. 철학은 아주 상식적이고 단순한 거지만, 정신세계(丙癸)와 물질세계(丁壬)를 넓고 깊게 이해하는 혜안을 갖추어야 해답을 얻을 수 있는 고난도의 학문이기도 합니다. 그래서 철학을 갖추기 위해 가장 선행되어야 할 것은, 각 계절이 가진 특성을 바로 이해하고 조합하여 사고의 반경을 넓히는 것입니다. 그러므로 철학자에게 있어 명리학은 마법사의 수정구슬과 같습니다.

1. 子水(壬癸)

씨앗, 배아기

모든 과정을 마무리하고 無로 돌아왔습니다. 빅뱅 이전의 "태초의 한 점"인 상태, 즉 아무것도 존재하지 않는 상태입니다. 이곳은 티 없이 깨끗한 순수함마저도 존재하지 않습니다. 12지지는 생명이 자라나는 과정과도 같은데, 인체로 따지면 子水는 생명이 수정되어 신경관이 만들어지고 뇌 구조가 형성되기까지의 구간이며, 丑土는 뉴런이 생성되고 뇌 주름과 육체가 완성되는 구간과 같습니다. 엄마조차도 임신 사실을 모르니 존재하나 존재하지 않는 상태입니다. 존재하나 눈에 보이지 않기 때문에 인간 세상에서 가장 중요한 기본 중의 기본이지만, 간과되고 무시되는 영역이 바로 子水의 근본 세계입니다. 이 세계는 壬水의 정보와 癸水의 생각이 지배하므로 물질적인 것보다 정신적인 것에 더 끌리도록 설계되었습니다. 그래서 子월생은 우주의 기본 질서인 근본과 거리가 먼 세상 속에 내던져지면, 쉽게 적응하지 못하는 경향이 있습니다.

동지는 밤의 길이가 가장 길고 낮의 길이가 가장 짧은 날로, 토속적으로 이승과 저승을 잇는 문을 통해 귀신이 출몰하는 날로 알려져 있습니다. 子월생은 저승의 문인 영성의 세계와 가장 가깝게 연결이 되어있어 타 월지에 비해서 영적 능력이 우수합니다. 그래서 영성, 철학, 창작 분야에 탁월한 능력이 있습니다.

子水의 상징인 쥐는, 12지신 중에 자기수용능력이 가장 잘 발달 된 동물입니다. 그래서 子월생은 에너지를 민감하게 수용하는 능력이 있습니다. 쥐는 어두운 곳에서는 수염 촉수와 청각으로 누구보다 길을 잘 찾지만, 시력이 어두운 탓에 밝은 곳에서도 눈을 이용하지 못하고 촉수와 청각을 이용해서 길을 찾습니다. 子월생이 丙丁火를 갖추지 못하면 시야가 어두운 쥐와 같으니, 가시적인 현실 세계는 뒤로하고 비가시적인 세계와 동화되어 점점 영적인 세계에 의존하는 모습을 보이기도 합니다. 세상의 근본 이치를 터득하여 앉은 자리에서 천리를 내다보는 예지력을 계발해야 할 子월생이 오히려 까막눈이 되어 한 치 앞도 내다보지 못하게 되는 아이러니한 상황이 발생합니다. 이는 가상 세계에서 살아가는 것과 같으므로, 이런 현상이 장기간 이어지면, 상상과 현실을 구분하지 못하는 망상에 빠질 수 있음을 주의해야 합니다. 앞서 설명했듯이, 우리 뇌는 간절히 원하면 실제 일어나지 않았던 일도 생생하게 머릿속에서 재생시키는 무서운 능력이 있습니다. 자신의 촉을 공수(公收)로 착각하는 무속인도 있고, 제3의 눈을 깨우겠다고 수행하다가 조현병이 발병하여 환청과 환영에 시달리는 사람도 있고, 자신의 마음의 소리를 하느님의 말씀으로 간주하고 잘못된 종교사상에 빠지는 이도 있습니다. 생각이 나무를 타고 지상으로 오르지 않고 꼬리에 꼬리를 물어 한없이 깊은 지하로 가라앉으면 어둠에 조금씩 잠식당하다 결국 빛마저 삼켜버리는 블랙홀에 빨려듭니다. 그래서 지지에 子水를 두었다면 반드시 水生木을 해야 합니다. 상상과 공상의 차이점은 학습 여부에 있으며 공상은 종국에는 망상을 불러오니 많은 주의가 필요합니다. 물론, 이 세상은 무한한 가능성이 열린 곳이므로 신과 직접 영적 소통하는 사람들도 존재할 것입니다. 그러나 그 신적인 존재가 수호신인지 귀신인지는 모를 일입니다. 필자가 명확히 아는 한 가지는 수호신은 우리를 돕고, 귀신은 장난을 칩니다. 수호신은 내적 성장을 이루는 길로 안내하고, 귀신은 하늘 높은 줄 모르고 기고만장하는 길로 이끕니다. 그곳이 떨어뜨리기에 가장 안성맞춤이기 때문입니다.

子水는 미지의 세계입니다. 어둠의 壬水와 차가운 癸水가 지상으로 내려와 빛 하나 없는 깜깜한 영역을 지배하니 모든 정보가 어둠 속에 잠들어 있어, 쉽게 발견할 수 없습니다. 누구에게도 들키지 않으려고 어둠 속에 모습을 감춘 보석을 찾으려면 壬水와 癸水, 두 세계의 배합을 모두 갖춰야 합니다. 그래서 子水의 세계에서 보물찾기에 참여할 때 가장 필요한 건 丙丁火입니다. 丙火의 과학적 사고와 丁火의 기술 문명(technology)은 세상을 밝히는 빛이므로 이 두 능력을 갖추면 필요한 정보들을 충분히 찾아 "진리의 바다"에서 눈을 뜰 수 있습니다. 진리의 바다에는 인류가 아직 발견하지 못한 보물들이 숨겨져 있으므로 창발적 아이디어가 샘솟습니다. 나머지 배합들은 물상론과 삼합에서 반복적으로 다뤘으므로 생략하도록 하겠습니다.

운에서 子水를 만나면, 칠흑 같은 어두운 구간을 지나야 합니다. 원국과 대운에서 배합을 잘 이루면 어두운 구간이 아닌 보물이 가득한 길을 지나게 되니 이 세상에서 가장 귀한 보물, 4단(수오지심(羞惡之心), 시비지심(是非之心), 사양지심(辭讓之心), 측은지심(惻隱之心))을 배우게 됩니다. 즉, 인간성을 회복할 환경을 만나게 되어 자신의 철학을 바로 세우니 지혜가 생겨 인생길 곳곳에 도사리는 덫의 위험에서 멀어집니다. 반대로 시야가 좁거나 사주가 어두운 사람은 앞이 보이지 않아서 벽을 더듬는 것과 같으니, 불안 심리가 작용하여 기복신앙에 빠질 우려가 있습니다. 기복신앙은 기도가 모든 것을 해결해 준다는 어리석은 믿음으로 무속이나 종교에 뿌리 깊게 박혀 있습니다. 이는 매우 어리석은 행위이며 운에서 子水를 만났을 때 길을 가장 잘 찾는 방법은 어두운 세상에 빛을 내리는 손을 보태고, 인문 서적을 곁에 두어 성찰을 통해 근본으로 한발 다가서는 것입니다. 근본에서 멀어지면 그 끝은 영원히 길이 없는 곳에서 방황하는 것입니다.

"상근기의 삶이란 대인군자, 즉 우주와 자신을 함께 잊고 예로써 사는
성인의 경지를 말하는 것이니, 이들에게는 별다른 지도가 필요하지 않다.
중근기의 인간은 물아양망의 경지에는 이르지 못했지만 세속 법규에
조금도 어긋나지 않게 사는 사람을 말하고, 하근기의 인간은 예도 법도
모르고 오직 정에만 이끌려 사는 '천치'같은 사람들을 말한다.
그런데 여기서 중요한 것은 중근기와 하근기를 지도하는 지도자가
성인이냐 소인이냐에 따라 결과가 크게 달라진다는 점이다.
그러므로 지도자가 위민덕화(爲民德化)의 정치를 편다면 자연스럽게
중근기, 하근기의 국민 모두가 바른 인간이 될 것이다."
– 〈탄허록〉

부처님은 살아생전 중생에게 많은 가르침을 선사하셨는데, 이해력이 부족한 하근기에게는 그냥 "바라는 걸 기도하라."라고 가르치셨다 합니다. 영성의 세계에서는 영매를 잘못 건드리면 천벌 받는다는 말이

들리던데, 그들이 말하는 신은 정신을 정갈하게 다듬는 사람에게만 머물기 때문에 내림굿을 받거나 종교에 귀의했더라도 4단을 깨치지 못한 사람은 수호신의 보호를 받지 못합니다. 그래서 신점을 보거나 영적 스승을 고를 때는 그들의 인품과 생활 태도를 보는 것이 무엇보다 중요합니다. 생활 태도가 바른 사람은 자기 일을 손수 하고, 거들먹거리지 않으며 분별력 있는 사고로 자신을 위험에 노출하지 않으니 불법과 도리에 어긋나는 권모술수를 멀리합니다. 그리고 언행이 일치하고 한쪽으로 치우친 강박적 사고와는 거리가 먼 삶을 유지합니다. 바르지 못한 사람에게 자신의 운명을 묻고, 자신의 인생을 내맡기는 것만큼 어리석은 짓도 없다는 것을 알아야 합니다. 정신세계에서는 정신 도둑질 등의 영성 사기가 매우 빈번하게 일어나며 불안한 심리를 이용하여 혼을 쏙 빼놓고 물질을 가로챕니다. 가짜가 진짜보다 더 진짜처럼 행동하니 운에서 子水를 만나면 정신을 똑바로 차려야 합니다.

전술했듯이, 子水는 60간지 사이클의 첫 단계입니다. 도전해 본 적 없는 새로운 재능을 발굴하는 시간으로 삼아서 새 희망의 불씨를 지펴야 합니다. 그러나 亥子丑은 휴지기로 모든 것이 위축되니 사주가 어둡고 냉한 경우에 더 위축되어 바닥으로 가라앉을 위험이 있습니다. 그래서 정신 관리가 무엇보다 중요합니다. 우울증이나 불안장애가 있는 사람은 이 시기만 견뎌내면 증상이 완화될 것이니 인문학 서적을 곁에 두고 이 시기를 잘 이겨내셔야 합니다. 태양은 반드시 다시 떠오르고 여름 운을 만나면 활기가 찾아옵니다. 이 시기에 자기연민은 독이 되니, 자신을 객관적으로 들여다보고 성찰의 자세를 지니는 것이 현명한 처사입니다.

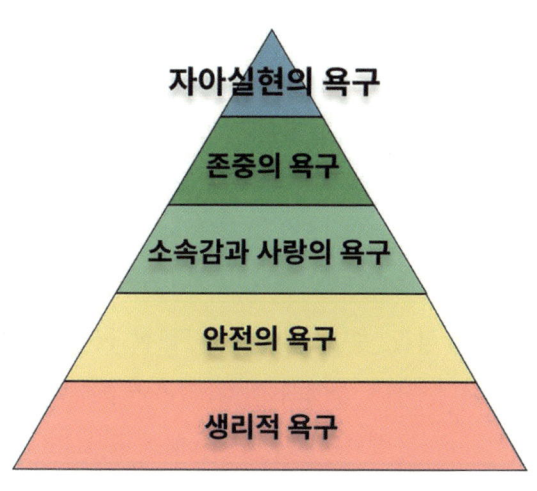

〈그림1. 매슬로 욕구의 5단계〉

인본주의 심리학자인 에이브러햄 매슬로(Abraham Maslow)는 단계적으로 발전하는 인간의 욕구를 초기연구에서 5단계로 나누었습니다. 가장 아래의 생리적 욕구는 먹고사는 문제가 대표적이며 이를 충족하지 못하면 다음 단계로 진입하기가 어렵다고 합니다.

申子辰삼합은 자아실현의 욕구를 충족하기 위한 삼합으로 申金의 물질적 안정이 매우 중요한 요소가 됩니다. 그래서 子월생은 申金이 있어야 물질적 안정을 통해서 생리적 욕구를 해결하고, 위 단계로 진입합니다. 돈의 위력에 무릎 꿇지 않아도 되는 여유가 생길 때 양심의 크기가 커지며, 깨끗한 양심으로 辰土에 물을 조달할 때 나무가 풍성하게 자라 자아실현을 이룰 수 있습니다. 辰土는 평범한 보통 사람들이 다양하게 모여 있는 환경이므로, 생각이 다양하게 모일 때 비로소 子水의 세계가 밝아집니다. 子辰반합을 갖춘 필자의 경우, 丙申대운에 가치관을 정립할 환경을 만났고, 申월만 되면 책이나 상황을 통해서 가치관을 공고히 했습니다. 申金은 규격에 맞게 잘 정돈된 형상이므로 乙木의 열매를 풍성하게 함과 동시에 무성해지지 않게 다듬는 역할로 볼 수 있습니다. 지금까지는 필자도 운을 이용하는 방법을 모른 채로 삼합을 맞이했지만, 앞으로는 매해 申월을 제대로 활용해서 재능을 업그레이드할 수 있을 것으로 보입니다.

子월생의 특화된 능력은 예지능력이고 인륜적 근본 "사단"을 갖춰야 온전하게 계발됩니다. 사단 중에서 가장 기본이 되는 건 단연 "시비지심"이며, 옳고 그름을 분별하지 못하면 악행을 하고도 선행으로 착각하니, 정작 분노해야 할 곳에선 침묵하고 아름다운 곳에다 침을 뱉습니다. 그렇게 모든 것이 어긋납니다. 예지력은 혜안(慧眼)을 말하는 것이고, 무속적 개념을 말하는 게 아님을 강조합니다.

운에서 子午沖을 하면 경계가 열려 壬癸水와 丙丁火의 기운이 혼합되니 두 세계를 드나들며 두뇌활동이 활발해집니다. 앞서 물상론에서 언급한 플라스마 현상과 같습니다. 이때 자아실현의 길에 있다면, 예지력에 경제적 사고가 더해져 이득을 취하고, 그렇지 못하다면 물질세계의 꼬임에 넘어가서 팔자가 꼬일 수 있습니다. 丙子년이나 丙子월에는 잃어버렸던 물건을 찾거나, 숨겨졌던 비밀들이 수면 위로 올라오니, 영원한 비밀은 없다는 것을 알고 평소 행실을 조심해야 합니다.

2. 丑土(癸辛己)

태아기

己土가 웅크린 자세로 辛金을 癸水로 감싸고 있는 모습이, 태아가 엄마 뱃속에서 양수에 둘러싸여 보호되고 있는 모습과 흡사합니다. 잉태되었다는 게 외부에 드러났으나, 아직 본 모습을 드러내지 않은 상태이므로 궁금증과 기대를 한 몸에 받고 있습니다. 辛癸는 수렴이 가장 강한 글자로 기운이 안으로만 몰리고, 己土 또한 개인주의적 성향이 짙으니, 丑土의 기본 성향은 자기애(自己愛)라고 볼 수 있습니다.

丑土는 어마어마한 보석이 매장되어 있는 땅에 비유됩니다. 물질세계에서의 辛金은 물질적 완성품의 의미가 있으나, 정신세계에서의 辛金은 눈에 보이지 않는 보석, 즉 癸水 생각으로 창조해 내는 음악, 문학, 연구, 아이디어 등 무형의 보석을 뜻합니다. 그러나 앞서 삼합에서 설명했듯이, 丑土는 삼합을 해야 辛金을 보유할 수 있기에 보석을 생산할 수 있는 잠재력은 갖고 있으나, 酉金이나 庚辛金이 없으면 丑土 속 辛金이 크게 자라지 못합니다. 태아는 엄마 뱃속에서 양수를 먹고 소변으로 배출하면서 양수를 순환시키므로 辛金이 커져야 癸水의 순환이 잘된다고 할 수 있습니다. 삼합을 해야 癸水의 감성이 깨어나 무형의 보석을 창조하는 능력을 갖춥니다. 양수가 터지고 태아가 세상 빛을 보듯이, 癸水가 분출될 때 즉, 감성이 올라올 때 보석이 외부로 분출됩니다. 酉金이 있으면 그럴듯한 작품을 내보내고, 丑土만 있으면 SNS용으로 볼 수 있습니다. 한마디로, 辰戌丑未의 중기는 여기의 쓰임을 좋게 만들기 위한 것인데, 삼합을 하지 못해 중기가 힘을 쓰지 못하면 여기도 힘을 받지 못하니 있으나 쓰임이 크지 않습니다.*

癸水의 주된 임무는 나무를 키우는 것입니다. 그러나 삼합을 하지 못하면 癸水가 충분하지 못해 나무를 키우지 못하니 자체적으로 선순환의 구조를 이루기가 쉽지 않습니다. 巳丑을 하면 타인의 작품을 홍보해 주는 마케팅 능력을 계발할 수는 있으므로 운에서 酉金을 만나면 홍보, 마케팅 능력을 갖추도록 노력해야 합니다. 酉金이 빠진 판매방식은 인터넷 해외 직구나 공동구매, OEM 판매 등이 있습니다.

잠시 삼천포로 빠지자면, 사주팔자 때문에 불필요한 제왕절개를 하는 경우가 많아지고 있습니다. 택일보다 더 좋은 방법, 가족계획을 세울 때 부모와 궁합이 잘 맞는 연도를 선택하고, 기부를 통해서 공덕을 쌓는 것이 더욱 바람직합니다. 그리고 태교로 인문 서적을 곁에 두어 산모가 성찰을 통해 바른길로 가고자 하는 마음을 품으면 바른 아이가 태어날 확률이 높아집니다. 콩 심은 데 콩 나고, 팥 심은 데 팥 나는 것은 불변하는 자연의 법칙입니다. 부모가 미성숙한데 아이의 사주만 좋은 경우는 반드시 잡음이 일어난다는 것도 명심 또 명심해야 할 것입니다.

운에서 丑土를 만나면, 홍보기술을 연마하기 좋은 운입니다. 사주에

---

* 지장간은 여기, 중기, 종기로 구성되고, 丑土의 여기는 癸水, 중기는 辛金, 종기는 己土다.

酉金이 있으면 작품에 癸水의 감성을 입혀서 홍보할 수 있으니, 때를 놓치지 말고, 전문가들의 솜씨를 보고 배워서 자신의 홍보 실력을 업그레이드해야 합니다. 두드리는 자에게 문이 열리니 문을 두드리면 홍보능력을 키울 수 있는 양질의 정보가 쏟아집니다. 한편, 丑土의 보석은 삼합으로 꺼내야 하니 巳酉가 있으면 매우 반가우나, 未土로 沖을 하면 출산이 아닌 개복을 하는 것과 같습니다. 작품이 미완성 상태로 출시되는 것과 같습니다. 요즘은 날것 그대로를 보여주는 방송이 인기를 끌고 있지만, 과거로 따지면 방송사고와 같습니다. 또 미성숙한 어른의 모습도 개성으로 포장하는 사회적 분위기상 크게 문제 될 건 없으나 모자란 건 채워야 하고 결핍은 치유되어야 함이 마땅합니다. 원국에서 丑未沖을 할 경우에, 소중한 辛金을 빼앗기는 것과 같으므로 더 웅크리고 놓지 않으려는 성향이 생기고 결핍으로 이어질 우려가 있습니다. 그래서 丙火로 따뜻하게 안아주어 결핍을 치료해 주는 게 마땅하나, 丙火가 多하면 치료가 아니라 과잉보호로 이어져서 성격을 더 망가뜨릴 우려가 있습니다. 丑土에서 투간된 辛金은 자존심과 같으므로 가까운 사이일수록 작품을 평가할 때는 주의해야 합니다. SNS에 업로드하는 것도 丑土에게는 작품에 해당합니다.

봄:

과정이
중요하다

"기회는 준비된 자에게 온다.", "공든 탑이 무너지랴."라는 매우 타당한 진리를 담은 우리 속담이 있습니다. 세상에 존재하는 모든 것은 단계별로 과정을 밟아야 견고하게 건설할 수 있으나 여전히 과정을 무시하고 결과에만 치중하여 사회적 물의를 일으키는 경우가 발생합니다. 부실한 과정이 만든 결과물은 어김없이 붕괴로 이어집니다. 봄은 과정이고 가을은 결과이니 봄이 없이 가을만 있으면 결과에만 치중하여 결국 탑이 와르르 무너지는 사태가 발생할 수 있습니다.

봄은 나무를 키우는 과정을 상징하고, 나무는 지식을 먹고 자라야 심지가 곧아서 외부의 영향에 쉽게 흔들리지 않습니다. 甲乙木의 고향인 봄이 壬水의 생을 받으면 정보를 통해서 환경이 구축되고, 癸水의 생을 받으면 생각을 통해서 환경이 구축됩니다. 정보와 생각의 균형이 온전한 지식을 만듭니다.

혹자는 인생은 누구를 막론하고 오르막과 내리막이 있기에 순탄한 인생을 사는 사람도 언젠가는 불운이 닥친다고 믿습니다. 그러나 과정에 충실한 사람에게 내리막은 재정비의 시간일 뿐, 곤두박질이 아닙니다.

"개구리가 몸을 움츠리는 것은 더 멀리 뛰기 위해서이다."

3. 寅木(戊丙甲)

떡잎-묘목(1~10세), 인성교육 기간

"될 성싶은 나무 떡잎부터 알아본다.", "세 살 버릇 여든 간다."
떡잎부터 시작해서 이 세상을 오감으로 느끼며 성장하는 시기로 모든 게 새롭고 낯설기 마련입니다. 이때는 모든 것을 입에 넣어보고 만지면서 세상을 알아가는 것을 시작으로 가장 가까운 사람(부모)을 따라 하며 말을 배우고 관찰합니다. 우리는 기억이 초기화된 채로 이 세상에 왔기 때문에 모든 것이 낯설어, 호기심 어린 눈으로 끊임없이 질문하면서 지식을 습득합니다. 지장간 甲丙은 태양을 보면서 甲木이 성장하는 시기로 미래지향적이며 희망을 품고 있습니다. 그러나 발산이 강하므로 음으로 수렴하지 않으면 거침없이 무성해지고 질서가 사라집니다.
자녀가 어릴 때는 서울우유를 먹이고, 조금 크면 연세우유를 먹이고, 조금 더 크면 건국우유를 먹이고, 고3이 되면 저지방 우유를 먹인다는 우스갯소리가 있는데, 이 시기는 서울우유를 먹이는 시기입니다. 보편 된 진리를 어른들에게 배워나가는 시기로 어떤 종류의 어른을 만나는지에 따라서 나무의 모양이 달라집니다. 즉, 어떤 종류의 물을 먹고 자라는지가 매우 중요합니다. 庚癸는 차가운 이성으로 내면을 채우고, 辛癸는 섬세한 감성으로 내면을 채웁니다. 이성적 판단만으로 나무를 키우면 무자비(無慈悲)하고, 감성으로만 나무를 키우면 자기애성

(自己愛) 문제가 생기므로 庚辛金이 함께 있어 이성과 감성의 조화를 이루는 것이 바람직합니다. 庚辛金이 함께 있는 경우는 酉金이며, 투간된 글자의 특성이 더 크게 나타납니다. 그러나 무의식과 운에서 균형을 잡아주니 연륜이 쌓일수록 음양의 균형을 이루어 나갑니다.

酉金은 寅木과 원진을 이루는 글자이므로 매우 안 좋게 해석을 하지만, 원진살은 돌다리도 두드리게 하여 위험을 방지하는 순기능을 갖고 있습니다. 의심이 중하면 병이 되지만, 적당한 의심은 큰일을 할 때 매우 유용하게 작용합니다. 거듭 강조하지만, 모든 문제는 불균형과 부조화에서 오는 것이지 그 자체로 문제를 일으키지는 않습니다. 필자는 신살(神殺)에 관심을 두지 않지만, 원진살은 유의미한 작용을 일으키므로 조금 다루고 넘어가도록 하겠습니다.

원진살	子未	寅酉	卯申	辰亥	丑午	巳戌
귀문관살	子酉	未寅	卯申	辰亥	丑午	巳戌

원진살은 의심병이 작동하게 하는 신살로, 떨어져 있으면 그리워하나 붙어 있으면 서로를 미워하고 원망하는 배합으로 알려져 있습니다. 일지와 시지가 원진살을 이루면 의처증, 의부증으로 해석하곤 하는데 가까운 사람을 의심한다고 합니다. 그러나 살펴보면, 깊숙한 속마음까지는 볼 수 없으나 외면적으로 보았을 때 위와 같은 현상은 발견되지 않았습니다.

관찰에 의하면, 운에서 원진살을 만나면 의심병이 생겨 음모론에 빠지는 경우가 종종 발생합니다. 특히 요즘에는 알고리즘의 영향으로 확증편향이 사회적 문제로 대두되고 있습니다. 음모론을 접하더라도 중심을 잘 잡고 깊게 들어가지 않는다면 운이 끝났을 때 제자리로 복귀하지만, 너무 깊숙이 들어가서 정상 경로를 이탈하면 운이 끝나도 제자리로 복귀하기가 힘들어집니다. 논리적 사고력을 갖춘 사람은 운에서 원진살을 만나도 크게 문제 될 게 없습니다. 세상에 존재하는 모든 설정은 배움을 위한 것이니 원진살도 깨달음을 얻기 위한 배움의 한 과정일 뿐입니다. 甲木은 한 우물만 파는 경향이 짙은 글자로 필자가 아는 가짜뉴스 신봉자들은 대체로 천간에 甲木이 있습니다. 올곧은 甲木이 음해성 가짜 정보를 받아들이고 부조리에 분노를 느껴 파고들다가 확증편향으로 이어지는 것으로 유추하고 있습니다. 庚金은 이성적 사고력을 갖추게 하는 글자이므로 천간에 庚金을 함께 둔 경우와 음양합인 乙木을 둔 경우는 문제가 일어나지 않았습니다.

필자의 경험은, 세운에서 월지 방합을 이루니 사회적 활동을 시작하여 많은 사람과 뜻을 함께하였는데, 원진살까지 배합되니 다양한 사람 중에 음모론자들과도 섞이게 되었습니다. 4~5개월 정도 활동하는 동안 다양한 사람들을 만나다 보니 자신도 모르는 사이에 음모론자의 말에 귀를 기울이고 애꿎은 사람들을 의심하며 괴물이 되어가는 자신을 발견하게 되었습니다. 당시, 그 모습에 큰 충격을 받고 한 발짝 떨어져서 자신을 관찰하는 경험을 하게 되었는데 그게 첫 자아 성찰이었습니다. 그때가 己亥년 己巳월이었으니 亥水가 일으킨 원진을 巳火가 해체하고 己土가 제 위치로 돌려놓은 것으로 볼 수 있습니다.

또 하나의 사례는, 癸卯년에 [육신변화론]을 연구하기 시작하면서 60

간지 시스템대로 살아가는 현실을 인지했을 때, 일시적인 게슈탈트 붕괴 현상(Gestaltzerfall)을 겪었습니다. 이 세상이 이질적으로 느껴지면서, 일부 과학자들이 주장하는 것처럼 시뮬레이션 세계에 살고 있다는 생각을 하게 되었습니다. 乙未대운에 子未원진이 시작되면서 이 세계에 대한 의심이 시작된 것입니다. 그 영향으로 영성부터 사후세계까지 다양한 것을 빠르게 찾아본 후에 다음과 같은 결론을 내렸습니다.

> "살아 있는 상태로 이 세상의 실체를 확인하는 건 불가능한 일이고, 불가능한 일에 힘쓰는 것만큼 어리석은 짓도 없다. 어차피 늙어 죽으면 알게 될 실체를 미리 알고자 할 시간에 이 물리적 세계를 하나라도 더 배우는 게 남는 장사다. 이 세상은 배움을 위해서 창조된 세상이니 졸업할 때까지 열심히 배우는 게 나의 목표이고 내가 할 일이다."

부처님도 이 세상을 공(空)으로 정의하시고, 육신을 벗어나기 위해서 평생 도를 닦으셨다고 하는데, 원진살의 영향을 많이 받으셨던 게 아닐까 싶습니다. 원진살은 자기 자신도 의심하게 하니, 긍정적인 방향으로 쓰이면 자신의 능력을 다듬는 데 매우 효과적이지만 자존감이 낮은 사람이나 비상식적인 생각을 많이 하는 사람의 경우는 정신장애를 경험할 수도 있습니다. 귀문관살은 귀신이 드나드는 문이라는 뜻의 신살인데, 위의 표에서 알 수 있듯이 원진살과 귀문관살은 거의 같다고 볼 수 있습니다. 운에서 원진살을 만나면, 에너지 왜곡 현상이 의심할 정황을 만들어 낸다는 것을 인지하고 있어야 합니다. 인지만으로도 많은 부작용을 예방할 수 있습니다.

한편, 寅木의 세계는 체계적인 교육이 이루어지는 세계입니다. 아무리 시대가 바뀌었다 한들, 나무의 영역에 자리 잡은 아시아는 선별기준이 바뀔 뿐 학벌 시스템은 쉽게 바뀌지 않을 것입니다. 표면적으로는 서양 문화처럼 개인주의와 물질만능주의가 사회를 평정한 것으로 보여도, 나무의 仁을 중시하고, 공동체와 학벌 중심인 것이 아시아 문화권의 생태계입니다. 그래서 산전수전 겪어가며 부(富)를 이룬 후에도, 귀(貴)를 얻기 위하여 학벌을 챙기는 것은 흔한 일입니다. 하지만 일각에서는 학벌을 돈의 힘으로 만드는 경우가 비일비재하므로 富는 결국 貴도 끌어당기는 힘의 원천이 됩니다. 그래서 학문(木)이 돈(金)의 위력에 무릎 꿇지 않기 위해서는 깨끗한 물을 머금은 나무가 숲을 이루는 게 매우 중요합니다. 나무는 연대하지 않으면 무자비한 金의 횡포 앞에서 무력합니다.

인류 사회에서 배움이 없었다면, 인간은 이미 인류애(仁)가 없는 세상 속에서 서로 더 가지려고 헐뜯고 싸우기만 하느라 연대하지 못하고 맹수에게 잡아먹혀 멸종되었을 것입니다. 仁은 곧 배움이고, 배움이 없으면 어린 자식도 버리는 것이 인간입니다. 배우려는 자세는 내면의 성장을 이룰 수 있게 해주는 인류의 가장 강력한 무기입니다. 우리는 흔히 개념 없는 행동을 하는 사람을 보면, "못 배웠다."고 표현을 합니다. 개념은 육신으로는 인성(印星)을 말하는데, 제아무리 인성이 잘 발달한 사주일지라도 水生木이 안 되면 호기심이 없어서 배우질 않으니 인성의 쓰임이 온전치 않습니다. 사주에 金生水+水生木이 원활하지 않으면 책을 멀리하니 배운 티가 나지 않습니다. 공동체를 인식하지 않고 자기밖에 모르는 무지하고 못된 사람이 많을수록 그 세계는 망조의 길을 걷습니다.

子水는 사유(思惟)의 힘이고, 寅木은 학문의 힘입니다. 癸水가 먹물이라면 甲木은 종이입니다. 아무리 훌륭한 지식과 지혜를 갈아 넣은 최고급 먹물이라 하여도 종이가 없으면 그냥 액체일 뿐이고, 아무리 최고급 종이라고 할지라도 먹물이 없다면 책이 되지 못합니다. 학습이 동반되지 않는 생각은 잡생각일 뿐이고, 생각을 글로 표현하는 힘은 甲木에서 나옵니다. 그래서 인문학의 세계인 寅월에 태어난 사람은 자신의 철학을 바로 세운 후에 말과 글로 인류를 바른길로 인도해야 하는 직업적 임무가 있습니다. 이때 金生水로 내면을 바로 세우고 펜을 잡아야 하는데, 그렇지 못하면 필설지화(筆舌之禍: 붓과 혀의 재앙)를 일으킬 수도 있으니, 주의해야 합니다. 寅월생이 癸水가 아닌 壬水의 생을 받는다면, 생각의 힘이 아닌 정보의 힘으로 나무를 키웁니다. 癸甲이 대중에게 사설을 제공한다면, 壬甲은 기사를 제공합니다. 癸水도 庚辛金의 생을 받아야 맑은 물이 되듯이, 壬水의 정보도 진짜와 가짜가 뒤섞여 있으므로 반드시 火克金된 庚辛金으로 거름망을 만들어야 합니다. 무거운 정보를 받아들일 때는 교차검증(cross check)이 매우 중요하며, 이런 과정을 거치는 게 火克金으로 거름망을 만드는 과정입니다. 만약 이 과정을 생략하면 필설지화나 가짜뉴스를 퍼뜨리는 잘못된 길을 걷게 될 우려가 있습니다. 붓과 혀로 만들어 내는 재앙은 반드시 殺이 되어 부메랑처럼 되돌아오니 두려워해야 합니다.

寅월생에게 물 보충과 광합성이 잘돼서 나무가 생목(生木)이면 인문계열에서 자신의 재능을 키워가지만, 丁庚과 짝이 되면 기술 분야에서 인재가 되려고 하니, 그곳에서 말과 글로 기술을 전수합니다. 寅午戌 삼합을 이루면 학문적 성과에 午戌의 기술이 함께하니 산업 분야에서 쓰임이 좋습니다. 운에서 삼합이 맞춰지면 학문적 성과에 실용성을 더

할 수 있는 환경을 만나게 되니, 주의 깊게 보고 배워서 자신의 능력으로 승화시키는 노력을 기울여야 합니다. 앞서 설명했듯이 자신이 타고나지 못한 건 노력에 의해서만 얻을 수 있고, 운이 오면 비교적 적은 노력으로 좋은 재능을 추가할 수 있습니다. 선비 같은 寅월생이 물이 모자라 제때 나무를 키우지 못하면 사목(死木)이 되고 丁庚마저 없으면 특별한 재능을 갖추지 못해 뚜렷한 직업 없이 살아갈 우려가 있습니다. 또한 寅월에는 庚辛金이 있어야 깨끗한 물을 조달하지만, 庚金이 지나치면 다 자라지도 못한 나무를 일찍부터 재목(材木)으로 만들려고 하니, 성장의 흐름이 자꾸만 끊겨서 필요한 학습량에 도달하지 못할 우려도 있습니다.

운에서 寅木을 만나면, 교육적인 환경을 만나게 됩니다. 자신이 학생이 될 수도 있고 가르치는 사람이 될 수도 있습니다. 직장인의 경우는 해외 연수를 가거나, 대학원에 진학하거나, 회사 내에서 교육을 이수합니다. 영업직 종사자가 판매 교육을 이수하는 것도 이에 해당합니다. 자라나는 새싹들과 관련된 환경과 연을 맺기도 하고, 전문지식을 보유한 사람들과 연을 맺기도 합니다. 寅木과 甲木은 남다른 지구력을 자랑하는 글자이므로 寅木을 운에서 만나면 지구력이 향상되니 때를 놓치지 말고 목표를 달성할 장기 계획을 세우는 게 좋습니다.

4. 卯木(甲乙)

새순이 돋는 시기(11~20세), **통합교육기간**

乙木이 지상으로 내려와서 이야기보따리를 풀어놓으니 정겹고 즐겁습니다. 그러나 춘분은 인생으로 따지자면 중2병을 앓는 시기로 나무껍질을 뚫고 새싹이 돋기 시작하니 고통스러운 열병에 걸린 듯하여 감정이 제어되지 않습니다.

'삶은 왜 이리도 힘든 것인가, 무엇을 위하여 꽃을 피우나…'
이 같은 이유로, 卯월생은 인생에 대한 고뇌를 기본값으로 품고 살아갑니다. 배합을 잘 갖추면 학문적 고찰로 보이지만, 반대의 경우는 평생 중2병을 앓는 것처럼 보입니다. 乙木의 익살스러운 친근함과 아이 같은 풋풋함, 그리고 다정다감함은 사람의 마음을 녹이지만 卯木은 유치한 면이 있습니다. 이는 세련된 완성미를 자랑하는 酉金과 정반대의 성향으로 卯酉沖을 하면 어른스러운 무의식이 중2스러운 감정을 못마땅하게 여깁니다. 그리고 봄은 과정을 중시하고 인류애적 공동체 의식이 자리 잡은 곳인데, 가을의 한복판인 酉金은 결과 지향적 사고와 개인주의적 성향이 짙습니다. 둘 중 하나가 투간하면 우열이 정해지니 큰 문제가 없지만, 乙木과 辛金이 둘 다 투간하면 자가당착에 빠질 수 있습니다. 반발력을 중재하는 방법은 앞서 설명한 바와 같으니 생략하도록 하겠습니다.

卯木은 인성교육과 이론적 학습, 경험적 학습이 전부 함께 이루어지는 시기이므로, 어느 하나 부족함 없는 통합교육이 중요하며, 초중고 교육방식이 이에 해당합니다. 그래서 卯木이 보유한 정보는 인류가 오랜 시간 연구하고 축적한 잡식성 데이터들입니다. 子水와 마찬가지로 卯木도 배합을 골고루 갖추고 있으면 甲乙木의 깊이와 넓이를 모두 갖추므로 인문, 통합교육 분야에서 매우 뛰어난 재능을 보유할 수 있습니다.

운에서 卯木을 만나면, 통합교육을 이수하듯이 다양한 환경에 관심을 두고 다양한 경험을 하면서 인생에 필요한 것들을 폭넓게 습득합니다. 엄마가 아이를 가르치기 위하여 다시 초등공부를 하거나 문화센터에서 다양한 것들을 배우는 것도 이에 해당합니다. 이 과정에서 자신의 재능을 발굴하여 미래가치를 만들 수 있습니다. 亥卯未삼합을 하고 申子辰의 생을 받으면 앞서 설명한 것처럼 미래가치를 보는 눈이 탁월하니 나무에 열매가 열립니다. 부동산이나 주식에서 투자수익금을 얻을 수도 있고, 巳酉丑의 제작기술로 지적재산권을 만들 수도 있습니다. 그래서 운에서 亥卯未가 삼합될 때는 정보와 학습능력을 지적 재산권을 만들 방법을 연구하는 게 좋습니다.

필자는 원국에 亥卯未가 아예 없으나 乙未대운 癸卯년 癸亥월에 亥卯未가 운에서 삼합을 이루자 앱 특허등록을 위해서 갑작스럽게 집필까지 해야 하는 상황이 벌어졌습니다. 庚申월에 申子辰삼합으로 [육신변화론]을 위한 만세력 개발을 시작하면서 연쇄적으로 발생한 일이니 申子辰이 亥卯未를 생하여 방대한 학습을 해야 하는 과제가 주어진 것으로 볼 수 있습니다. 그리고 甲子월을 시작으로 甲辰년에 희신 甲木

까지 갖춰지니 먹물을 묻힐 종이가 들어온 격이라고 볼 수 있습니다. 운을 되짚어 보면 삼합국이 맞춰질 때마다, 유의미한 일이 생겼습니다. 그중 하나는 丙申대운, 庚子년, 庚辰월에 주변의 권유로 갑작스럽게 공인중개사 공부를 시작한 것입니다. 성취감을 맛본 후에 자기효능감이 크게 상승했으니 삼합의 효능은 성공으로 견인하는 가장 중요한 요소입니다. 이렇듯 대운과 세운, 월운이 삼박자를 갖추면 과제가 주어집니다. 巳火대운에 있다면, 酉년, 丑월 또는 丑년 酉월에 과제가 주어지니 귀찮다고 운을 날려버리는 일은 없어야 하고, 최소한 무라도 써는 집요함을 보여야 합니다. 천간에 庚辛金을 두었거나 辛酉, 辛巳대운처럼 국을 동반해야 쉽게 인지할 수 있습니다.

참고로 필자는 丙申대운에는 申子辰이 완성되고, 천간에 丙火가 세 개가 되니 하늘이 두려워지기 시작하여, 어떻게 사는 게 옳은 삶인지를 끊임없이 고찰하고 사고와 행동을 개선해 나갔습니다. 지금 생각해 보면 강박증과 같으나 근본을 바로 세운 매우 귀중한 시기였습니다. 또한, 이때 깨끗한 물을 먹고 자란 나무를 인생 스승으로 만났으니 丙火가 그에게서 세상을 사랑하는 법을 배워가고, 나무가 숲을 이루는 걸 돕고자 합니다. 그렇게 숲을 이룬 구성원은 모두 연결되어 서로의 생각의 틀을 깨며 성장을 돕고 함께 세상을 만듭니다. 각자가 사는 방식도 다르고 얼굴도 모르지만, 각자가 가진 사연은 이야기가 되어 떠다니고 서로에게 교훈을 주는 선생님이 됩니다. 그래서 양질의 이야기를 잘 모으는 사람이 이 세계에서 가장 풍요로운 사람입니다. 재능이 있으면 그 재능을 사기 위해서 사람이 오고, 재능이 능력이 되면 그 능력을 배우기 위해서 또 사람이 옵니다. 그렇게 땅에 나무가 자라서 풍요를 만듭니다. 사람을 얻는 자가 세상을 얻는다고, 金을 모으는 자가 아닌 木을 품는 사람이 세상을 얻습니다.

때가 되면 기회는 모두에게 옵니다. 그리고 준비된 사람이 그 기회를 잡을 수 있습니다. 삼합은 땅이 주는 기회와 같고, 국(局)은 하늘이 주는 기회와 같으니 두 기운이 만나서 문이 열릴 때 인간의 뜻을 펼칠 기회를 맞이합니다. 운을 보는 것은 그때가 언제 오는지를 보는 것이고, 사주풀이는 그때를 위해서 무엇을 준비해야 하는지를 알아가는 과정입니다. 자신감이 부족한 사람은 삼합을 이용해서 작은 도전과 성취감을 자주 맛보는 것을 적극적으로 권장합니다. 작은 물줄기가 모여서 큰 강을 이룬다는 이치를 깊게 새기면 길합니다.

5. 辰土(乙癸戊)

개화기(21~30세), 예행연습기간

癸水를 품은 윤택한 戊土 위에서 과일나무가 꽃향기를 풍기니, 벌과 나비가 찾아옵니다. 성인 대우를 받지만 아직은 어린애와 마찬가지이고, 자립했지만 아직 부모의 간섭이 필요한 시기로 사회생활에 필요한 모든 것을 인생 선배들로부터 배워나가는 시기입니다. 그래서 멘토의 역할이 매우 중요합니다. 절대평가를 받던 시기는 이미 과거이고, 이제부터는 상대평가의 시기이므로 자신만 잘한다고 되는 게 아니라, 경쟁 상대의 동태도 살펴야 합니다. 아무나 사귀면 안 되는 시기이지만 넓고 다양한 분야에 호기심이 많은 乙木은 아무나 사귀면서 상처도 받고 인간관계에서 쓴맛을 경험하며 세상을 배워갑니다. 이러한 과정을 겪는 동안에 사회생활에서 가장 강력한 무기인 이해와 공감 능력이 사회적 습관으로 길러지고 탁월한 상담능력을 갖추게 됩니다. 戊土의 인식능력은 외부로 향하고 인간관계에 선을 긋지 않으며, 乙木의 호기심은 타인에게 쉽게 다가서므로 辰土의 땅에서는 누구나 친구가 되고 즐겁습니다. 그러나 사람이 많이 모인 곳에는 늘 잡음이 생기기 마련이므로 배합을 잘 이뤄야 합니다. 배합을 잘 갖추지 못하면 위와 같은 좋은 기능 대신 거절하지 못하여 생기는 피곤함으로 골머리를 쌓게 될 일이 발생할 수도 있습니다. 천간에 丙火를 두면 지면에 습기를 조절해

乙木의 성장을 촉진하고, 丙庚을 두면 보호막과 길잡이가 제공되므로 辰土의 환경에 안정감이 생깁니다. 만약 보호막이 없거나, 지지에서 삼합을 하지 못하면 辰土 안에 아무나 함부로 들이니 불편한 상황에 휘말릴 우려가 있습니다. 물이 맑아야 정신이 깨끗한 법이고, 정신이 깨끗해야 사람을 보는 눈이 혼탁하지 않고, 사람 보는 눈이 좋아야 인간지뢰를 피할 수 있습니다. 또한 己土가 있으면 적정거리를 알고 있으니 거리 조절을 잘하여 낭패를 보는 일이 줄어듭니다. 그러나 위의 기능들이 너무 강하면 사람을 지나치게 가려서 만나게 되니 주변에 사람을 두지 않는 현상도 발생합니다. 이 경우 辰土의 순기능도 저하될 수 있습니다. 그래서 뭐든지 적당하게 균형을 이루는 것이 매우 중요합니다.

한편, 지장간에서 합을 이루는 글자는 辰土가 유일합니다. 앞서 물상론에서 戊癸合으로 火가 생성되면 생명이 살 수 있는 비옥한 땅이 된다고 하였는데, 丙火는 행복 호르몬인 세로토닌을 생성하고, 丁火는 열정 호르몬인 도파민을 생성하므로 辰土는 활기가 넘치는 땅이 됩니다. 그래서 사람을 모아서 크게 수용하는 직업적 능력도 辰월생의 특별한 능력입니다. 대지가 癸水를 머금고 있으므로 전통적으로 辰土는 논에 비유합니다. 그러나 필자의 궁리로는 삼합이나 庚癸, 辛壬을 만나지 못하면 辰土는 메마른 땅이므로 물이 많이 필요한 乙木을 키우기가 어렵습니다. 이는 마치 저수지에 물이 없어 과수원에 물을 대지 못하는 것과 같은데, 운이 올 때마다 저수지에 물이 차니 때를 알고 부지런히 지식의 물을 공급하여 나무를 키워야 합니다. 앞서 거듭 설명했듯이, 학습으로 뉴런에 지식의 물을 공급해야 합니다. 辰월생이 원국에 子水를 두면 子水의 기능을 갖춘 사람들과 목적을 이루기 위한 공동체를 형성하지만, 子水를 운에서 만나 위와 같은 연을 맺으면, 대운의 경우는 인연이 길게 이어지나 세운의 경우는 연이 길지 않습니다.

운에서 辰土를 만나면, 다양한 경험을 위해서 사람들과 삼삼오오 모이게 됩니다. 앞서 언급했듯이 사람이 모이는 곳에는 활력이 있고 유쾌한 즐거움이 있지만, 규모가 커지면 반드시 잡음이 생기게 되어 있습니다. 庚金이 있으면 분별력이 좋아 함부로 사람을 사귀지 않고, 辛金이 있으면 위험을 감지하는 능력이 있습니다. 이 구간을 지날 때는 사교성을 키우는 동시에 사람 보는 눈도 키우는 학습효과를 얻어야 길합니다. 그러나 늘 문제는 사람 보는 눈을 자기 기준에 맞춘다는 것입니다. 자신에게 잘해주는 사람은 좋은 사람이고, 자신에게 호의적이지 않은 사람은 나쁜 사람으로 인식해 버리는 그 어리석음이 자신을 함정으로 이끕니다. 됨됨이가 바른 사람을 알아보기 위해서는, 자신의 됨됨이부터 바로 세워야 합니다. 자신의 인품이 낮으면, 인품이 낮은 사람들로 주변을 채워나갑니다. 그렇게 바람 잘 날 없는 인생을 스스로 만들어 갑니다. 그래서 辰土운을 만나기 전부터, 인문학 공부와 덕을 쌓아 자신의 인품을 높여야 辰土운이 왔을 때, 됨됨이가 바른 사람들과 인연을 맺을 수 있는 환경을 만납니다.

여름:

땀으로
결실을 맺다

"하늘은 스스로 돕는 자를 돕는다."

근본, 과정, 노력, 결실 중에 어느 게 가장 중요한지를 묻는다는 것만큼 어리석은 질문도 없을 것입니다. 모든 게 완벽히 준비되어 있다 하여도 에너지를 발산하는 활동을 하지 않으면 모두 헛것이 되어버립니다. 이는 밥 차리려고 음식 재료를 사다 놓고 요리를 안 하는 것과 같습니다. 여름은 활동성을 상징하므로 여름생은 활동 범위가 넓고 활기가 넘치는 장점이 있습니다. 땀 흘려 노력하는 계절로 반복된 훈련과 기술은 기본이고 효율성을 높이기 위한 요령이 매우 중요합니다. 金生水가 잘 되지 않으면 응용력이 없어 기술을 배워도 요령을 터득하지 못하니 엉뚱한 데 힘을 낭비하여 진을 빼고, 결과물이 부실할 수 있습니다. 여름생이 癸甲, 壬甲을 잘하면 학벌을 만들고, 없으면 일찍 실용기술의 세계로 투입됩니다. 가을이 있으면 정해진 수확의 시기가 있어서 결과물이 좋고, 없으면 결과물이 부실합니다. 여름생에겐 겨울이 없어도 큰 문제가 되지 않으나 천간에 丙丁火가 투간했는데 水克火를 하지 못하는 것은 불길을 조절하지 못하여 문제를 일으킵니다. 그리고 지지에 여름이 없으면 무의식적으로 육체노동을 기피하는 경향이 있습니다. 지식이 많으면 지식으로 살아가면 되지만, 별다른 능력이 없는 사람이라면 한량처럼 살아갈 우려가 있습니다.

여름엔 세상 모든 것이 만개하여 모든 정보가 활짝 열려 있습니다. 정보의 가치는 희소성에 있으므로 모두에게 오픈된 정보는 무가치합니다. 그래서 아무 정보나 주워 담으면 패가망신의 길을 걸을 수 있습니다. 여름의 정보는 피라미드 지배구조의 위로 오를수록 고급정보가 있어서 水生木으로 초년 학벌을 잘 갖추는 게 매우 중요합니다. 정식 루트를 거치지 않고 타인의 능력에 편승해서 뒷문으로 들어가려는 시도는, 제 꾀에 제가 넘어가는 결과를 불러올 수 있으니 욕심을 내려놓고 능력대로 살아가는 자세가 필요합니다. 그리고 이때부터는 辛金의 직관력은 독이 되므로 庚金의 이성적 사고를 갖추어야 합니다. 壬水로 밝음 이면에 어둠이 존재한다는 것을 알아야 하며, 상황 인식능력도 중요하지만 우선 자신의 한계를 알아야 하므로 己土가 더 필요합니다. 그러나 己土가 과하면 모든 게 자기 위주로 돌아가서 시야가 오히려 좁아지니 자신의 한계를 인식하는 것이 아니라 자신을 과대평가하게 됩니다. 이에 넘치는 열정이 더해지면 자신뿐 아니라 모두를 망칠 수 있으니 주의가 더욱 필요합니다. 피라미드는 위로 오를수록 자리가 좁아지므로 늘 치열한 경쟁 속에서 살아갑니다. 그래서 여름의 세계는 총성 없는 전쟁터와 같고, 밟히기 전에 밟고 올라서야 한다는 생각이 있으므로 권모술수가 난무하고, 위로 오를수록 줄을 잘 잡아야 추락하지 않으므로 정치적으로 굴어야 살아남습니다. 정치는 본래 '바르게 다스리는 것'이 참뜻인데, 물질세계에서 정치는 권모술수로 변질합니다.

巳火는 정신세계의 영역이고 午火부터는 물질세계의 영역이므로 여름이라도 속성이 다르며, 위에 언급한 사항들은 대부분 물질세계에 해당합니다. 같은 정신세계에 있다고 해도 세상의 이치를 깨달음에 있어 子水는 근본을 보는 지혜에 있고, 巳火는 관찰 능력에 있습니다. 관찰 능력으로 무엇을 보느냐에 따라서 쓰임이 달라지므로 돈을 보면, 돈이 굴러가는 이치를 깨닫습니다. 매우 좋은 능력이지만, 탐욕을 부리면 자신을 파괴하는 매우 무서운 능력입니다. 한편, 巳午未는 기본적으로 土를 품고 있으므로 자체 火生土를 잘하는 계절입니다.

6. 巳火(戊庚丙)

꽃이 만개하다(31~40세), 태풍의 눈

꽃이 만개하여 마음에도 꽃이 피니 세상이 아름답습니다. 1년 중 가장 행복지수가 높은 달로 공기 좋고, 물 맑고, 새 소리 즐거우니 마음이 여유롭고 근심 걱정이 적습니다. 사회초년생 딱지를 떼고 완연한 어른이 되는 시기입니다. 부모에게서 분리되어 완전한 독립을 이루고 자신의 삶을 온전히 자신이 책임져야 하는 시기이며, 이성도 결혼을 전제로 만나야 하는 시기입니다. 안정적인 직장을 마련하고 자녀를 낳고 아이들의 웃음소리가 끊이지 않으니 막연히 황금빛 미래가 펼쳐질 것만 같습니다.

앞서 물상론에서 살펴보았듯이, 丙火는 긍정적이고 낙관적인 면을 기본값으로 갖고 있습니다. 그래서 자신의 건강도 돌봐야 하고, 가족도 돌봐야 하고, 사회적 역할도 해야 하고, 할 일이 매우 많으나 나무를 만나지 못하면 책임의식을 느끼지 못하여 자신의 본분을 망각합니다. 그리고 하고 싶은 일만 하면서 행복하게 살아갑니다. 巳火의 세계는 이렇게 여유롭고 아름다운 세상이니, 왜 그렇게 바쁘게 살아가고, 왜 서로 관용을 베풀지 않고 싸우면서 사는지 도통 이해가 가지 않습니다. 그래서 평화주의자가 많고, 석가모니의 계절인 5월처럼 평온한 얼굴을 유지합니다. 세상에는 지켜야 할 인륜적 가치를 위해서 투쟁하는 사람들도 존재하지만, 丙火가 지상으로 내려온 巳火의 밝고 아름다운 세상에서는 춥고 어두운 세상이 보이지 않으니 가해자와 피해자가 없는 똑같은 사람들로 보입니다. 그러나 우리가 누리고 있는 모든 가치는 저절로 얻어진 게 아니라 누군가 수호하고 투쟁하여 피로 얼룩진 결과물입니다. 눈앞에 보이지 않아도 어둠은 늘 존재합니다. 巳월생은 보호할 나무가 있어야 책임의식을 느끼기 때문에 나무가 있으면 누구보다 분주하게 살아가나, 나무가 없으면 한없이 느긋한 면이 있습니다. 느긋하게 가진 것 안에서 감사하며 살고자 하는 성격은, 본인은 편할지 모르나 지켜보는 가족이나 동료에게는 무사안일주의자의 모습으로 비칠 수 있습니다. 특히 巳월생이 병화가 2개 이상 투간되면 지나친 낙관주의자의 모습을 하므로 더욱 주의가 필요합니다. 곧 꽃이 지고 열매를 위한 시간이 오므로 삶에 대한 책임감을 느껴야 하며, 巳월은 태풍의 눈 한복판에 있는 것과 같다는 것을 명심해야 합니다.

丙火가 지상으로 내려와 모든 만물에 관여합니다. 丙火는 넓은 시야로 세상을 두루 살펴야 하고, 빛과 따스한 온기로 지상을 환히 밝혀야 할 책임이 있습니다. 그래서 巳월생은 관리자의 직업 속성이 있습니다. 巳火의 중기인 庚金은 辰戌丑未와 마찬가지로 삼합이 되어야 활성화됩니다. 그래서 巳火가 혼자 있으면 丙火의 역할만 하고 삼합으로 丙庚이 되면, 조직에서는 관리자로서, 사업이나 자영이라면 운영자로서의 쓰임이 생깁니다.

관리자가 인적자원이나 사물을 적재적소에 배치하기 위해서는 己土의 궤도가 있어야 하고, 乙木의 넓은 학습능력을 장착해야 다각도에서 관찰하는 능력이 생깁니다. 甲木이 乙木을 보조하면 능력이 더 좋아지나, 甲木의 생을 더 많이 받는다면 넓은 시야를 갖춰야 하는 丙火가 한 방향만 바라보니 고유능력을 제대로 키우기가 어렵습니다. 그리고 전체를 관리하려면 스캔 능력이 좋아야 하므로 辛金의 포인트를 잡아내는 눈치가 필요합니다. 癸水의 사고력도 필요하나, 癸水가 과하면 지나치게 생각이 많아져서 辛金의 기민함을 약화합니다. 관리자는 팀을 챙겨야 하는 임무가 있으나 배합이 맞지 않으면, 자신은 부리는 사람이라고 착각하여 격에 맞지 않는 행동을 할 수 있습니다. 庚辛金이 巳월생이면 관성격으로 관리자인 동시에 지시 권한을 갖고 있고, 戊己土는 인성격으로 가르쳐야 하는 임무가 있으므로 리더의 권한을 갖고 있으나, 재성격이나 식상격은 지시 권한이 없는 사람들이므로 뒷짐을 지면 눈총을 살 수 있습니다. 또한, 丙丁火로 양인격이나 건록격이 될 경우, 자신의 길을 스스로 개척해야 하는데 남의 일 하듯이 직원만 부리면 직원이 경쟁자로 돌변할 수 있음을 주의해야 합니다. 巳火의 위치에 따라서 관리의 범위가 달라집니다. 일지나 시지에 있으면 사적 영역을 돌보는 책임이 있으니 가정은 물론이고, 협회나 동호회 등에서 총무 등의 직책을 맡기도 합니다. 연지에 있으면 국가처럼 큰 범위를 돌봐야 하므로 각자의 방식으로 사회나 정치에 참여합니다.

보통 자신의 재능을 키우다가 사업으로 이어지는 경우가 많으므로 巳월생은 酉金과 함께 있어야 사업에 이롭습니다. 삼합 유무의 차이점은 요리를 직접 할 수 있는 식당 주인(酉金)이 주방장을 둔 것과 주방장(酉金)에게 주방을 점령당한 식당 주인의 차이로 볼 수 있습니다. 할 줄 알면서 사람을 쓰는 것과 할 줄 몰라서 사람을 쓰는 것은 천지 차이입니다. 그래서 이런 경우 운에서 酉金을 만나면, 직접 요리기술을 배워서 식당을 차리든가, OEM방식의 판매 아이템을 만난다고 볼 수 있습니다. 세운을 만나면 1년 안에 습득할 수 있는 기술을 배우는 게 이롭습니다. 만약 재능을 가진 사람을 만나는 것으로 운을 대체하면 대운에서는 인연이 오래가나, 세운에서는 짧은 인연으로 끝나버리니 끝이 좋을 수 없습니다. 巳월생이 酉金에 丑土까지 갖고 있다면 직접 SNS 등을 이용해서 홍보할 수 있는 능력까지 있으니 금상첨화입니다. 그러나 세운에서 만나면 홍보 전문가나 고객의 입소문을 타고 한 해 반짝 효과가 나타납니다. 나머지 삼합들도 이런 식으로 전개됩니다. 그러니 운에서 丑土를 만나면 타인에게 의지할 생각만 하지 말고, 직접 홍보기술을 익히는 게 이롭습니다. 물론, 이 세상은 각자의 재능을 가진 사람들이 손을 보태서 이루어지는 세상입니다. 그러나 앞서 언급했듯이, 할 줄 알지만 혼자서 처리하기가 힘드니 여럿이 모여서 일을 분담하는 것과 타인의 재능에 대해서는 지식이 전혀 없는 상태로 각자의 재능만 갖고 모인 것은 매우 다른 세계입니다. 전자는 협업하는 단계에서 대화가 잘 통하니 일이 수월하고, 후자는 자기 관점에서만 얘기하니 배가 산으로 갑니다. 그래서 운이 왔을 때마다 자신의 분야에서 필요한 업무를 잘하지는 못해도 인력을 부릴 정도의 지식은 배워두는 게 성공의 기본 토대가 됩니다. 그래서 큰 조직에서 甲木보다 乙木이 리더의 자질이 더 좋고, 甲乙木이 함께 있으면 금상첨화입니다.

한편, 천간에 丁火를 두면 음양의 균형을 이루어 시너지가 크지만, 아쉬운 게 없는 巳火의 세계에서 丁火는 성과를 내고자 고군분투해도 공로를 인정받기가 쉽지 않으니 번 아웃(burn-out) 현상이나 오기로 인한 호승심이 생길 수 있습니다. 그래서 이 구간에서는 일희일비를 경계하고 마음을 조금 비우는 게 정신건강에 이롭습니다. 巳火가 대운에서 왔을 때도 마찬가지입니다.

巳火는 다가올 수확의 시기를 위해서 꽃을 피워야 하는 시기입니다. 운에서 巳火를 만나면, 사주의 구성에 따라 마음이 여유로워지거나 책임감이 커집니다. 丙火는 癸水와 함께 나무를 키워야 하는 임무가 있으므로 水生木이 되면 수화기제로 창의력이 상승하니 작품활동을 하기에 좋은 해입니다. 그러니 酉金이 있으면 운을 놓치지 말고 작품에 도움이 되는 마케팅 기술을 배우거나, 시간이 오래 걸리는 작품에 도전하여 기술을 정련하는 게 좋습니다. 또한, 우리가 만들어 내는 모든 것이 작품이므로, 근육을 만드는 것도 작품활동과 같습니다. 巳火는 뱀처럼 매끈하고 꽃처럼 화사합니다. 酉金이 있으면 세련미까지 갖춰집니다.

7. 午火(丙己丁)

열매가 열린다(41~50세)

> "대부분의 사람은 오르막을 꿈꾼다.
> 문제는, 습관은 내리막이란 것이다."
> – 존 맥스웰

꽃이 지고 그 자리에 열매가 자라납니다. 아름다운 꽃이 만발하던 시절은 과거이고 새 희망을 품은 열매가 알알이 맺혀 더 많은 물과 양분이 필요합니다. 이 시기는 나무와 열매가 함께 성장하는 시기로 매우 분주하게 움직여야 합니다. 의식주는 기본이고 미래세대를 위한 교육비까지 마련하느라 허리띠를 졸라매야 합니다. 그래도 아직은 열매의 몸집이 크지 않아서 마음의 여유가 있습니다.

子水는 "태초의 한 점" 근본의 세계이고, 午火의 세계는 근본에서 가장 멀리 떨어진 물질만능의 세계입니다. 시각적 유혹에 약하기 때문에 내면보다는 외형에 치중하는 비중이 높습니다. 그래서 이 세계는 외모지상주의, 물질만능주의적 사고가 지배적입니다. 인간은 근본에서 멀어지면 인간성을 상실하고, 인간성을 상실하면 각종 덫에 걸려들기가 쉽습니다. 지지가 여름과 가을의 비중이 높으면 물질적 욕구가 강하고,

겨울과 봄의 비중이 높으면 인정욕구 등의 정신적 욕구가 강합니다. 그래서 비중을 골고루 두어야 기운이 상쇄되어 중화를 이룹니다.

巳火까지가 자연과학의 가설을 기반으로 한다면, 午火부터는 기술 상용화를 기반으로 합니다. 아무리 좋은 아이디어가 있다고 해도 상용화를 하지 못하면 쓸모없는 공상에 불과합니다. 丁火는 기술(technic)이므로 전문기술을 보유한 사람들이 금 권력을 쟁취할 수 있는 세계입니다. 나뭇가지에 열매가 열렸으니, 미래세대를 위한 물질적 성장동력이 되어주어야 하므로 午火의 임무는 성장을 위한 기술의 진보를 이끄는 것입니다. 기술 진보의 원동력은 자본이며, 물질세계에서는 자본 없이 할 수 있는 건 존재하지 않으므로 분산된 자본이 한곳으로 몰려야 합니다. 그래서 午火의 세계는 금융산업이 기저에 자리합니다. 午월생은 금융산업과 기술산업 종사자가 많습니다. 금융산업은 전문 개인투자자, 은행, 보험사, 증권회사, 금융감독원까지 다양하며, 기술산업에는 설계자(engineer)부터 기술자(mechanic), 육체노동자 등이 있습니다. 이 세계에서의 목표는 庚金을 쟁취하는 것입니다. 丙火는 과학이고 丁火는 기술력이니 배합을 잘 갖추면 발명 분야에서도 활약할 수 있습니다. 午火는 십이지신으로 말을 뜻합니다. 말은 활기, 육체미 등을 연상시키고, 午월은 그 이미지에 걸맞게 열정을 품고 있습니다. 그래서 스포츠계에도 많이 분포되어 있습니다. 인센티브제로 운영되는 시스템이 많고, 개인기가 중요하므로 재능을 키우기 위한 땀방울이 매우 값지게 쓰입니다.

午火는 특이하게 다른 왕지가 갖지 않은 己土를 갖고 있는데, 이는 불길이 궤도를 벗어나지 않도록 경로를 설정해 주는 것과 같습니다. 그러나 불길이 너무 거세면 궤도를 이탈하여 모든 것을 태워버리고 열정마저 태워버립니다. 그리고 열정이 사라진 자리에는 재만 남습니다. 또는 己 土를 자체 배터리로 볼 수도 있습니다. 이 또한 불길이 너무 거세면 배터리가 방전되거나 폭발할 수 있으니 水克火 하는 게 매우 중요합니다.

寅月생이 午戌을 만나 삼합을 하면, 학문에 기술을 더하는 것이고, 午월생이 寅木을 만나면 경쟁 사회에서 우위를 점하기 위해 학벌을 만드는 것과 같습니다. 운에서 午火를 만나면, 경쟁에 뛰어들어야 할 일들이 생깁니다. 그런 과정에서 각종 분야의 전문기술자들을 만날 기회가 생깁니다. 사주의 구성이 좋으면 함께 일을 도모하며 세계를 확장하지만, 그렇지 못한 경우에는 전문가로 위장한 가짜들의 먹잇감이 될 우려가 있습니다. 여름의 세계는 희소성이 사라진 무가치한 정보가 대부분이므로 아무 말이나 믿으면 낭패를 봅니다. 그래서 분별력이 가장 중요하고, 분별력은 논리적 사고체계와 연결됩니다. 논리적 사고력에 사안의 근본을 들여다보는 눈, 즉 통찰력까지 있으면 정보를 취합하는 능력이 좋으니 엄선된 정보로 좋은 선택을 할 수 있습니다. 통찰력은 다양한 경험 속에서 길러지는 안목이며 세상을 두루 경험해 보고 깨달음을 얻을 때, 혜안(慧眼)으로 승화됩니다.

午火는 기술의 세계이므로 첨단기술을 배우기에 매우 좋은 해입니다. 과거에는 10의 노력으로 10의 결과를 얻을 수 있었다면 AI 시대는 10의 노력으로 100의 결과를 얻을 수 있습니다. 새 시대에는 새 시대에 맞는 사고를 갖춰야 하고, 그 사고력은 직접 경험을 통해서만 얻을 수 있습니다. AI는 모두에게 처음이고, 시작입니다. 새로운 시대가 열렸고 그 문으로 일단 들어가야 원하는 걸 발견할 수 있으며, 누가 더 효과적으로 활용하는지에 따라 3년 후, 10년 후의 경쟁력이 결정됩니다. 누군가는 AI에게 자리를 빼앗겨 B라는 직업 세계를 떠날 때, 누군가는 반대로 AI의 도움을 받아 B라는 직업 세계에 입성합니다. 1년 경력자와 10년 경력자의 실력 차이는 엄청나지만, 10년 경력자와 20년 경력자의 차이는 미미하다는 걸 인지하면 새로운 도전에 용기가 생깁니다.

午火의 세계에서는 누가 더 효율적으로 노력하였는지에 따라서 경쟁력이 판가름 나고, AI의 활용은 말에 날개를 다는 것과 같습니다. 페가수스의 등에 탈 기회가 丙午년에 찾아오니, 乙巳년에는 미리 말 타는 법을 배워야 합니다. 필자도 申子辰을 보조하기 위해서 올해 巳酉丑을 시작했으니, 壬寅년에 습득한 지식들로 丙午년에 寅午戌 하여 페가수스에 올라탈 수 있을 것으로 내다봅니다. 그리고 己酉년에는 결실을 거둘 것입니다. 자신의 미래를 내다볼 수 있다는 건, 무언가를 꾸준히 했기에 가능한 일입니다.

잘 살려고 너무 애쓸 필요 없다며 다독이는 사람들은 너무 열심히 살라고 채찍질하는 게 아닌지를 우려할 수 있으나, 모든 건 순서를 지키지 않고 급물살에 올라타니 채찍으로 느끼는 것입니다. 제때 할 일을 하고 사는 사람들은 쉴 때 잘 쉬면서 주어진 삶의 과제를 처리합니다. 그렇게 보물상자에 보물이 차곡차곡 쌓여 자기효능감이 높아지면 자존감이 높아져 만족감이 증가합니다. 만족감이 높아지면 주변을 돌보게 되니 인생이 풍요로워지고 자아실현의 길로 들어설 수 있습니다. 혹자는 삶은 원래 고행길이라고 말하지만, 성장하는 사람에게 있어서 삶은, 기쁨이고 즐거움입니다.

8. 未土(丁乙己)

열매의 몸집이 커진다(51~60세)

"인내는 쓰고, 그 열매는 달다."

나무의 입장에서는 열매가 커져서 주렁주렁 매달려 있으니 어깨가 무거워 축 처지고, 열매의 입장에서는 자리가 비좁아지기 시작하니 불쾌지수가 높고, 좁아지는 자리에 살아남기 위해서 버티는 힘을 길러야 합니다. 未월은 열기가 가장 치열하고, 작은 태풍이 빈번하게 불어 수시로 열매를 골라냅니다. 태어날 때부터 경쟁의 한복판에서 태어난 팔자로, 더 상위 궤도로 진입하기 위해서 계속해서 좁은 문을 통과해야 합니다. 루틴대로 살아가는 직장인과 같고, 인생으로 따지면 얼마 없는 임원 자리를 두고 치열하게 자리싸움을 하는 것과 같습니다. 자신이 살기 위해서 타인의 희생이 필요하니, 업무적인 능력과 더불어 정치적인 능력까지 필요하고 가장 필요한 건 버티는 힘입니다. 버틸수록 乙木이 자라나고 그만큼 丁火의 기술도 좋아집니다.

未월은 己土가 있어 자신의 한계를 본능적으로 알기 때문에 무리한 행동을 하지 않아 착실하게 직장생활을 하려는 사람들이 많으나, 자신의 에너지가 너무 크면, 무리하게 사업을 추진하기도 합니다. 己土가 투간해서 힘이 강해지면, 자기중심적인 면이 강화되어 타인의 희생을 정당화할 수 있으니, 丙火나 戊土를 함께 두는 게 이롭습니다. 방합은 불길을 거세게 만들어 앞뒤 안 재고 위험한 일에 가담할 수 있으니 주의가 필요하며, 천간에 壬癸水를 두면 돌다리를 두드리니 안전에 도움이 됩니다. 그러나 水가 과하면 열정이 식어버리니 뭐든지 적당해야 합니다.

운에서 未土를 만나면, 열매가 주렁주렁 열려 있는 구간을 지나게 되니 풍요가 눈앞에 있는 것처럼 느껴집니다. 그러나 아무거나 바구니에 담으면 풍요가 아니라 짐이 됩니다. 특히 亥卯未삼합을 하면 미래가치에 투자하려는 마음이 커지는데, 투자가 아닌 투기가 되면 궤도를 이탈하여 낭패를 보니, 적정선을 유지해야 합니다. 未土 속 乙木은 경험이므로, 卯木이나 乙木을 두어 경험이 풍부해야 乙木이 자라나서 丁火의 기술력과 탐구능력을 뒷받침해 줄 수 있습니다. 午未구간에서는 노력에 의해서만 원하는 것을 쟁취할 수 있으니 요행을 바라는 마음은 일찌감치 버려야 합니다. 설령 요행으로 좋은 것을 거머쥐었다 해도 己土운에 물거품 될 수 있습니다. 未土운에서 가장 중요한 키워드는 과유불급(過猶不及)입니다. 대운에서 己土를 만나면 생활방식에 루틴이 작용하므로, 평소 식사시간이 불규칙했던 사람도 丑未土를 만나면 규칙적인 식사시간을 가질 수 있는 환경을 만나게 됩니다. 한편, 未土는 火生土가 자체적으로 활발하므로 부동산을 부업으로 삼아 에너지를 저장하는 사람이 많습니다. 午火를 보았을 때, 戊土와 쓰임이 비슷합니다.

가을:

결과가 중요하다

"뿌린 대로 거둔다."

가을은 추수의 계절이며, 이때부터는 나무가 주체가 아니라 열매가 주체입니다. 인생으로 보자면, 새로운 시대를 위한 중책(重責)은 젊은 세대에게 맡기고 물러나야 하는 시기입니다. 인생 4/4분기가 시작됐으며, 마무리를 잘해야 다음 생에 좋은 사주팔자를 타고날 수 있으므로 다음 생을 위한 못다 한 공부를 시작해야 합니다. 젊어서 부지런히 에너지를 저축해야 하는 이유는, 제2의 적성을 살리기 위해서입니다. 그래서 50세부터는 슬슬 時地에 맞춰서 노년의 공부를 준비해야 합니다. 초년에는 부모의 경제력으로 학습이 이루어지지만, 노년에는 자신의 경제력으로 학습해야 합니다.

공자는 60세를 "귀가 순해진다." 하여 이순(耳順)이라고 하였고, 70세를 "마음 가는 대로 행해도 법도에 어긋남이 없다." 하여 종심(從心)이라 했습니다. 과거보다 교육수준이 훨씬 높아졌음에도 불구하고, 이 세상에는 정신은 어린아이에 머문 채로 육체 나이만 먹어가는 사람들이 너무도 많습니다. 60세가 지나도록 질서를 배우지 못했고, 세상에 사랑을 베푸는 방법을 배우지 못한 이가 너무도 많습니다. 책을 가까이하여 사고력을 키우지 않고, 유튜브를 봐서 다 안다고 말하고 타인의 생각을 자신의 머릿속에 비판 없이 주입합니다. 무료함을 달래줄 자극적인 것만 찾다가 거짓 정보를 받아들이고, 악인이 유혹하는 불빛을 따라가서 낭패를 보고는 자신은 피해자라고 울부짖습니다.

혹자는 한 번뿐인 인생에서 행복이 최우선 과제가 돼야 한다고 말합니다. 그러나 과연 우리가 사는 인생이 정말 한 번뿐인지, 개인의 행복이 정말 최우선 과제가 되어야 하는지는 생각해 볼 문제입니다. 이렇게 정교하게 세팅된 세상에, 가장 중요한 사람의 역할이 무작위로 결정된다는 것은 필자의 철학으로는 있을 수 없는 일입니다. 사주팔자는 분명 어떠한 계산으로 정해지고, 그러기 위해서는 태어나기 전에 선행되는 조건이 있어야 한다고 생각합니다. 이런 연유로, 필자는 윤회의 개념을 받아들였습니다. 사람은 하고 싶은 일을 하고 살 때 행복감을 느끼고, 해야 할 일을 하고 살 때는 고달픔을 느낍니다. 그러나, 하고 싶은 일만 하며 사는 건 당장 행복감을 주지만 미래에 거둘 게 없고, 해야 할 일을 하고 사는 건 당장은 고달파도 미래에 거둘 것이 있습니다. 또한, 해야 할 일이 너무 많으면 삶의 균형이 깨지므로 해야 할 일과 하면 안 되는 일을 구분하는 것 역시 중요한 과제입니다. 이를테면, 혈육이라는 이유로 무조건적 지원을 하는 건 서로를 망치는 일이므로 하면 안 되는 일입니다. 그러나 인연으로 묶여서 사주팔자대로 끌려가고, 그렇게 사는 게 마음 편합니다. 타고난 팔자대로 살기는 매우 쉽고, 타고나지 못한 것을 채우며 사는 것은 매우 어렵습니다. 그 어려운 일을 해낸 사람에게 복이 있다고 믿습니다.

잘난 팔자는 물질적 풍요나 정신적 풍요를 누리는 사람이 아니라, 하고 싶은 일과 해야 하는 일이 일치하는 사람입니다. 그리고 가장 나쁜 팔자는 둘 사이에 괴리가 심한 사주입니다. 좋은 사주는 관성(慣性)에 따라 살아도 자신의 사회적 역할을 잘하면서 만족스러운 삶을 살지만,

그렇지 못한 사주는 세상의 질서를 파괴하다가 결국 자기 자신도 파괴하는 길로 들어섭니다.

한편, 가을 생이 원국에 나무가 없으면 결과에만 치중하느라 봄의 과정을 간과할 우려가 있으니, 운에서 봄을 만나면 때를 놓치지 말고, 반드시 체계적 학습을 통해서 기초를 탄탄하게 세우는 과정을 다시 거쳐야 합니다. 나무는 천간과 지장간 모두를 말하고, 봄은 지지를 말합니다. 봄은 12년마다 찾아와서 3년간 지상에 머뭅니다.

9. 申金(戊壬庚)

종자를 가려내다(61~70세)

"태풍은 좋은 유전자를 남기기 위해서 부는 것이다."

봄의 과정과 여름의 노력을 보상받고, 겨울을 위해서 새로운 종자를 준비해야 하는 시기입니다. 하지만, 그 보상을 받기 위해서는 남아 있는 가장 큰 태풍을 견뎌야 합니다. 未월까지는 약한 태풍이 빈번하게 오지만, 申월에는 아주 강한 태풍이 불어와서 좋은 종자만을 남깁니다. 이 세계는 살아남은 자에게만 포상을 내리는, 소위 말하는 1등만 기억하는 세상입니다. 쓸모를 갖추기 위해서 반복되는 훈련과 혹독한 시련을 거쳐야 하는 기간으로 태풍을 견뎌낸 열매만이 丁火의 기술력을 지원받을 수 있습니다. 丁火의 세계에서는 기술력이 우선이나, 庚金의 세계에서는 상품 가치가 우선이므로 재료가 좋아야 합니다. 여름과 마찬가지로 사람이든 물건이든 상품 가치에 투자하여 더 큰 자산을 창출하려는 모든 산업 분야가 이 속에 있습니다. 丁火의 기술지원을 받아 발전을 이룩하는 연구 분야는 물론이고, 연예계, 스포츠계 등에 분포도가 높으며 끊임없이 기술을 연마하는 기술 장인, 예술의 세계에도 분포도가 높습니다. 연구를 통하여 업적을 이룩하는 모든 과학기술 분야 종사자들도 업무의 8할은 보조금을 구하는 일이라고 합니다.

그만큼 물질세계에서는 '자본'이 곧 신(神)인 세상이므로 조물주 위에 건물주라는 우스갯소리는 이들의 세계에서는 진리처럼 보입니다. 금융계로 따지면, 丁火당령은 자금을 한데로 모으는 데 투입되는 종사자고, 庚金당령은 자금을 가능성에 투자하는 곳(대출)에서 종사한다고 볼 수 있습니다.

한편, 申月생은 조숙한 분위기, 믿음직한 분위기를 풍기기 때문에 늘 의지하고 싶어 하는 사람들이 주위에 있습니다. 그런 자신의 상황이 부담되고 불편해도 묵묵히 맡은 일을 해내야 하는 무게감이 있습니다. 그래서 申월생은 삶의 무게를 짊어지고 살아가야 하는 乙木과 동병상련이 있습니다. 癸水는 甲乙木을 키워야 하는 임무가 있고, 丁火는 庚辛金을 제련해야 하는 임무가 있으니 나무와 금은 癸水와 丁火의 손에 운명이 달려 있다고 볼 수 있습니다.

丁火의 세계는 능동적으로 자신의 길을 개척해야 살아남는 세상이지만, 庚金의 세계는 제련을 받아야 살아남습니다. 丁火의 제련은 곧 성공을 의미하므로 불길이 이끄는 대로 수동적으로 따라야 합니다. 만약 申월생이 가장 중요한 丁火가 없다면, 발전을 이룰 의지가 크지 않습니다. 申金은 모든 게 질서정연하게 각을 잡은 형상입니다. 제대로 훈련받은 병사들이 모인 군대와 줄을 타고 내려오는 상명하복의 명령체제, 각자 할 일이 규격에 맞게 분담된 조직, 앞서 언급한 기술연구, 스포츠, 연예계 등의 육체와 물질이 먼저인 세계가 申金의 세계입니다. 그리고 시스템에 의해서 기계적으로 살아가는 세계입니다. 부모님 말씀과 선생님 말씀, 코치와 감독의 말을 잘 들어야 하고, 사회에서는 위계질서에 순종하는 것이 직업윤리입니다. 수확 시기에 비가 많이 와서 과일이 물을 많이 먹으면 당도가 떨어지듯이, 癸水가 발달하여 생각이 많아지면 丁火의 제련을 거부합니다. 이 세계에서는 의견을 말하면 기어오르는 게 되고, 부당한 명령일지라도 어기면 항명으로 받아들입니다. 그래서 癸水가 발달하면 명령체계 조직에서 버티지 못하니 독자적인 길을 걸어가야 합니다.

申金이 子水를 만나면 물질세계가 미지의 정신세계를 만나게 됩니다. 이 경우 辰土가 함께 있거나, 水生木이 잘되는 환경이라면 학습을 통해서 성장하고자 하지만, 그렇지 않으면 子水의 소용돌이에 빨려들 수 있습니다. 이는 빛을 찾으러 갔다가 빛마저 먹어버리는 블랙홀에 잠식되는 것과 같습니다. 즉, 문제를 해결하러 갔다가 굿을 하거나, 종교 시설을 짓는데 많은 재산을 갖다 바치는 것과 같습니다. 진리를 찾으려면 안 보이는 힘에 기댈 것이 아니라 학습을 통해 자신의 마음을 정갈하게 만들어야 합니다. 申子辰은 다양한 학습을 통해서 세상을 넓게 배울 때, 자아실현을 이룰 수 있습니다. 이는 뉴런의 중복회로가 발달하는 것으로 풍부한 지식으로 인해서 통찰력이 증가하는 걸 말합니다. 그래서 벽 보고 앉아 있다가 깨달음을 얻었다고 하는 사람은 피하는 것이 신상에 이롭습니다.

한편, 庚金은 재료이므로 사주가 어떤 구조로 되어있는지에 따라서 재료를 활용하는 방식이 달라집니다. 그래서 丁火가 있는 사람이 운에서 申金을 만나면, 손기술을 발휘할 수 있는 환경을 만나게 되고, 子辰이 있으면 철학을 바로 세울 환경을 만납니다. 그리고 물욕이 생기기도 합니다. 庚申기둥을 만나면 폭력성이나 실수로 인한 손실이 발생하는 이유는, 金에너지의 작용으로 결과를 빨리 보고자 성마른 행동을 하기 때문입니다. 申金해에는 아직 과실이 덜 익었으니, 酉金이 올 때까지 차분히 기다리는 게 이롭습니다. 그래서 이때는 순서를 지키며 평소보다 차분하고 느리게 일을 진행하면 이롭습니다. 원숭이도 나무에서 떨어질 수 있다는 말을 깊게 새기면 길합니다.

10. 酉金(庚辛)

엄선된 최상품들의 세계(71~80세)

태풍이 모두 사라지고, 잘 익은 열매들이 자태를 뽐내는 계절입니다. 잘 익은 열매들이 상품 가치를 더 높이기 위해서 예쁘게 치장하는 모습이 도도하고 고귀해 보입니다. 상형문자인 한자에서도 느껴지듯이 酉金은 가을을 상징하는 잘 익은 예쁜 감에 비유됩니다. 예쁘게 잘 익어서 그 자체만으로도 가치를 지닙니다. 申金이 가치를 올리기 위해서 반복된 훈련으로 만들어져야 한다면, 酉金은 그 자체로 완성미를 갖추고 있으니 더 보기 좋게 포장하는 게 중요합니다. 즉, 유통을 위해서 손질(touch up)하는 단계입니다.

庚金의 세계가 자본의 보조로 성장하는 스포츠 선수들과 같다면, 辛金의 세계는 자본을 끌어당기기 위해서 간판이 되는 배우나 모델과 같습니다. 그래서 申金의 세계는 재료의 질이 우선이고, 酉金의 세계는 외적인 매력이 우선입니다. 예쁘게 포장이 되지 않으면 제값을 받을 수 없으므로 외모는 물론이고 행동, 표정까지 다듬어져야 하며 품위 유지를 제대로 하지 못하면 위약금을 물어야 하고, 그 즉시 몸값이 하락합니다. 그래서 절제를 위한 관성이 필요합니다. 보기 좋은 떡이 먹기도 좋다고, 시각효과가 9할을 차지하는 세계이므로 미용, 패션산업 등 외형을 관리하는 분야에 분포도가 높습니다. 辛金의 꼼꼼함과 감각이 필요한 분야는 어느 곳에나 있으므로 어디서나 쓰임이 생깁니다. 辛金의 예리한 눈은 잘못된 것을 꼭 집어내는 걸 잘하니 행동교정 분야에서도 활약합니다. 역시나 이 분야에서도 직업능력을 잘 발휘하려면 배합이 매우 중요합니다. 앞서 설명한 庚辛金의 특성이 酉金 속에 들어 있으므로 설명은 물상론으로 갈음하겠습니다.

닭을 상징하는 酉金은 지상으로 내려온 봉황으로 酉월생뿐 아니라 지지에 酉金을 두면 세련된 외모를 지닌 사람들이 많습니다. 연지는 타고나기를 수려하게 타고났고, 월지는 청년기에 빛이 나며, 일지는 중년에 이르러 분위기가 좋고, 시지는 노년에 품위가 있습니다.
酉金은 혼자 있으면 유형(有形)의 상품이지만, 丑土에서 설명했듯이, 巳酉丑삼합을 하면 무형(無形)의 상품, 즉 아이디어를 상품화하고 운영까지 할 수 있는 실력을 갖춥니다. 오늘날은 특별한 재능을 가진 사람들이 너무도 많기에, 재능에 더해서 자기 홍보기술까지 함께해야 실력을 발휘할 환경을 만납니다. 아무리 멋진 아이디어가 있다 해도 세상에 선보일 수 있는 기술이 없으면 빛을 보지 못합니다. 그래서 酉월생이 삼합을 하면, 보석을 세상에 내놓기 위해서 재능을 보유합니다. 이런 기술 중에 오늘날 가장 유용한 기술은 코딩, 그래픽디자인, 편집기술 등이 있습니다. 물론 이러한 기술도 AI에게 점령당하고 있지만, 위와 같은 기술을 보유한 사람은 AI를 이용해서 더 큰 재능을 키울 수 있습니다.
酉金의 세계는 모든 것이 상품화되므로 예쁘게 포장이 되는데, 丑土를 만나면 癸水의 감성을 곁들여 판매하니, 상품에 사연이 더해집니다. 인터넷상점에서 농산물을 판매할 때도 농부의 스토리텔링이 첨부되는

데, 이런 것이 丑土의 능력에 해당합니다. 壬水는 만물을 품고 있는 우주로서, 모든 만물이 연결된 네트워크와 같으니, 辛金은 壬水를 타고 흘러야 먼 곳에 도달합니다. 세상 모든 것이 상품화되는 세계에선 사람도 사랑도 감정도 상품화됩니다. 운에서 酉金을 만나면 패션산업과 연결이 되든가, 외모가 반짝이는 사람들이 모여 있는 연예계나 유흥문화에 빠지기도 합니다. 예쁜 걸 보다 보니 패션에 관심이 커지고, 시각을 자극하는 것들에 현혹되어 낭비벽이 생길 우려가 있습니다. 그래서 이 구간을 지날 때는 자신의 형편에 맞게 절제할 수 있는 관성이 매우 귀하게 쓰입니다. 남이 만든 것에 넋을 뺏기기보다 자신의 기술을 연마하는 기간으로 삼으면 길합니다.

11. 戌土(辛丁戊)

보물창고(81~90세)

추수 때 거둬들인 수확물을 잔뜩 모아둔 戌土는 완성된 상품들이 모여 있는 보물창고와 같습니다. 이곳에는 잘 팔리는 물건도 보관되지만, 팔리지 않는 재고품들도 함께 쌓여 있습니다. 잘 팔리는 辛金은 포장을 거쳐서 바로 내보내고 재고품은 丁火로 다시 제련해서 재판매해야 합니다. 戌土는 寅午戌 삼합으로 丁火가 깨어나야 辛金을 다시 제련하는 능력이 생기며 재조립, 상품 재활용, 재활 치료, 리모델링 등의 기술을 보유할 수 있습니다. 戌土는 未土처럼 에너지를 잘 저장하는 土이므로, 돈을 땅에 묻는 특징이 있습니다. 그래서 부동산에 관심이 많고, 丁火가 깨어나면 재고품을 재탄생시키니 경매물을 개축해서 재판매하는 재능도 있습니다. 월지뿐 아니라, 모든 지지는 잠재력을 보유하고 있으므로 투간되면 자신의 재능을 알아차릴 수 있습니다. 그래서 丙戌처럼 局을 동반한 운이 오면 좋습니다. 지금까지의 설명에서 보면 알 수 있듯이, 戊己土는 局이 될 수 없으므로, 천간에 戊己土가 많으면 자신의 뚜렷한 재능을 알아차리기 어렵습니다.

한편, 戌월은 모든 게 풍족한 계절이지만 戌土가 반드시 넉넉함을 상징하는 것은 아닙니다. 가진 것이 없어서 쥔 것을 놓치지 않으려는 모습일 수도 있고, 모으는 것에 집중하느라 베푸는 것에 인색한 모습일 수도 있으며, 남이 버린 물건을 주워 고쳐서 쓰든가 버리지 못하는 성격을 가질 수도 있습니다. 보물은 주관적이므로 쓰레기도 누군가에겐 보물로 보일 수 있습니다. 辰土에는 乙木이 성장하고 있으므로 공동체 의식이 자리합니다. 그래서 서로 나누는 것에 인색함이 없습니다. 창고 크기보다 더 큰 재물을 보유하고 있다면 운에서 辰土를 만났을 때 창고를 비우는 법을 배워야 훗날 큰 탈이 나지 않습니다.

운에서 戌土를 만나면, 앞서 午火에서 언급했듯이 가을에 거둔 결실을 창고에 저장하는 해입니다. 이때는 저축이나 재산을 불리는 일에 관심이 생기므로 부동산이나 투자처를 찾기도 합니다. 午火가 있으면 재리에 밝아 잘 살펴보고 투자하겠지만, 자칫 투기 등에 발을 담가 낭패를 볼 수 있으니 조심해야 합니다. 수전노 기질이 생기므로 저축하기 좋은 기간이나, 한편으로는 불필요한 것을 사재기하여 집안을 채울 수도 있으므로 물건을 살 때 숙고하는 자세가 필요합니다.

겨울:

새로운 준비에 들어가다

"아는 만큼 보인다."

겨울은 새로운 생명을 위해서 성장의 모든 과정을 갈무리하고, 잉태하는 계절입니다. 갈무리를 위해서 펼쳐져 있던 세상 모든 게 한곳에 모이고 응축됩니다. 죽음이란, 다음 여정을 위해서 쓸모가 다한 육신(肉身)을 버리고 새 육신으로 갈아타는 신성한 행위입니다. 그래서 태어난 목적에 맞게 많은 걸 배우고 채운 사람은 그 여정 앞에서 편안함을 느끼고, 그렇지 못한 사람은 그 여행길이 두렵기 마련입니다. 우리가 장수해야 하는 이유는 더 많은 것을 보고 배워야 하기 때문이고, 그런 충분한 배움의 시간을 가질 수 있는 사람은 복이 참 많은 사람입니다. 그러니 아무리 힘들어도 스스로 자기 복을 차는 일은 없어야 합니다.

12. 亥水(戊甲壬)

백전노장(91~100세), 갈무리

백전노장은 수백 번 싸움터에 나간 늙은 장수라는 뜻으로 산전수전 다 겪은 노련한 사람을 가리키는 말입니다. 인생으로 보면, 亥水는 모든 것을 다 끝마치고 정리한 후에 다음 생을 기다리는 것과 같습니다. 亥水는 인류에게 필요한 모든 물류가 모여서 교류가 행해지는 시장, 허브(hub)와 같습니다. 시장에서는 교류를 위한 모든 것이 관리되므로 巳火와 비슷한 양상을 보이나 亥水는 범위가 매우 방대하므로 巳火처럼 직접 경영에 가담하기보다는 연결자로서 전체의 흐름을 파악하는 업무가 본연의 임무입니다. 유통관리의 의미가 있고, 시장을 구축하는 일에 투입됩니다. 무역업 종사자는 물론이고, 오늘날 시장 중에서 가장 큰 시장은 온라인 시장이고, 亥水의 세계는 네트워크와 같으므로 온라인 세상을 구축하는 IT개발자도 종종 관찰됩니다. 亥水에는 사람도 모여 있어 무질서한 형상을 이룹니다. 그래서 인솔자의 임무도 주어지므로 통솔능력도 亥월생의 특기 중 하나입니다. 이때 丁火가 있으면 불빛을 들고 바른길을 찾아서 제대로 길 안내를 하나 그렇지 못하면 엉뚱한 길로 사람들을 인도하여 위험에 빠뜨릴 수 있습니다. 그래서 첨단 기술로 검색능력을 키우는 게 매우 중요합니다.

세상 모든 만물이 질서정연하게 정리되어 있지만, 너무 광범위해서 무엇이 어디에 있는지 찾을 방도가 없습니다. 그래도 이 세계에는 甲木의 질서가 존재합니다. 세상 모든 지식이 그곳에 있으나, 도서목록 전자시스템이 없으면 필요한 정보를 찾을 수 없는 대형 도서관과 같은 것이 亥水의 세계입니다. 그래서 기술 문명이 없으면 혼돈 그 자체입니다. 이 세계에는 없는 게 없으나, 경험이 많지 않으면 필요한 것을 찾지 못하여 오리무중 상태에 빠지게 됩니다. 이미 여러 차례 언급했듯이, 丁庚의 과학기술과 乙木의 다양한 경험이 있어야 亥水 속에서 길을 잃지 않습니다. 丙火의 태양 빛은 얕은 바닷속은 비출 수 있으나, 亥水처럼 깊은 심해 속까지는 닿지 못합니다. 탐험의 목적은 亥水 속의 甲木을 찾기 위해서고, 甲木은 사용설명서나 지도와 같습니다. 거래의 법칙, 인간관계 등, 물질세계에 필요한 모든 것이 甲木 안에 정리되어 있습니다. 그래서 亥월생이 甲木을 활성화하면 시장 논리를 깨우칩니다. 亥卯未삼합은 미래가치에 투자하기 위해서 재무제표를 보는 것과 같습니다. 亥월생인 지인은 癸卯년에 특허 소송에 개입되었는데, 유능한 변호인단을 꾸려 적극적으로 방어함으로써 미래가치를 확보하고 많은 경험치를 획득했습니다. 이 또한 亥卯未 효과로 볼 수 있습니다. 삼합이 오면 직접 몸을 움직여서 목적을 이뤄야 하므로 이동이 빈번하게 일어나고, 이에 더해 寅申巳亥 생지는 역마의 의미가 있으니 생지를 월지에 두고 삼합이 오면 출장 등의 이동이 빈번하게 일어납니다. 월지에 寅申巳亥 생지를 두면 리더십이 좋아서 따르는 사람이 많습니다. 그래서 寅申巳亥는 삼합을 이끄는 리더로서, 방향설정을 제대로 하지 않으면 자신의 재능 때문에 모두를 엉뚱한 길로 이끌 우려가 있습니다. 특히 亥水의 세계는 어둠이 짙게 깔려 있으므로 능력이 더 많이 요구됩니다.

전술했듯이, 중기는 삼합으로 깨워야 하고, 국이 투간해야 삼합의 재능을 살릴 수 있습니다. 요건을 전부 갖추지 못했다 해도 운을 활용하려면 둘 중 하나는 갖춰야 합니다. 중기의 음간이 투간하면 혼잡이라 좋지 않다고 배웠으나, 비견보다 겁재를 길신으로 보는 필자의 견해에선 음간 투간이 균형 발전에 더 좋다고 판단합니다. 亥월생은 천간에 乙木이 투간하면 전체가 보이는 지도를 쥐게 되나, 甲木이 투간하면 한쪽이 가려진 지도를 보고 길을 찾는 것과 같아서, 한쪽으로만 방향을 설정하게 됩니다. 이 경우 편협한 사고를 벗어나지 못하니 드넓은 亥水의 세계가 점점 좁아져서 진퇴양난의 상황을 맞이할 우려가 있습니다. 마찬가지로 寅木은 丁火, 申金은 癸水, 巳火는 辛金이 투간해야 능력이 좋습니다. 寅木에 丁火가 투간하면 丙火로 甲木을 크게 키우고 丁火로 실용성을 입히니, 인문에 실용기술을 접목하여 발전적입니다. 申金의 물질만능세계에서 癸水가 투간하면 壬水의 정보와 癸水의 사고력이 더해지니 수동적인 세상에서 벗어나 능동적인 길을 개척할 수 있습니다. 巳火의 辛金 투간은 경영능력을 갖춰야 하는 丙火가 이성적 사고와 감각적 사고를 조화롭게 갖추어 사람을 다루는 능력이 좋습니다. 亥월에는 丁庚이 원국의 필수 조건이고, 삼합이 운에서 조립될 때마다 시장 논리를 하나씩 깨쳐 나가니, 연륜이 쌓일수록 능력이 좋아집니다. 만약 亥월생이 丁庚이 없으면 시장 논리를 터득하지 못하여 실수가 잦아질 우려가 있습니다. 그래서 대운에서 丁火나 여름을 만나면 위에서 언급한 거래 기술들을 학습과 경험을 통해서 터득해야 합니다. 원국에서 갖지 못한 건 운이 왔을 때 피나는 노력에 의해서만 얻을 수 있다는 것을 명심 또 명심해야 합니다.

운에서 亥水를 만나면, 정보의 바다를 만나게 됩니다. 정보의 바다는 혼돈 상태와 같고 아무 불빛이나 따라가면 물상론에서 언급했듯이 초롱아귀의 먹이가 될 우려가 있으니 늘 조심해야 합니다. 거듭 강조하지만, 이때는 반드시 丁庚을 두어 첨단기술과 전문기술을 동원해서 길을 찾아야 합니다. 좀 헤매더라도 길만 잃지 않으면 보석을 찾을 수 있습니다. 전술했듯이, 필자의 경우 己亥년에 많은 이슈가 있었는데, 사회적 문제를 해결하는 과정에서 글쓰기 재능을 깨웠습니다. 子월생에게 甲木은 종이와 같으니 facebook에 생각을 적는 현상으로 나타났습니다. 이때 깨운 재능은 癸卯년에 집필의 기회를 잡을 수 있게 하였고, 丁未년에는 삼합을 완성하는 기회가 올 것입니다. 그리고 첫 집필의 경험은 향후 다른 관문을 여는 열쇠로 쓰일 것입니다. 甲木의 쓰임은 사주에 따라 다양하게 나타납니다.

지금까지 살펴본 것은 타고난 재능과 성격 등을 파악하는 [오행]입니다. 인간은 사회적 동물이므로 공동체를 형성하여 사회를 일궈가는데, [육신]은 우리가 어떤 수호신의 도움으로 이 사회의 일원으로 성장하는지를 알아보는 파트입니다. 오행과 육신을 조합해서 간명하는 걸 복식판단이라고 하며, 사주는 복식으로 판단해야 오류가 적습니다.

5장

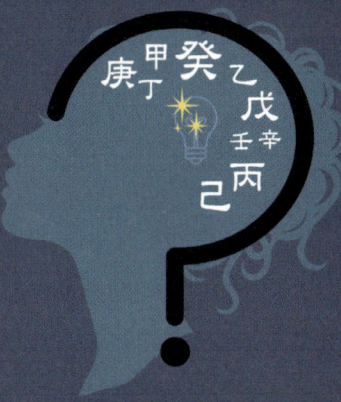

육신의
사회적 역할

1. 육신의 생화극제

육신(六神)은 오행의 사회적 역할을 살피는 파트입니다. 육신은 말 그대로 여섯 수호신이며, "자신"이라는 주체를 포함해서 비겁, 식상, 재성, 관성, 인성으로 구성되어 있습니다. 수호신들의 역할을 포괄적으로 보면, 비겁은 크기(scale), 식상은 행위(preparation), 재성은 동기와 목적(motivation), 관성은 절제와 통제(controlling), 인성은 개념과 정의(definition)입니다. 앞서 언급했듯이, 육신도 상통되어야 제구실을 합니다. 상통되지 않으면, 뜻은 있으나 뜻을 이룰 환경을 만나지 못하고, 습관적으로 행동은 하고 있으나 뜻이 없으니 계획을 세우지 않습니다. 운에서 상통을 이루면 환경을 만나고 계획을 세우니 때가 되면 재능이 활성화됩니다. 지장간이 운에서 활성화되면 갖고 있던 잠재력을 의도적으로 키우는 것이므로 운이 지난 후에도 능력이 유지가 되지만, 투출된 육신이 운에서 뿌리를 내리면, 운이 끝난 후에는 뜻을 이룰 환경이 사라지니 흐름을 잘 읽어야 합니다. 그러나 안타깝게도 꼭 운이 끝날 무렵에 사업을 확장하여 낭패를 봅니다. 대운에서 상통을 이루면 20~30년간 효력이 있지만, 세운에서 상통하면 2~3년간만 효력이 있으므로 그사이 자신의 능력을 충분히 깨우도록 노력해야 합니다. 비겁은 자신이 땅에 발을 붙이고 있어야 함께 땅으로 내려옵니다. 그래서 根이 없으면 원대한 꿈을 이룰 환경을 만나지 못합니다. 즉, 비겁은 자신을 도와주는 조력자와 같은데 자신이 활동할 환경이 없으면 당연히

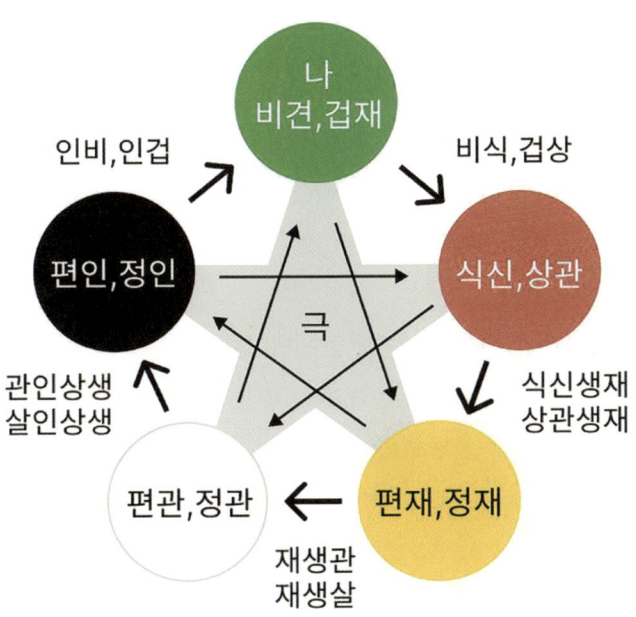

〈그림1. 육신의 생화극제〉

조력자도 상상 속에만 존재할 뿐, 실제 존재하지 않습니다. 그래서 無根 비겁 왕이 대운에서 근을 만나면 물 만난 물고기와 같습니다.

각자의 역할을 맡은 수호신(六神)은 운전대를 잡은 자신에게 다음과 같이 훈수를 둡니다.
비견은, 더 큰 자동차를 준비해서 모두 함께 길을 떠나자고 합니다.
겁재는, 우회전만 하지 말고 좌회전도 하라고 합니다. 정 힘들면 대신 운전할 테니 사용료를 내라 합니다.
정인은, 경치를 감상할 만한 좋은 길을 알고 있다고 합니다.

편인은, 빠르게 갈 수 있는 지름길을 알고 있다고 합니다.
식신은, 처리할 일이 있으면 뭐든 말하라고 합니다.
상관은, 운전을 좀 더 쉽게 할 방법을 연구하자 합니다.
정재는, 가는 길에 가격이 싼 주유소가 있으니 기름을 가득 넣고 가자고 합니다. 사은품도 잊지 말고 꼭 챙기고, 가성비 좋은 맛집은 들려야 돈 버는 것이랍니다.
편재는, 가는 길에 주워 담을 게 없는지 두리번거립니다.
정관은, 규정 속도를 준수하고 정해진 길로 가야 안전하다고 합니다.
편관은, 운전은 너의 의무이니 운전대 잘 잡고, 잔꾀를 부리면 殺을 날린다고 겁박합니다.

만약에 비견이 없다면 모두가 소일거리에만 만족할 것이며, 겁재가 없다면 모두가 한 면만 바라보니 다른 생각은 배척할 것이고, 식신이 없다면 열심히 땀 흘려 일하는 사람이 없을 것입니다. 상관이 없다면 고정관념을 타파한 혁신을 이룰 수 없을 것이고, 정재가 없다면 사람과 돈이 한데 뭉치지 않을 것이며, 편재가 없다면 도전하는 사람이 없을 것입니다. 정관이 없다면 안전한 공동체를 구성하는 자발적 시민의식이 없을 것이고, 편관이 없다면 사회적 통제가 없어 범죄가 난무할 것입니다. 정인이 없다면 사람과 사람 사이에 인정이 없을 것이며, 편인이 없다면 희생정신이 없는 세상에서 빛이 사라질 것입니다.

각 수호신은 혼자서는 제 임무를 수행할 능력이 없고, 〈그림1〉과 같이 생화극제해야 제구실을 합니다. 그리고 생(生)을 받아서 에너지가 채워지면 극(克)을 하여 원하는 걸 취(取)하면서 에너지를 소진합니다. 이 과정이 원활하게 순환되어야 균형 잡힌 삶을 살아갑니다. 에너지의 순환이 원활하지 않다는 건, 밥만 먹고 배설을 안 하거나 일만 하고 잠은 안 자는 것과 같습니다. 배우기만 하고 써먹지 않던가, 배우지는 않고 써먹기만 하거나, 의무는 지키지 않고 권리만 바랍니다. 이런 불균형이 계속되면 사회적 역할을 제대로 하지 못하여 사회적 지위를 박탈당하는 상황에 이르게 됩니다. 사회적 지위는 비단 대리, 과장, 부장 같은 직책만이 아니라, 부모, 자식, 친구, 배우자와 같은 모든 관계가 사회적 지위에 해당합니다. 모든 육신은 장단점을 가지고 있고, 생화극제를 통해서 다듬어집니다. 생화만 받으면 장점이 커지는 만큼 단점도 함께 커지고, 제화만 받으면 장단점이 함께 작아집니다. 생화와 제화를 함께 받으면, 장점은 살리고 단점은 제거됩니다. 이런 이유로 음양의 균형과 오행의 조화는 아무리 강조해도 부족합니다.

2. 재생관과 인아식상

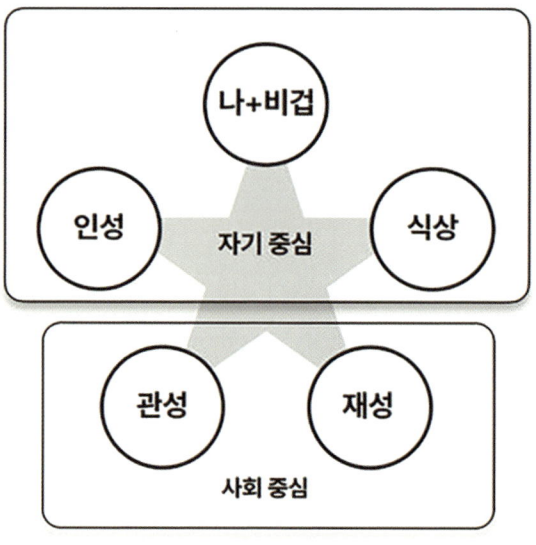

〈그림2. 육신의 관점〉

육신을 하나씩 살펴보기 전에, 이해를 돕기 위해서 먼저 육신의 역할을 전체적인 시각으로 살펴보고 넘어가도록 하겠습니다.

〈그림2〉에서 보듯이 재생관살은 사회공동체적 사고를 갖추게 합니다. 우리가 이루는 사회는 작게는 가정부터 크게는 지구촌까지 확대되며 그 속에서 각자의 역할을 통해 서로 어우러져 살아갑니다. 가정에서는 부모, 자식으로서 사회적 역할을 하고, 직장에서는 직책으로, 학교

에서는 학생의 신분으로, 사교모임에서는 친구의 역할이 사회적 역할에 해당합니다. 사주에 재생관이 되지 않으면 사회적 조화보다 자신의 개성이 우선시되므로 사회적 분위기와 맞지 않는 생각과 행동을 합니다. 사회적 동물인 인간은 자신을 향한 마음과 사회를 향한 마음이 적절하게 배합이 되었을 때 평정심을 유지하면서 살아갈 수 있습니다. 지나치게 자기중심적인 사람은 타인의 기분을 망치며, 지나치게 사회적인 사람은 타인의 시선을 지나치게 의식하여 자신의 기분을 망칩니다. 하지만 사주 원국에서 불균형을 타고났다고 해도 한창 활동하는 시기(30~60세)에 좋은 대운을 만나서 균형성장을 이룬다면, 성공한 인생을 살아갈 확률이 매우 높습니다. 그러므로 타고난 사주도 중요하지만, 대운의 흐름도 매우 중요합니다.

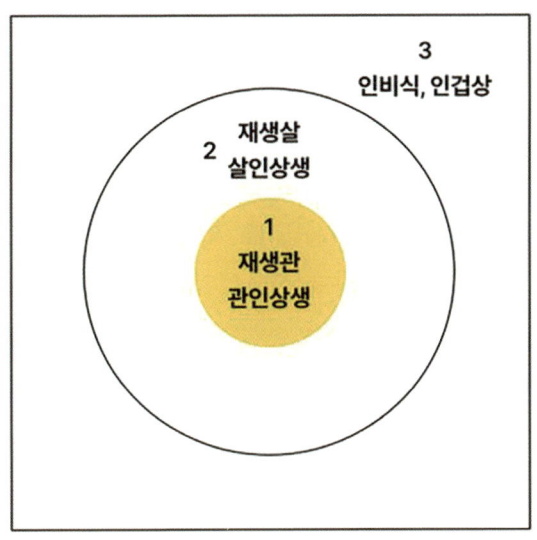

〈그림3. 사회 구성체계〉

사고에 균형이 잡힌 사람들은 자신의 사회적 역할에 충실하므로 조직에 조화롭게 융화되어 1, 2번 영역에서 살아갑니다. 1, 2번 영역은 이미 구축된 안정된 시스템이므로 3번에서 살아가는 사람들은 스스로 환경을 개척해야 하는 힘겨움이 따릅니다. 하지만, 스스로 환경을 개척하는 데 성공하고 재성을 쟁탈하는 쟁재까지 성공하면 사회의 틀 안에서 살아가는 사람들과는 비교도 안 되는 富를 거머쥐기도 합니다. 자기중심적 사고에서 사는 사람들은 생각의 틀 또한 자유분방하므로 예술가나 소설가, 연예인, 창작자 등의 프리랜서 직업군에 많이 분포되어 있습니다.

연구에 따르면, 창의성은 전두엽 활성을 통해 자기 내부(인아식상)에 숨긴 정보를 충분히 활용하는 것으로 발현된다고 합니다. 자기 내부를 향한 정보처리 능력을 상실하면 창의적 사고력이 떨어지고, 마음 이해의 중추 같은 사회적 자극(재생관살)을 처리하는 능력을 상실하면 오히려 창의적 사고력이 향상된다고 합니다. 즉, 사회적 고정관념을 버리면 창의성이 발현된다는 것이고, 창의성을 방해하는 요소는 재생관이라는 사회적 제도라는 것입니다. 그래서 일찍이 세계적인 선두를 달리는 구글 같은 대기업들은 창의적 사고를 위해서 일의 환경과 조직문화를 바꾸는 데 앞장섰고, 그 결과로 지금의 MZ 문화가 등장한 것으로 보입니다. 하지만, 창의성이 제대로 발현되려면 그 사회를 이해하는 틀을 갖추고 있어야 양질의 아이디어가 쏟아지는 것이므로, 재생관살 없이 발현되는 창의성은 마니아층을 형성할 수는 있겠지만 대중적인 인기를 끌기는 어려워 보입니다. 그래서 재생관과 인겁상이 생화극제하면서 팽팽한 줄다리기를 할 때 온전한 창의성이 발현됩니다.

〈그림3〉은 사회를 구성하는 구성체제로서 살아가는 방식에 해당하며

어느 게 더 좋다는 기준은 없습니다. 다만 3번에서 살아가는 사람 중에서 쟁재에 성공하여 풍요로운 삶을 누리는 사람은 소수에 불과하므로 나이가 들어감에 따라 1번의 틀 안에서 누리는 평범함을 동경하게 되는 것 같습니다. 또한, 육신은 성립요건을 갖추어야 활용이 되는데, 육신의 활용이 원활하지 않으면 더 나은 인생을 위해서 투자해야 할 시간을 무가치한 곳에 낭비하므로 미래가 불투명해집니다. 대부분의 3번은 육신이 한쪽으로 쏠려서 자신의 취향에만 집중하기 때문에 사회적 의무보다는 하고 싶은 것만 하면서 인생을 낭비할 우려가 있습니다. 그래서 중년 이후에는 1, 2번에서 평범하게 살아온 사람들이 사회적으로 더 대접을 받으면서 살아갑니다. 한편, 식상생재의 비중이 높으면 재능으로 살아가고, 재생관+관인상생의 비중이 높으면 사회적 신분으로 살아갑니다.

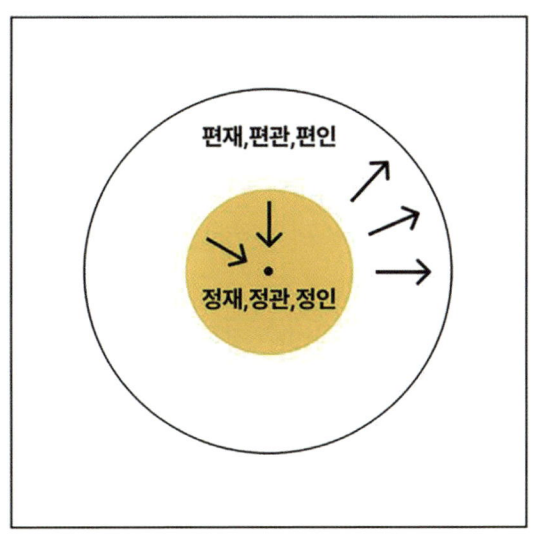

〈그림4. 정과 편〉

오행이 양과 음으로 나뉘었듯이, 육신은 정(正)과 편(偏)으로 나뉩니다. 자신이 음간이면 음오행이 편이고, 양오행은 정이 됩니다. 마찬가지로 자신이 양간이면 양오행은 편이고, 음오행은 정이 됩니다. 오행은 음과 양이 조화롭게 배합을 이루어야 쓰임이 생기지만, 육신은 정은 정끼리 편은 편끼리 사회적 역할을 할 때 일이 편하게 진행됩니다. 그리고 정과 편은 배척관계가 아니라 협력관계이므로 서로 융화할 때 조직이 발전하고, 융화가 깨지면 조직도 와해됩니다. 이것은 비단 회사에만 적용되는 게 아니라, 국제사회와 국가, 가정에도 적용됩니다.

정과 편이 지나치게 한쪽으로 쏠려 있으면 협력관계를 배척관계로 오인하여 타 조직을 경쟁상대로만 생각하게 되니, 조직에 충성한다는 명목으로 불통한 사람이 될 우려가 있습니다. 그래서 결정권이 있는 사람은 정과 편을 고루 갖춘 사람이어야 조직 간에 협력을 이끌어 대업을 이룰 수 있습니다. 한편, 정은 정끼리, 편은 편끼리 있지 않고 혼합이 되면 업무의 속성이 섞이게 됩니다. 이는 육체적, 정신적으로 힘들기는 하나, 시공간의 뒤틀림(spacetime curvature)과도 같아서 더 큰 중력파를 만들어 내니 주변에 미치는 파동에너지가 커집니다. 그만큼 영향력이 있는 사람으로 성장하는데, 이에 비겁이 있으면 질량이 더 커지므로 더 큰 파장을 일으키고 더 많은 것을 끌어당깁니다. 두 줄의 실을 꼬아서 잔털을 뽑아내는 실면도를 생각하면 이해가 빠릅니다. 실이 꼬이지 않으면 마찰력이 없으니 아무것도 끌어당길 수 없습니다. 정과 정, 편과 편은 업무의 단조로움으로 심신은 편안하나 큰 성장을 이루는 데 한계가 있습니다.

3. 正의 세계

정재, 정관, 정인은 正의 세계를 이루는 육신입니다. 正은 바르다, 정당하다, 옳다, 다스리다, 같다 등을 뜻하는 한자입니다. 제시된 뜻만으로도 그 이미지를 형상할 수 있습니다. 오랜 시간 해보니 이게 좋더라, 이게 맞더라, 이게 옳더라, 이게 바람직하다. 그러니 正의 규칙을 따라라. 따르기 싫다면 떠나라. 사회적 규범, 관습, 검증된 것, 획일한 것, 같은 것을 아름답다고 합니다.

正의 세계는 안전한 환경으로 우리를 보호하지만, 동시에 편안함에 안주하여 면역력을 떨어뜨립니다. 그러므로 맑은 날에는 비 오는 날을 대비하여 우산을 준비해야 한다는 것을 명심해야 합니다. 만약 준비 없이 운에서 흉신을 만나거나 전환기에 육신이 흉신으로 변하면 무방비 상태에서 비를 맞게 됩니다. 남들은 쉽게 이겨내는 약한 바이러스도 正의 세계에서 면역력이 떨어진 사람은 치명적인 타격을 입을 수 있습니다. 이 세상 그 누구도 평생을 正의 세계에서만 살아갈 수 있는 사람은 없습니다. 한편, 正의 세계를 이루는 방식은, 〈그림4〉처럼 중심으로 들어가고자 하며 그것이 출세의 척도입니다. 그래서 단계마다 좁은 문을 통과해야 더 중앙으로 들어갈 수 있습니다. 그러나 쟁취하고자 하는 욕구 또한 偏의 습성이니, 正의 세계에 산다고 하여 偏의 세계와 등을 지고 있으면 좁은 문을 통과하기가 어렵습니다.

4. 偏의 세계

편재, 편관, 편인은 偏의 세계를 이루는 육신입니다. 偏은 치우치다, 기울다, 편중되다라는 뜻을 가진 한자입니다. 역시 뜻만으로도 이미지를 형상할 수 있습니다. 偏은 한쪽으로 치우쳐져 있으므로 원을 이루지 못합니다. 正의 세계는 목표지점이 중앙에 자리 잡고 있지만, 偏의 세계는 목표지점이 외곽 라인에 있으므로 각자가 바라보는 방향에 따라서 목표가 달라지며 영역확장에 초점을 두고 있습니다. 범위가 아주 넓지만, 자신의 길은 한쪽만 바라보며 가는 외길이기에 앞만 보고 달려가는 경주마처럼 오히려 시야가 좁습니다. 그리고 각자가 가는 길이 다르기에 그곳에 적용되는 법도 다양하며, 전략이라는 명목하에 편법이 존재합니다. 다양함은 무질서를 만들어 내므로 偏의 세계에선 강제성을 띤 규칙, 즉 의무가 가장 중요합니다. 偏의 세계는 당근보다는 채찍을 주어 강인함을 길러주지만, 이런 생활이 오래 이어지면 스트레스로 인해 몸과 마음이 손상될 우려가 있습니다. 그래서 正과 偏의 균형, 즉 음양의 균형이 매우 중요합니다.

5. 그 외의 세계

무질서, 혼돈, 길이 없는 곳에서 길을 찾고자 하는 결핍된 사람들이 살아갑니다. 자의든, 타의든, 그러한 세계에 놓여 있습니다. 대운에서 재생관살을 이루거나, 전환기에 육신의 변화를 통해 正이나 偏의 세계에 합류하면 자신이 창조한 길의 선두주자가 될 수 있습니다. 결핍된 상태에서 좌충우돌하던 경험들은 새로운 세상을 창조할 때 자신만의 강력한 무기가 됩니다. 이 세상은 다 갖춘 사람들이 아니라, 결핍된 사람들에 의해서 진화합니다. 하지만, 이 경우도 적당한 결핍은 창조를 이뤄내지만, 결핍이 지나치면 운에서 끊긴 다리가 연결된다고 하여도 전체 순환을 이루지 못하니, 늘 채워지지 않은 상태로 공허함을 느낄 수 있습니다. 중년기에 대운을 잘 만나서 다리가 한 번에 연결되어 순환 구조를 이룬다면, 그 시기에 큰 발전을 이룰 수 있습니다. 다소 미련해 보이게 한 우물만 파던 사람이 대중의 눈에 발탁되어 인기와 명성을 얻는 경우를 예로 들 수 있습니다.

6. 재성과 관성

사회촉진(social facilitation) 현상은 집단 속에서 개인별로 수행하는 작업의 수행력이 개인이 홀로 하는 상황에서의 수행력보다 높게 나타나는 현상을 말합니다. 타인의 존재는 개인의 행동에 자극제가 됩니다. 사회적 행동은 목표 지향적이고, 사람과 상황 사이의 연속적 상호작용을 나타냅니다.

재성은 개인이고, 관성은 집단입니다. 재성의 관계는 나와 너이고, 관성의 관계는 그들과 우리입니다. 재생관, 재생살(이하 재생관살) 또는 관인상생, 살인상생(이하 관인상생)을 이루지 못하면 규칙이 없는 환경에서 살아가니 자유롭거나 소외됩니다. 재생관살은 사회적 관계로 묶인 걸 말하고, 관인상생은 정해진 규칙을 따르는 것을 말합니다. 그래서 지지에 안정적으로 자리하면 규범과 질서를 지키는 게 습관화되어 있습니다. 평범하게 사는 게 최고의 복이라는 말을 종종 듣는데, 재성과 관성의 크기가 비슷하고, 재생관살과 인아상도 비슷한 비율로 있으면, 뛰어나진 않지만 부족한 면도 없는 조화로운 사람입니다. 우리는 무의식적으로 단정하고 예의 바른 사람에게 눈길이 한 번 더 갑니다. 그래서 재생관살+관인상생이 잘 발달한 사람은 제도권에서 벗어나지 않도록 자기관리를 잘하므로 어디서나 대접받습니다. 타 육신은 대운에서 충족해도 무방하지만, 관성은 원국에 있어야 자기 절제와 사회적 책임의식이 습관화되기 때문에 원국에 있기를 권장합니다.

무(無)관성이 운에서 관성을 만나면, 자신의 행동을 제도권의 질서에 맞춰야 하는 상황을 맞이합니다. 오랜 시간을 자유분방하게 살아온 사람이 갑자기 사회적 틀에 자신을 맞춘다는 건 쉬운 일이 아니므로, 스트레스로 작용할 확률이 높습니다. 그러나 이때 자신의 태도를 점검하고 제도권에 맞는 행동을 익혀나가면 긍정적인 상황으로 자신을 데려갈 수 있습니다.

7. 격(格)에 관하여

격은 월지를 기준으로 정해집니다. 월지를 기준으로 정하는 이유는, 우리 인생은 직업에 따라서 거의 모든 것이 결정되기 때문입니다. 요즘은 MZ 문화가 직업의 관행을 많이 바꿔놓아서 직업과 사생활이 많이 분리되어 있지만, 직업이 사생활에 영향을 끼치지 않는 경우는 거의 없습니다. 흔히 말하는 직업병이라는 것은 직업 속에서 형성된 자신의 습관을 말하는데, 이렇듯 생각하고 말하고 보고 듣는 게 거의 모두 직업에 의해서 형성되고, 직업 활동을 하는 동안에 형성되는 인간관계에서 사회성을 배워가기 때문입니다.

격은 하늘이 내려준 의복(衣服)과 같습니다. 격에 따라서 사회적 역할이 있고 그에 맞는 옷차림이 그의 격이 됩니다. 정관격과 편관격은 절제, 통제, 체면, 명예 등의 의미가 있으며, 정관격은 자발적이고 편관격은 강제적이라는 차이가 있습니다. 심리학에서 아이의 행동을 교정하는 방법의 하나는, 공공장소에서 심하게 장난치고 뛰노는 남아에게 공공장소에 갈 때는 신사복을 입히는 것입니다. 그러면 아이는 신사 복장에 맞게 자기 자신을 스스로 제어하게 됩니다. 이처럼 옷이라는 건 단순히 몸을 가리는 천이나 패션이 아니라, 그 사람의 정신상태와 사회적 격(역할)을 보여주는 중요한 것입니다. 그래서 타인의 차림새를 보고 기분이 좋아지거나 눈살이 찌푸려지는 건 당연한 현상입니다. 정관격은 자발적으로 단정한 옷차림을 하고, 편관격은 행동에 제약이 생기는 의복으로 통제를 당합니다. 편관의 의복은 정관보다 더 격식을 차려야 하는 정장이나 제복 또는 특수 장비와 같은 불편한 것들입니다. 제복을 입기 위해서는 해군사관학교 등의 과정을 거쳐야 하고, 제복은 걸음걸이까지도 통제합니다. 그리고 품위 유지를 하지 않으면 제재를 당합니다. 법복(法服)을 입고 있을 때는 범법자에게 형량을 내리는 권한이 있지만, 그보다 먼저 자신을 헌법이라는 틀에 가둬야 합니다. 하지만 인간의 어리석음은 권한과 권력을 구별하지 못하고, 그 힘을 이용하여 통제영역을 벗어나기도 합니다. 청년에 자신을 제어한 대가로 법의 권한을 쥐게 된 관성격이 중년에 상관격이 된다면, 헌법을 개정하는 역할을 하거나, 반대로 법꾸라지가 될 수 있습니다. 반대로 청년에 상관격인 사람이 중년에 편관격이 된다면, 혁신을 이루어 유명세를 갖추고 사회적 시선 때문에 활동에 제약이 생기거나, 범법자가 되어 중년에 죄수복으로 통제를 당할 수도 있습니다. 모든 건 선택의 갈림길에서 어느 문을 여는지, 자신의 선택에 달려 있습니다.

편관격은 자신을 통제하는 옷을 입고 있는 것으로, 그 의복은 제복이나 고품격 장소에 어울리는 격식 있는 의복이 될 수도 있지만, 휠체어나 근육이 될 수도 있습니다. 편관격이 사고를 당하여 휠체어 신세를 지다가 불굴의 의지로 재활에 성공하여 근육 부자가 되고, 만인의 재활을 돕는 일을 하는 경우는 殺을 극복하여 힘으로 승화시키는 것에 해당합니다.

TPO(Time, Place, Occasion)는 때와 장소, 행사에 맞는 의상을 갖추는 것으로, TPO를 신경 쓰지 않는 사람은 재생관, 관인상생이 잘되지 않는다는 것을 알 수 있습니다. 필자는 선거 때 몇 차례 사전선거 참관인을 한 적이 있습니다. 사전선거는 금요일과 토요일에 이틀간 행해지는데, 양일간 사람들의 옷차림새가 확연하게 다른 것이 매우 흥미로웠습니다. 20~40대 젊은 사람들을 기준으로 보았을 때, 금요일은 대부분 편한 옷(심지어는 잠옷 차림)에 슬리퍼를 신고 오는 비중이 컸으나, 토요일은 단정한 옷차림으로 투표장을 찾은 비중이 컸습니다. 재생관, 관인상생을 잘 갖추면 공공 예절을 생활 속에서 익히니 토요일에 투표하는 직장인의 경우, 비록 쉬는 날이라 할지라도 공공장소에 갈 때는 옷차림을 신경 쓰는 것으로 보입니다.

8. 길신과 흉신

길신은 정재, 편재, 정관, 정인, 식신, 비견을 말하고, 흉신은 편관, 편인, 상관, 겁재를 말합니다. 어감상 길신은 좋게 느껴지고, 흉신은 흉하게 느껴지지만, 길흉의 문제가 아니라 당근과 채찍으로 이해하는 게 좋습니다. 갈 길이 먼 인생길에서 바른 궤도를 벗어날 때도 당근을 받으면 궤도에서 크게 이탈하지만, 채찍이 오면 궤도를 이탈하지 않고 앞으로 빠르게 성장할 수 있습니다. 길신과 흉신은 각자의 역할이 있을 뿐 좋고 나쁨이 없습니다.

사회적으로 매우 우려되는 건, 택일에 맞춰 제왕절개를 하는 경우가 매우 빈번하게 일어나는데 흉신을 나쁜 것으로 받아들여 길신으로만 구성할 경우, 당근만 줘서 키우니 아이들이 제대로 성장을 못 한다는 것입니다. 게다가 커뮤니티를 보면 입이 떡 벌어질 정도로 형편없는 택일을 받아온 사람들이 너무도 많아서 심히 우려스럽습니다. 앞서 서술했듯이, 불필요한 제왕절개를 하지 않을 것을 강력히 권유합니다. 한 사람의 타고나는 운명을 한낱 미성숙한 인간에게 맡긴다는 게 얼마나 위험한지를 알아야 합니다.

6장

육신(六神)의 특성

1. 비견과 겁재

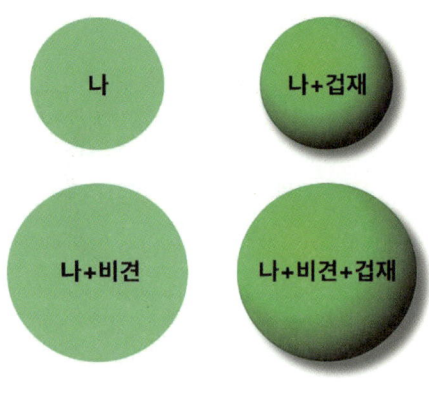

〈그림1. 나와 비겁〉

필자가 정의하는 비겁의 가장 큰 특징은 바로 〈그림1〉과 같이 그릇의 크기(scale)에 있습니다. 자신의 뿌리(根)는 차치하고 천간에 비견과 겁재가 있다는 것은 "품은 뜻이 크다."입니다.

"어떻게 늑대 새끼가 개 밑으로 들어갑니까?"
- 영화 〈타짜〉

품은 뜻이 크면 그에 합당한 능력을 갖춰야 하는데, 능력이 모자라면 하는 일마다 크게 벌이고 수습을 못 하는 난감한 상황에 빠지니, 사주

구성에 따라 극과 극을 달리는 것이 비겁왕(旺)입니다.
천간에 비견과 겁재가 모두 있다는 건, 네 글자 중 세 글자 이상을 같은 오행이 차지하고 있다는 것으로서 일을 진행할 때 타 육신은 신경 쓰지 않고 불도저처럼 거침이 없음을 나타냅니다. 또한, 다른 색을 압도하니 독불장군의 면모를 드러냅니다. 배합을 잘 갖춘다면 능력 면에서 사람을 당길 수 있는 큰 힘이 있으나, 자기주장이 강하여 친구로서는 매력이 없는 게 비겁왕입니다. 한편으론 큰 그릇을 채우느라 늘 시간이 모자라서 친구의 필요성을 느끼지 못할 수도 있습니다. 비겁왕은 한가지 오행의 특성이 두드러지게 나타나므로 오행에 따라서 성향도 크게 차이가 납니다.

> "행성의 자연적 상태는 운동이다.
> 별, 행성처럼 인간도 지속적으로 밀고 당김 속에 존재한다."
> – 알베르트 아인슈타인

태양의 주위를 도는 행성들은 중력에 의해서 궤도에 잡혀 있습니다. 아인슈타인의 [일반상대성 이론]은 질량을 가진 물체는 주변의 시공간을 휘게 만든다는 것으로, 태양처럼 큰 질량을 가진 물체가 있으면 그 주변의 시공간이 휘어져서 행성들이 그 곡선을 따라 움직이게 된다는 것입니다. 이를 "시공간의 곡률"이라고 합니다. 따라서 중력은 사실 물체들이 서로 당기는 힘이 아니라, 시공간이 휘어진 결과로 물체들이 그 경로를 따라서 움직이는 것이라는 이론입니다. 이는 질량이 크면 클수록 시공간의 곡률도 커지므로 더 많은 것을 끌어당길 수 있게 합니다. 인간의 정신 에너지도 중력을 가지고 있으며, 한 가지 목표에 신경을 쏟으면 에너지가 뻗어 나가면서 애초의 목표보다 더 큰 하나의 세계를 끌어오게 됩니다. 이는 "끌어당김의 법칙"과도 같습니다. 비겁왕은 머릿속이 한 가지 색으로 꽉 차 있으므로 목표를 달성하기 위해서 무서운 추진력을 보입니다. [육신변화론]적 시각으로 보면 연달아 40~80년을 오롯이 하나의 목표에 몰입한다는 뜻이고 그로 인해서 정신적 질량도 커지니, 계속해서 많은 것을 끌어당깁니다. 비겁왕은 자신의 확고한 신념으로 인해서 말에 힘이 있습니다. 특히 겁재는 음양의 균형으로 완전체를 이루니 사고력에 균형이 잡혀 신뢰감을 줍니다. 그러나 비겁왕은 자칫 타인에게 고압적인 태도로 비칠 수 있으니 늘 자신의 행동을 되짚어 보는 습관을 길러야 합니다. 한편, "끌어당김"을 오해하여 생각만 하면 이루어진다고 착각하는 안일한 사람이 있는데, 아무것도 하지 않으면 아무 일도 일어나지 않습니다. 이는 매우 당연한 이치이고 거듭 강조하지만, 자연은 꽃을 꺾는 자보다 아무것도 하지 않는 자에게 더 냉혹합니다.

하늘의 큰 뜻을 이루려면 땅의 뜻이 받쳐줘야 하므로 근이 있어야 하고 인성으로 큰 그릇을 차곡차곡 채워야 합니다. 인성으로 개념을 채우지 않으면, 큰 그릇에 쓸모없는 것들만 채워서 빈 깡통이 요란하다는 소리를 들을 우려가 있습니다. 채웠으면 실력을 내보여야 하므로 식상이 있어야 하고, 동기를 이끌 목적의식이 있어야 하므로 재성이 필요합니다. 관성이 없으면 사회적 통념에서 벗어난 행위를 하거나 법적 장치를 하지 않아서 공든 탑을 무너뜨릴 수 있으니 비겁의 능력을 백분 활용하려면 반드시 중용을 이뤄야 합니다. 그러나 아쉽게도 천간 네 자리 중에 세 자리를 이미 비겁이 차지하고 있으니 균형을 잡기가 매우 어렵습니다. 그래서 지지에서 비겁을 뒷받침해 줘야 하고, 대운도 제

때 들어와서 부족한 기운을 채워줘야 큰 뜻을 이룰 수 있습니다. 역학계에서는 비견을 길신으로 보고, 겁재를 흉신으로 분류하지만, 자아실현을 매우 중요하게 생각하는 필자의 관점에서는 그 반대로 보고 있습니다.

1) 비견

전통적으로 비견은 견줄 비(比), 어깨 견(肩)을 써서 '자신과 어깨를 나란히 한다.'라는 뜻으로 해석했습니다. 그래서 비견은 어깨동무를 나란히 하는 동지로, 필요할 때 기댈 수 있는 비빌 언덕이자 비교의 대상으로 인식했습니다. 과거에는 모든 일을 인력(人力)으로 해야 했기에, 크게 모아서 크게 나눠 갖는 품앗이의 개념을 비견의 가장 큰 장점으로 꼽았습니다. 그리고 오늘날은 첨단기술의 활용으로 개인이 많은 걸 혼자 처리할 수 있는 시대이므로 비견은 갖출 비(備)의 '갖추다'라는 의미로 더 많이 사용되고 있습니다. 비견왕은 무언가를 계획할 때 비견의 몫까지 영역을 넓혀서 생각하게 되므로 일을 크게 벌이는 특징이 있습니다. 그리고 일이 제대로 진행되지 않으면 장비 탓을 하므로 자신의 부족한 능력을 장비 효과로 대신하려고 합니다. 능력보다 큰 배포는 여러모로 단점으로 작용하지만, 실패를 거듭할수록 경험치가 쌓여서 좋은 운을 만났을 때, 좋은 결실의 단초가 되기도 합니다.

사람은 누구를 막론하고 자신의 눈높이에서 상대를 평가하므로 상대도 자신과 같은 능력치를 가졌을 것으로 착각합니다. 그래서 자신의 능력치가 낮으면 상대도 낮은 능력치를 가졌을 것으로 생각하고 능력치가 높으면 상대의 능력치도 높을 것으로 추측합니다. 특히 비견왕은 그런 성향이 더 크게 작용하므로, 자신의 능력만을 과대평가하는 게 아니라, 타인의 능력 또한 과대평가하기 때문에 타인에 대한 기대심리도 높습니다. 그래서 혼자 기대하고 혼자 실망하기를 반복하는 특성도 있습니다. 이러한 비견의 특성은 어떤 육신의 영향을 받는지에 따라서 장점으로 작용할 수도, 단점으로 작용할 수도 있으니 단순히 '비견은 길신이다.'라는 고정관념은 지양되어야 합니다. 자신이 좋은 아이디어를 갖고 사업을 시작한다고 할 때, 비견은 자신과 뜻을 함께하는 구성원이 됩니다. 하지만 만약에 자신이 사회를 어지럽히는 범죄를 저지른다면 비견은 함께 범죄를 저지르는 공범이 됩니다. 또 자신이 게을러서 아무것도 하지 않을 때는 비견 또한 아무것도 하지 않습니다. 이렇듯 비견은 '또 다른 나'이므로 자신의 행위에 따라서 역할이 달라지니 자신이 좋은 사람이면 비견도 좋은 사람이고, 자신이 나쁜 사람이면 비견도 나쁜 사람이 됩니다. 한마디로 유유상종 소리를 듣게 하는 것이 비견입니다. 또한, 비견이 있다는 것은 자신과 같은 의견, 즉 듣기 좋은 소리만 받아들인다는 뜻으로도 해석할 수도 있습니다. 이러한 성향이 크면 클수록 편협한 사고를 갖게 되어 자신과 다른 의견은 배척해 버리니 외골수의 기질을 강하게 드러냅니다.

필자는 오늘날 마약만큼 위험한 것을 가짜뉴스로 보고 있는데, 개인 미디어와 알고리즘으로 인해서 세뇌의 위험성이 매우 커지고 있습니다. 균형 있는 정보는 배제하고, 자신의 신념과 부합하는 정보만을 찾아서 스스로 세뇌하는 확증편향(confirmation)은 비견왕의 특징 중 하나입니다. 이러한 위험성은 편인의 생을 받으면 더욱 강화되므로 반드시 재생살로 제화가 함께 이루어져야 합니다. 그리고 겁재를 함께 두어 음양의 균형을 이루면 미처 생각하지 못했던 부분들도 고려해 사고에 균형이 잡힙니다.

군비쟁재(득비이재)란 자신과 비견이 재성을 취하기 위해서 함께 일을 도모하는 걸 말합니다. 특히 편재는 쟁취 욕이 강하므로 득비이재(得比理財)의 효과가 강해집니다. 편관이 있으면 비견이 의무를 나눠 짊어지는데, 만약 편관 없이 비견만 있다면 의무감이 배제된 관계로 볼 수 있습니다. 비견은 함께할 때는 조력자이지만, 능력이 없어 비견의 입맛을 맞추지 못하면 자신과 취향이 같으므로 경쟁자로 돌변하여 자신의 자리를 빼앗아 갈 수도 있습니다. 그러므로 비견과 함께 일을 도모할 때 가장 중요한 것은 편관입니다. 편관은 비견을 제화하여 자신의 한계를 직시하도록 하고, 일이 잘 풀려서 기고만장하면 바로 殺로 돌변하여 고개를 낮추는 법을 터득하게 합니다. 그래서 편관이 잘 발달한 사람은 겸손한 자세를 취하기 때문에 신뢰감을 줍니다. 더구나 의무감을 기본으로 장착하고 있으므로 근왕식신이 잘 받쳐준다면 자신의 임무를 소홀히 하지 않습니다. 이런 사람과는 누구나 사업 파트너가 되고 싶기에 비견이 함부로 경쟁하려고 하지 않습니다.

비견운을 만나면, 자신의 세계가 확장됩니다. 여행을 통하여 넓은 세상을 구경하기도 하고, 식신을 생해서 근면·성실한 태도를 갖추기도 합니다. 자신과 마음이 잘 맞는 사람이 생기든가, 함께 일을 구상하자는 제안이 들어오기도 합니다. 비견근과 위에서 설명한 여러 배합이 잘 맞아야 결과가 좋고 그렇지 못하면 좌충우돌하다가 낭패를 볼 수도 있습니다. 또한, 비견운이 오면 근거 없는 자신감이 생길 수 있으니, 자신의 한계를 잘 파악하는 게 무엇보다 중요하며, 자신의 사회적 역할을 잘 알고 일을 도모해야 한 단계 성장할 수 있습니다.

[육신변화론]의 시각으로 보면, 비견은 과거이거나 미래입니다. 비견 하나당 20년이므로, 만약 2개의 비견이 있다면 60년을 하나의 관점으로 세상을 바라보니 변함없이 한결같은 사람입니다. 변함없이 한결같은 사람은, 한편으로 보면 초지일관 변함없는 모습으로 한 분야의 고수이지만, 다른 면으로 보면 하나의 관점으로만 세상을 바라보니 앞뒤가 꽉 막힌 사람일 수도 있습니다. 인간은 때에 맞게 옷을 갈아입으며 변화 속에서 살아가야 발전이 있는데, 비견이 나란히 있을 때는 변화가 크지 않은 세상에서 살아가니 큰 발전도, 내적 균형성장도 이루지 못하고 정체된 인생을 살아갈 우려가 있습니다. 자신은 멈춰 있어도 세상은 변하므로 비견왕은 자신의 이런 현실을 직시해야 시대의 흐름에 융화될 수 있습니다. 우리는 자신의 모자람을 하나씩 알아차리면서 성숙한 인간으로 거듭나야 하는 출생의 의무를 갖고 있습니다.

2) 겁재

겁재(劫財)는 같은 오행이지만 다른 음양으로, 자신이 양(陽)이면 겁재는 음(陰)입니다. 전통적인 의미로 겁재는 '재물을 겁탈한다.'라는 뜻으로 흉신으로 분류됩니다. 그러나 겁재는 필자가 가장 중요하게 여기는 균형의 첫 번째 조건으로 필자의 관점에서는 겁재를 매우 귀중한 육신으로 판단합니다.

악마의 대변인(devil's advocate) 효과는 비판적 사고력을 키우기 위해서 스스로 반대의견을 제시함으로써, 편향적 사고를 줄이는 것을 말합니다. 겁재는 이 같은 역할을 하는 육신으로, 〈그림1〉처럼 자신과 비견이 동전의 앞면만 보면서 살아간다면, 겁재는 뒷면까지 살필 수 있으므로 전체를 보는 입체적인 시각을 갖추게 합니다. 음에게 양은 반대쪽이 아니라, 완성을 의미하므로 겁재는 완성을 위한 나머지 반쪽이고, 자신이 할 수 없는 것을 채워서 완성해 주는 조력자와 같으며 사회적으로는 전문가를 의미합니다.

자신이 만약 소송에 개입되었다고 할 때, 함께 협력하는 육신이 비견이라면, 겁재는 고용된 변호사와 같습니다. 일을 대신 해주고 대가를 취해 가는 전문가로서, 천간에 겁재가 있다면 전문가를 영입하는 실력이 좋습니다. 그러나, 지지에 겁재가 없다면 대리인이 실제 환경에는 존재하지 않는다는 문제가 있습니다. 그래서 정당한 대가를 지급해도 부실한 결과물이 따라옵니다. 운에서 겁재 근을 만나면 실력이 좋은 전문가를 만날 수 있는 운이 주어지므로 운을 잘 활용해야 합니다. 일회성 단기 프로젝트는 월운이나 세운만으로도 효과를 보지만, 꾸준히 업데이트가 필요한 작업이라면 대운을 만나야 합니다. 천간에 겁재가 없는 사람은 자기 능력 범위에서 가능한 것만 계획하지만, 겁재가 있는 사람은 자신의 능력 밖의 일도 전문가를 고용해서 계획을 실행하고자 합니다. 그렇게 계속해서 전문가의 영역까지 맛보며 다양한 경험을 하게 되니 시야가 계속 확장되고, 운을 잘 만나면 비약적인 성장을 이루게 하는 매우 좋은 육신입니다.

천간에 비겁과 인성을 두면 큰 그릇을 채우느라 늘 시간이 부족하므로 겁재는 돈으로 시간을 사고자 합니다. 예를 들어, 이동 중에도 건설적인 일을 해야 하므로, 운전기사를 두거나, 택시를 이용하여 일할 시간을 확보합니다. 그래서 겁재를 잘 활용하려면 금 권력이 준비돼 있어야 합니다. 이런 긍정적인 특성이 나타나려면 인성으로 신왕해야 하며, 재생관의 제화를 받아야 합니다.

겁재왕이 천간에 재성을 두면 더 큰 부(富)를 창출하는 군겁쟁재를 할 수 있습니다. 군겁쟁재를 할 때는 반드시 인성도 천간에 있어야 하는데, 비겁왕일 경우에는 인성이 들어갈 자리가 없습니다. 그래서 이때는 반드시 대운에서 천간 인성운을 만나야 합니다. 인성이 없는 상태로 군겁쟁재를 하면, 방법을 몰라서 좌충우돌하다가 전문가 비용만 지급하는 손해를 보게 됩니다. 또한 재생관살이 없으면 비전문가와 구두계약으로 일을 진행하다가 시간과 돈을 잃는 일이 발생합니다. 이는 직업윤리와 의무감이 배제된 협업이므로, 일의 방향이 순조롭지 못하면 겁재는 언제든지 발을 빼버립니다. 아무리 좋은 계획이라도 식상이 없어 전문가에게 자신의 계획을 설명할 줄 모르면 배가 길을 잃고 헤매게 되니, 이 또한 시간과 돈을 낭비하게 됩니다. 단점보다 장점이 훨씬 많은 겁재가 흉신으로 분류되는 이유는 겁재를 잘 다룰 수 있는 배합을 가진 사람이 소수에 불과하기 때문일 것입니다.

한편, 겁재는 자신이 보지 못하는 등 뒤의 상황을 설명해 주는 육신이므로, 자아실현에 매우 중요한 육신이지만, 성찰의 자세를 지니지 못한 사람은 겁재의 조언을 반대의견이나, 잔소리로 받아들여 나쁜 육신으로 인식합니다. 그래서 맞장구쳐 주지 않는 남편을 남의 편으로 인식하고, 베풀어야 할 의무를 빼앗는 것으로 인지합니다.

겁재운이 오면, 균형을 완성하는 반대쪽 차원의 문이 열립니다. 사주에 겁재가 있다면 겁재의 세계가 확장되고, 없으면 경험해 본 적이 없는 새로운 세상을 만나서 생각에 균형이 잡힙니다. 배합이 좋으면 사고력이 확대되어 그릇이 커지지만, 그렇지 못하면 균형을 맞추기 위한 조언을 지적질로 받아들여 스트레스로 작용할 수 있습니다. 이 경우 사사건건 자신에게 지적질이 들어오니 세상이 자신을 미워하는 것 같아서 스트레스가 쌓입니다. 겁재운은 안 보이는 곳도 살펴서 균형을 이루라고 경고의 메시지를 보내는 것이므로, 그 경고를 무시하면 다가오는 편관 운에 殺을 맞을 수도 있습니다. 인성이 있으면 개념을 세우고 상황을 살피니 역지사지가 되고, 재생관의 제화를 받으면 사회적 주인의식을 장착해서 자신의 능력을 사회에 환원하는 데 인색하지 않습니다. 그래서 이때는 타인의 처지에서 생각해 보는 역지사지를 해야 길합니다.

자신과 겁재가 나란히 있을 때, 20년은 음의 관점에서, 20년은 양의 관점에서 세상을 바라보며 살아갑니다. 청년에 정관격이라면, 중년에는 편관격으로 세상을 살아가게 됩니다. 이는 단순히 격만 바뀌는 게 아니라, 모든 육신이 바뀌는 것으로서, 만약에 육신들이 길신으로 구성되어 있다면, 그다음 20년은 흉신으로 구성된 삶을 살아가게 됩니다. 그래서 길신들의 보호를 받을 때, 세월을 헛되이 보내지 말고 열심히 능력을 키워서 다가올 미래를 대비해야 합니다. 능력을 열심히 키워서 대비를 잘했을 때 편관을 만나면 권력이 되지만, 그 반대의 경우는 살(殺)이 되어 자신을 억압합니다.

2. 정재와 편재

재성은 소유욕을 말하고, 소유욕이 있어야 목적의식이 생깁니다. 소유욕에는 물질(금전)욕구, 애정욕구, 인정욕구, 자아실현욕구, 명예욕구, 결핍욕구 등이 있으며, 사주에 재성이 없거나 힘이 약하면 소유욕이 크지 않아서 작은 것에 만족하면서 살아갑니다. 공직에 있는 사람이라면 청백리와 같지만, 평범한 사람은 노력이 부족한 삶을 사는 사람일 수 있습니다. 오행의 속성으로 재성이 金이면 물질 소유욕이 우선이고, 木이면 인정욕이나 명예욕이 우선입니다. 하지만, 富를 갖추면 사람이 붙는다는 것과 배움을 통해서 인정을 받으면 재력도 따라온다는 것은 모두 한 끗 차이이므로 재성의 소유욕은 결국 한곳으로 귀결됩니다. 재성의 크기는 자신의 그릇 크기에 맞춰서 작거나 같아야 자신의 것으로 만들 수 있습니다. 만약 크기가 지나치게 크다면 허황한 소유욕을 일으켜서 감당하지도 못할 일들을 벌여놓고 그 크기에 압도당하고 짓눌려서 점점 자신이 쇠약해집니다. 이를 일컬어 재다신약(財多身弱)이라고 합니다. 자신의 능력보다 큰 욕심을 부리는 건 탐욕이며, 탐욕은 결국 파멸의 길로 인도합니다. 예로부터 재성은 천간에 있으면 빼앗기므로 지장간에 있기를 권장했는데, 많이 벌어서 잘 쓰고 더 많이 베풀기를 바라는 필자의 기준에서는 천간과 지장간에 상통되는 것을 권장합니다. 재성이 투출되어 있으면 가진 것도 없이 겉치레에 집중하니, 재물이 모이지 않고 공중으로 흩어집니다. 주역에서는 큰 부자는 하늘

이 내린다고 하였는데, 자수성가로 큰 부자가 되려면,

첫째, 근으로 체력과 근성, 배짱이 두둑해야 합니다.

둘째, 천간과 지장간에 재성이 상통되어야 합니다.

셋째, 재성을 취할 방법을 알려줄 인성이 상통되어야 합니다.

넷째, 식상으로 능력을 직접 활용할 수 있어야 합니다.

다섯째, 비겁으로 큰 그릇과 조력자가 있어야 합니다.

여섯째, 관성으로 법적 장치를 제대로 해서 재물이 새어 나가는 것을 방지해야 합니다.

이렇게 자수성가로 재력가가 되는 조건은 매우 까다롭기에 누구나 큰 부자가 될 수 있는 건 아닙니다. 그리고 원국의 단 8개의 글자로 위의 조건을 전부 갖추는 것도 거의 불가능에 가깝습니다. 그래서 부족한 글자는 대운에서 채워야 하므로 대운의 흐름 또한 잘 타고나야 합니다. 모든 조건을 잘 타고났다고 하여도 운이 너무 일찍 당도하면 인격이 부족하여 재물을 지키기가 어렵고, 너무 늦게 당도하면 체력이 부족해서 활동 반경이 줄어드니, 인격과 체력을 모두 가진 중년에 운이 오면 결실을 보기가 좋습니다. 또한, 큰 재물을 모았더라도 선행을 하지 않고 오히려 남에게 해를 입히거나 자신의 안위만을 위해서 사용하면 돈독에 의해서 해를 입게 됩니다. 받을 복이 없는 사람은 만인을 이롭게 하는 것에 인색하고, 받을 복이 많은 사람은 이타심을 발휘하여 만인을 이롭게 합니다. 그래서 하늘의 운이 열릴 때 첫 번째로 나타나는 징조는, 베풀고자 하는 마음이 생깁니다. 그 기운이 땅의 운과 만나면 실천을 하게 되며 덕(德)이 쌓이기 시작합니다. 덕을 쌓는 방법 중에 가장 쉬운 건, 자신의 에너지를 나눠주는 것, 즉 기부입니다. 평소 기부를 생활화하는 사람은 기적처럼 좋은 일을 자주 마주합니다. 기적을 일으키는 힘은 기도나 구원 의식에 있지 않고 우리 내면에 있으며, 자연의 법칙을 따르면 좋은 에너지를 관리하는 수호신의 도움을 받습니다. 곤충의 세계나 동물의 세계에선 그들의 법칙이 있고, 인간 세계에선 인간의 도리가 자연의 법칙입니다.

기부할 때 주의할 점은, 자신이 기부한 돈이 부정한 곳으로 흘러들어 세상에 해악을 끼친다면, 자신도 공범이 되어 악업을 쌓는 것이므로, 회계가 투명하고 검증된 단체에 하는 것이 매우 중요합니다. 자산투자도 분산하듯이, 기부나 후원도 국내, 해외, 환경 등 분산 기부를 하면 위험을 줄일 수 있습니다. 많은 에너지를 가진 사람이 그 힘으로 만인을 이롭게 하지 않으면 언젠가 물거품처럼 다 사라지게 되어있습니다. 많은 것을 가진 사람은 의무도 많기 때문입니다. 기본적으로 재성, 관성, 인성이 조화로운 사람은 원천 징수로 세금을 잘 내기 때문에 자기도 모르는 사이에 만인에게 혜택을 주는 사람들입니다. 물론 세금이 공공의 이익에 쓰이지 않고 개인의 뒷주머니로 들어간다면 연대책임을 물어야 합니다. 사회나 정치에 관심을 두고, 투표를 잘해야 하는 이유가 여기에 있습니다. 한편, 안으로 향하는 正과 밖으로 향하는 성질의 偏은 재성에서 그 차이점이 두드러지게 나타납니다.

1) 정재

재산을 불리는 방법은 적극적인 벌이 활동과 알뜰살뜰하게 저축하는 것으로 두 가지가 있습니다. 정재는 고정수입을 알뜰하게 저축하고 융통해서 조금씩 재산을 불려나가는 것으로 전형적인 직장인의 모습을 연상할 수 있습니다. 과거에는 여자는 남편의 보호 아래, 남자는 조직의 보호 아래에서 안정적인 생활을 영위하는 것을 최고로 보았기에, 울타리 안으로 들어가고자 하는 정재의 의지를 높게 샀습니다. 그러나 오늘날의 우리는 도전의식을 높게 사는 세상에서 살고 있으므로 더는 정재의 방식이 높게 평가되지는 않습니다. 오늘날의 사회를 구성하는 MZ세대는 회사를 자신의 능력을 써먹고 언제든지 버릴 수 있는 존재로 인식하기 때문에 예전처럼 강한 소속감이나 충성심을 품지 않습니다. 물론 모두가 그렇지는 않지만, 소수의 목소리가 높아져서 다수가 물드는 현상은 어느 시대를 막론하고 유행을 선도하며, 직장문화도 서양의 시스템을 빠르게 따라가니 인식의 꾸준한 변화가 일어납니다. 업무시간에는 업무에 충실하고, 사적인 시간에는 업무 연락을 차단하는 문화가 기성세대에게는 다소 못마땅하게 여겨졌으나, 지금은 자리가 잡혀서 오히려 업무의 효율성을 높인다는 평가를 받습니다. 사적 시간이 많아지면서 더 많은 재능을 키울 시도도 늘어나므로, 개개인의 능력 차이를 더 크게 만듭니다. 그래서 취직했다고 안일한 태도를 보이면 사람과의 경쟁에서 밀리고 AI에게 자리를 빼앗길 수 있으니, 꾸준한 자기계발이 필요합니다. 경쟁이 심화한 사회는 바람직하지 않지만, 적당한 경쟁은 개인과 사회의 균형 발전에 크게 이바지합니다. 노력하지 않고 잘 먹고 잘살 수 있는 유토피아는 말 그대로 어디에도 존재하지 않으며, 이 세상은 성장을 위해서 창조된 곳이므로 바람직하지도 않습니다.

조직사회, 특히 아시아권의 조직사회에서는 개인의 능력은 차치하고 눈치 없이 개성을 맘껏 드러내면 모난 돌이 되어 정을 맞게 되므로 대세에 몸을 맡겨 살아남는 방식을 택하게 됩니다. 그렇게 살아남기 위해서 줄어드는 능력치는 고정값이 되므로 안정적일지는 모르나, 장기적으로 보았을 때 능력의 큰 손실이 아닐 수 없습니다. 그래서 한국 기업은 '인재를 데려와서 둔재로 만든다.'는 우스갯소리가 들리나 봅니다. 이런 사회적 현상을 볼 때, MZ세대의 변화된 움직임은 한국 사회에 만연한 부작용을 제거하는 초석이 되는 것 같습니다. 시야가 안으로 향하는 정재는 월급처럼 일정하게 들어온 재화를 알뜰하게 계획해서 사용하고 저축하고 융통해서 재물을 조금씩 불려가는 살림꾼입니다. 그래서 조강지처로 비유됩니다. 자금을 잘 융통하는 정재는 재리에 밝아 재테크에도 뛰어난 소질을 보이는데, 이러한 장점을 잘 살려서 재산을 불리려면 일단, 자산을 보호할 법적 장치가 필요하므로 관성이 있어야 합니다. 정재가 운용하는 돈은 고정수입에서 발생하므로 벌이를 하는 식상이 있어야 합니다. 건물주가 거둬들이는 임대료 또한 고정수입이므로, 정재가 융통하는 금전은 절대 적은 돈을 말하는 것이 아닙니다. 건물주가 되려면 법적 보호를 받아야 하므로 역시 관성이 필요합니다. 정재는 어떻게 버는지보다 어떻게 모으는지가 중요하므로 식상보다 관성이 더 중요합니다.

한편, 편승효과(bandwagon effect)란 군중심리에 의해서 비판 없이 수용하는 것, 한마디로 대세를 따르는 심리를 말하며 경제학에서는 모방 소비와 충동 구매를 편승효과의 대표적인 특징으로 봅니다. 사주에 정재가 강하면, 대세를 따르는 심리가 발동하여 유행에 민감하고, 대세를 따르지 않으면 자신만 도태되는 것 같은 불안감을 느낍니다. 공부를 못해도 남들 다 가는 대학은 가야 하고, 결혼적령기에 결혼해야 하고, 결혼했으면 아이는 꼭 낳아야 하고, 집도 사회적 기준에 맞춰서 장만해야 합니다. 남들 하는 거 다 해보면서 평범하게 사는 것을 행복한 삶이라고 생각하며, 대세가 바뀌면 또 그 대세에 발맞춰 나가는 게 정재의 특성입니다. 소셜미디어, 골프, 주식 등, 별 관심이 없다가도 주변에서 하기 시작하면 함께하려는 경향이 있습니다. 정재는 내부인(insider)의 삶을 지향합니다. 형편이 안 돼서 아웃사이더의 길을 걷게 되면 불안해지나, 인겁이 정재를 제화해서 정인을 구하면 이러한 현상이 줄어듭니다. 즉, 생화극제를 잘 받은 정재는 살림꾼으로 안정된 환경을 구축해 나가고, 그렇지 못한 정재는 타인의 시선을 지나치게 의식해서 단점을 키웁니다. 경제가 작동하는 원리를 제대로 이해하지 못한 채로 제로섬게임(zero-sum)에 참가하면 결국 패자가 되어 모든 것을 잃게 되니 상관생재를 할 때도 반드시 관인상생이 되어야 합니다.

格이라는 건, 사회적 역할을 말하므로 격이 튼튼해야 사회적 역할을 온전히 해나갑니다. 격이 튼튼하다는 건, 상신과 구신을 잘 갖춘 것을 말하며 상신은 격을 생해주는 육신이고, 구신은 격이 생하는 육신입니다. 구신은 격기신을 제화하고 격을 구한다고 하여 구신이라고 부르며, 구신운이 오면 격을 구한 공로가 인정되어 한 단계 사회적 성장을 이룹니다. 물론 격을 구해야 인정을 받으며, 격을 구하는 노력을 하지 않으면 오히려 한 단계 퇴보할 수도 있습니다. 상신으로 격을 생화하여 튼튼하게 하고, 구신으로 격을 한 번 더 굳건하게 하면 사회적 역할을 온전하게 수행할 수 있는 기본환경이 갖춰집니다. 격과 상신, 구신에 관한 것도 [더큼학당]에서 배우실 수 있습니다.
링겔만 효과(Ringelmann Effect)는 팀의 크기가 커질수록 개인의 성과가 떨어지는 현상을 말하는데, 이는 그룹 작업을 할 때 개인이 노력을 덜 기울이는 현상이며, 사회적 태만(social loafing)이라고도 부릅니다. 이런 사회적 부작용을 해결하기 위해서 아마존 창립자 제프 베저스(Jeff Bezos)는 '피자 두 판의 법칙'을 만들었고, 이는 한 팀의 크기는 두 판의 피자로 모두가 충분히 먹을 수 있을 만큼 작아야 한다는 법칙입니다. 이 법칙은 세계적으로 기업문화에 많은 영향을 미쳐서 업무의 효율성을 높이고 있다고 합니다.

정재격은 식상의 생을 받아서 실무능력을 갖추고, 관성을 생하여 제도권 안으로 흡수됩니다. 정관조직의 매뉴얼(manual)을 쥐고 있는 육신은 정인이므로, 정인이 있어야 규칙을 위반하지 않는 범위에서 융통성을 발휘하며 능동적으로 일을 처리할 수 있습니다. 만약 정인이 없다면 매뉴얼을 숙지하지 못하여 익숙한 자신의 업무 외에는 하지 않으려는 수동적인 자세를 취하게 되니, 사회적 태만에 빠질 우려가 있습니다. 구신 정관이 겁재를 제화하여 정재를 구하면, 조직이라는 이름으로 영입된 전문가들과 협업을 이루게 되고, 인겁으로 정재를 제화하여 정재의 단점을 제거하고 더욱 신왕 해집니다. 이러한 작용은 자신의 업무에만 매몰되지 않고 동료의 업무도 어느 정도 파악을 하여 협업을 이루는 긍정적인 현상으로 발휘됩니다. 협업을 이루는 과정에서 반대쪽 상황까지 고려하니 아이디어가 샘솟고, 이내 창의성을 인정받아 조직에서 탄탄대로를 걷게 됩니다. 정재격은 향후 발생하는 위험부담을 지지 않으려면 정관의 규칙에 따라서 보수적으로 일을 진행해야 하므로, 공격적인 마케팅으로 일을 진행하려는 편재와는 불편한 관계에 놓여 있습니다. 이에 인겁의 음양을 두루 살피는 시야는 반대쪽의 상황까지 고려하니 유연한 사고력을 발휘하여 잡음을 최소화합니다.

정재격은 안 살림을 잘해서 조직을 안정감 있게 유지해야 하는 책임이 있습니다. 그래서 관인상생으로 신왕해야 가정이나 사회라는 조직에서 하나의 구성원으로 잘 성장합니다. 만약 사주에 관성이 없으면 조직과 규칙이 없다는 뜻이 되므로, 쓸모없는 정인을 능멸합니다. 이는 실제로 조직이 없는 게 아니라, 자신이 몸담은 조직의 존재를 인식하지 못한다는 뜻입니다. 이는 책임의식의 결여로, 가정에서는 살림은 안 하고 자신의 권리만 주장하는 모습과 같고, 직장에서는 업무에는 소홀하고 주식 창만 쳐다보고 있는 모습과도 같아서, 종국에는 정재의 기능을 상실하여 조직에서 퇴출당하는 사태가 발생할 수 있습니다. 이를 '재극인'이라고 하는데, 정관이 없는 경우에 발생합니다. 한편 비견은 편협한 사고로 인해서 텃새, 아집, 공치사 등의 여러 가지 불협화음을 만들어 낼 수 있으므로 협업을 위주로 돌아가는 정관조직에서는 반갑지 않은 육신입니다.

2) 편재

정재가 살림꾼이라면 편재는 사냥꾼입니다. 정재가 조직이 무너지지 않게 안 살림을 도맡아 하는 육신이라면, 편재는 조직의 부강을 위해 사냥터로 나가는 육신입니다. 정재가 알뜰하게 재산을 축적하는 것에 관심이 있다면, 편재는 더 벌어서 많이 쓰고자 합니다. 배합이 좋다는 가정하에서 정재는 재물이 차곡차곡 쌓이지만, 편재는 정재처럼 알뜰한 타입은 아니므로 재물이 쌓이는 건 별개의 문제입니다. 여성의 사회적 역할이 저평가되던 과거에는 남편이 벌어오는 수입으로 살림을 잘하는 정재를 좋은 아내감으로 여겼지만, 여성의 사회적 활동이 당연시

되는 오늘날에는 사회경쟁력을 갖춘 편재의 인기가 매우 좋습니다. 그래서 편재보다 정재를 좋은 아내감으로 보는 시각은 시대착오적인 발상으로 볼 수 있습니다. 그러나 필자의 보수적 시각에서는 가정을 꾸린 여성에겐 아이와 남편이 다 자랄 때까지는 편재보다 정재가 더 필요하다고 봅니다. 시야가 밖으로 향한 편재의 레이더망에는 수익으로 이어질 보장은 없지만, 사업 아이템이 자주 포착됩니다. 특히 글로벌 국제시장은 편재에게 블루오션이므로 성장할 기회가 늘 열려 있습니다. 편재는 목표물을 발견하면 빠르게 전진하는 성질이 있으므로 안전이 우선인 정관의 규칙보다는 안 되면 되게 하는 의무감을 요구하는 편관과 결이 맞습니다. 정재와 편관이 짝이 될 경우는 영업부에서 내근직을 하는 것과 같고, 군대의 행정병과 같다고 볼 수 있습니다. 편재와 정관이 짝이 될 경우, 정관조직에 몸을 담고 있으나 외근이나 파견근무를 주로 하는 경우로 볼 수 있습니다. 편재는 비식의 생화를 받아서 강해지고, 인비의 제화를 받아서 전략적 사고를 갖추고 무모하게 전진하는 단점을 제거합니다. 그 후에 편관을 생하면, 큰 조직에서 유능한 인재로 성장할 수 있습니다.

편재를 운에서 만나면 쟁취욕이 생기니, 목표달성을 위해서 장애물을 제거하고자 합니다. 그래서 편재운에는 자신의 나쁜 습관부터 고치려는 의지를 갖게 되나, 이 또한 무언가를 하고자 하는 의지가 충만한 사람만 긍정적인 상황으로 이어질 수 있습니다. 편재운에 생산성을 갖추고 성장하려면 직접 움직여야 하므로 근왕 식상으로 근성이 미리 준비되어 있어야 합니다.

편재격의 상신은 식신이고, 구신은 편관입니다. 상신이 있으면 편재의 무대가 이미 마련되어 있지만, 그렇지 않으면 직접 무대를 만들어야 합니다. 식신의 생을 받으면 미리 준비한 자격을 갖추고 경쟁에 뛰어들지만, 상관의 생을 받으면 틈새시장을 파고드는 방식으로 이익을 쟁취하고자 합니다. 상관으로 편재를 생할 때 무관성이면 도의에 어긋나는 행위를 할 수 있으니, 매사 자신이 행한 일을 뒤돌아보는 습관을 지녀야 합니다. 과거에는 근면·성실을 매우 강조하는 시대였기에 식신생재를 유능하게 보았으나, 오늘날에는 상관의 영리한 방식이 더 경쟁력이 있습니다. 하지만 편재가 편관과 짝을 이루면 근면·성실이 기본이 되어야 하므로 상관은 독이 될 수 있습니다. 이는 음간과 양간의 차이가 있으므로, 뒤에서 다루도록 하겠습니다. 편관의 시스템은 성의 외곽을 지키는 군대와 같으므로, 편관이 무너지면 정관도 무너지고, 정관이 무너지면 편관도 무너집니다. 그러므로 어느 조직이든 정관과 편관의 균형은 매우 중요합니다. 정과 편은 배척하는 관계가 아니라 각자의 분야에서 활동하고 협력하며 하나의 더 큰 조직을 이루는 관계입니다.

재생관이 총무팀, 인사팀, 설계팀에 속한다면, 재생살은 홍보마케팅팀, 영업팀에 속합니다. 정재가 업무분담과 협업으로 일을 한다면, 편재는 적자생존의 경쟁방식으로 살아가므로 개인의 능력치를 최대로 끌어올려야 합니다.

3. 정관과 편관

관성은 모래알 같은 개개인을 한곳에 모으는 울타리와 같습니다. 재성은 질서가 없는 단순한 개인들의 무리를 말하며, 개인들이 모여 있는 혼란 속에서 질서가 생겨나서 집단을 형성하는 것이 재생관살입니다. 집단이 형성되면 그 안에서 규범이 생기는데, 그 규범을 문서로 만든 게 관인상생입니다. 그래서 육신을 하나씩 설명하고 있지만, 재성+관성+인성은 한 세트로 묶여야 사회가 형성되고 역할이 생깁니다.

기술적 규범(descriptive norm)은 공중도덕과 같은 것으로, 지키지 않아도 처벌은 받지는 않으나 눈총을 받으며 공공장소 예절, 장례식 예절 등, TPO가 중요합니다. 명령적 규범(injunctive norm)은 당위적인 것으로 법률이 정한 대로 따라야 하는 규범입니다. 기술적 규범은 자율성이 따르는 정관과 같고, 명령적 규범은 강제성이 따르는 편관과 같습니다. 정관은 민족마다 문화가 다르듯이 환경과 시대의 흐름에 따라 규범도 달라진다면, 편관의 규범은 장소나 시대가 변한다고 해서 크게 달라지지 않습니다. 정관을 훼손하면 민사소송 대상이고, 편관을 훼손하면 형사처분 대상입니다. 즉, 관성은 개인의 욕망이 일정 범위를 벗어나지 않도록 제어하는 역할을 합니다. 클럽 등의 유흥장소에서는 기술적 규범은 존재하지 않으나, 명령적 규범은 존재합니다. 그래서 어느 곳이든 기물 파손이나 폭행, 마약 등 법률이 정한 금지된 행동을 하면 안 되지만, 법이 제 역할을 못 하면 편관을 능멸하는 사람의 수가 많아집니다.

이런 현상이 증가하면 결국 편관은 殺로 변해버립니다. 그래서 재생관살, 관인상생을 잘 갖춘 사람은 관성이 제대로 작동하지 않는 곳은 꺼리는 경향이 있습니다. 관성을 훼손하지 않는 사람들에게 있어 관성은 자신을 보호해 주는 수호신과 같지만, 반대의 사람들에게 관성은 자신을 억누르는 불편하고 무서운 육신입니다.

정관은 실수에 관용을 베풀지만, 편관은 매정합니다. 같은 실수를 했을 때, 정관은 사람이니까 그럴 수도 있다고 주의 주기에 그치지만, 편관은 그 실수로 인해서 더 큰 일이 발생했을 수도 있었다고 다그칩니다. 그만큼 편관은 정관보다 책임이 더 막중한 위치에 있습니다. 다른 각도에서 보면, 정관은 자신의 능력에 적합한 일이고 편관은 감당하기 버거운 일입니다. 군대를 가더라도 정관은 꿀 보직으로 자대배치를 받고, 편관은 전방으로 자대배치를 받습니다. 일이라는 것은 상대적이라서 타인에겐 쉬운 일도 자신에겐 버거울 수 있으므로, 둘 다 철원으로 자대배치를 받더라도 정관은 비교적 수월하게 군 생활을 보내고, 편관은 힘겹게 보냅니다.

얼마 전, 재활용에 관한 다큐멘터리를 보면서 인상 깊었던 건, 한 분은 버려진 물건을 재활용해서 쓰는 것을 지구를 살리는 일이라며 매우 즐거워했고, 한 분은 쓰레기를 만들지 않기 위해서 고쳐 쓰면서 최대한 버틴다는 표현을 사용했습니다. 정관과 편관의 마음이 잘 드러나는 장면이 아니었나 싶습니다. 지구를 살리고자 하는 아름다운 마음은 지구인으로서 소속감이 있으니 두 분 모두 관성이 있는데, 한 분은 정관의 주인의식이, 다른 한 분은 편관의 의무감이 표현된 것 같다는 느낌을 받았습니다.

한편, 오행 지리적으로 木에 위치한 우리나라는 나무의 仁을 매우 중시하는 공동체 사회입니다. 그래서 이 땅은 仁의 가치를 훼손하는 사람을 리더로 인정하지 않으나, 金의 물질만능주의적 사고를 지닌 사람들이 늘 가장 큰 권력을 갖고자 합니다. 그러면 나무는 연대하여 金의 횡포를 막아내고자 하니, 사람들이 길거리로 뛰쳐나오게 됩니다. 우리 국민이 仁의 가치를 지키고 물질만능주의 사고를 벗어나기 위해서는 水의 지혜가 필요하니, 철학에서 그 지혜를 얻어야 합니다. 철학으로 내면을 채우지 않으면 스스로 바른길을 찾지 못하여 종교 의존도가 높아지고, 심하면 권력형 가짜 종교인의 먹잇감이 되어 사회적으로 큰 문제를 일으킵니다. 그래서 줄 세우기 공부가 아닌, 인간의 도리를 가르치는 것도 국가의 의무입니다.

1) 정관

정관은 길신 중의 길신으로서, 이미 만들어 놓은 제도 속으로 들어가서 안전한 생활을 영위하도록 자신을 이끌어 줍니다. 정관의 울타리 안은, 사람, 사물, 환경 등 모든 일에서 이미 검증된 것들로 구성되어 있습니다. 정관은 우리에게 주인의식을 심어주어 자신의 것과 타인의 것을 구별할 수 있게 하니, 남의 것을 탐하지 않고 자신의 것과 공공재를 소중히 여기도록 합니다. 이러한 정관의 특성은 자신의 재산을 지키는 법적 장치로 작동하여 부동산은 등기로, 배우자는 혼인신고로, 창작물은 저작권이나 특허권으로 보호합니다. 사주에 재성이 없으면 소유하고자 하는 마음이 강하지 않으니 이러한 좋은 제도를 누릴 일이 없고, 재성은 있으나 정관이 없으면 이런 사회 제도를 누릴 환경을 만나지 못하고, 정인이 없으면 제도를 활용할 방법을 모른다는 단점이 있습니다. 그래서 제도의 이점을 제대로 누리려면 재생관의 사회적 울타리가 형성되고, 관인상생으로 제도의 활용법을 잘 익혀야 합니다. 이렇게 훌륭한 정관도 치명적인 단점을 갖고 있으니, 안전한 생활만 하다가 면역력을 떨어뜨립니다. 그래서 재성의 생을 받아 장단점을 키우는 동시에, 겁상의 제화를 받아야 울타리 밖과 연결된 문이 열립니다. 〈그림3〉 1번의 세계는 노른자와 같아서 안전하게 보호되고 있지만, 그 범위가 좁아서 사고의 반경이 매우 작습니다. 그래서 1번 영역에 오래 머물면 서서히 끓는 물 속에서 서서히 죽어가는 개구리와 같은 삶을 살아갑니다. 경로 의존성(path dependence)이란 한번 정한 관성에 익숙해지고 길들여져서 쉽게 바꾸지 못하는 현상을 말하며 전통, 관습, 관례 등이 대표적입니다. 비효율적인 것을 알면서도 그 경로를 벗어나지 못하여 사고의 프레임에 자신을 가둡니다. 이런 경로 의존성이 지나치면 새로운 것을 병적으로 혐오하거나 두려워하는 네오포비아(neophobia) 현상이 일어나며, 이는 비단 사회적 통념만을 말하는 게 아니라, 사람이나 물건, 신기술 등도 거부합니다. 정관의 가장 큰 단점을 하나 꼽으라면, 바로 이 경로 의존증을 꼽을 수 있습니다.

[육신변화론]의 관점에서 볼 때, 일생을 1번에서만 살아온 사람은 태어날 때부터 안전한 세계에서 보호받으면서 살아왔으므로 사고의 반경이 1번을 벗어나질 못하고 여러 가지 부작용을 만듭니다. 그중에서 가장 큰 부작용은 안전한 길로만 가려고 하니, 도전정신을 내지 못하게 하여, 균형성장을 이루지 못한다는 것입니다. 그래서 천간에서 음양

의 균형을 이루어 1, 2번의 영역을 오가야 넓은 세상을 보고 배우면서 바람직하게 성장합니다. 이런 과정에서 역지사지(易地思之)가 생깁니다. 그리고 중년부터는 고정관념이 고착되어 소위 말하는 꼰대 기질을 드러내니 젊은 세대와 소통이 어렵습니다. 경로 의존성으로 형성된 보수적인 사고는 진보라는 이름의 진화를 인정하지 못하는데, 이는 변화에 적응하지 못하는 두려움이 만들어 낸 것입니다. 변화의 물결에 올라타지 못하고 그 물결을 막겠다고 하는 모습은 당랑거철(螳螂拒轍)을 연상시킵니다. 그래서 옛것을 익히고 새것을 아는 온고지신(溫故知新)은 1번 영역에서 살아가는 사람들이 반드시 갖추어야 할 정신입니다.

길신으로 이루어진 영역을 보면 판타지 영화가 생각납니다. 막중한 임무를 수행하는 캐릭터들이, 달콤한 것들로 가득 채워진 곳에 유혹당해서 시간을 낭비하는 모습이 이 영역 같다는 생각을 하곤 합니다. 차라리 일생을 길신의 영역에서 살아간다면 불행 중 다행이지만, 노년에 갑자기 흉신의 영역에서 살아가야 한다면, 지난 세월 동안 면역력을 키우지 못해서 낭패를 봅니다. 그래서 길격일 때는 편인과 겁재 그리고 상관 같은 흉신이 매우 귀하게 쓰입니다.

정관격의 직업적 임무는 자신이 속한 조직의 테두리를 견고히 하는 것입니다. 역술계에서 여명에게 관성은 남편이라는 고정관념이 지배적이지만, 필자는 육친에 비중을 두지 않고 남녀를 구분하지 않습니다. 그래서 가정주부가 정관격이라면 남편을 포함한 가족 구성원이 재성이 되며, 솔선수범하는 자세로 가정의 기강을 바로잡고, 가족 구성원을 하나로 뭉치도록 잘 이끌어 가정의 평화를 지켜냅니다. 그리고 관인상생이 잘되면 가족 구성원이 사회에 나가서 질서를 어지럽히지 않도록 가정교육에도 신경을 쓰니, 남편 복, 자식 복도 있습니다. 정관격을 성장하게 하는 마음가짐은 주인의식에 있습니다. 그래서 자기 일을 남 일 대하듯이 하는 사람을 보면 못마땅하게 생각하면서도 리더로서 솔선수범하는 자세로 모범을 보이려고 합니다. 정관격의 상신은 정재이고, 구신은 정인입니다. 정관격은 정재의 생을 받아서 조직력을 갖추고, 관인상생으로 상관을 제화하여 정재의 탈선을 막습니다. 제화 된 상관을 인겁으로 생하면 탈선하지 않는 범위에서 창의적인 아이디어가 생성되니 정재의 능률이 올라서 격이 더 튼튼해집니다. 리더는 모름지기 음양을 두루 살필 줄 알아야 필요한 전문 인력을 적재적소에 배치할 수 있습니다. 만약 인사권이 없는 리더라면 겁재의 유무를 살필 필요가 없지만, 인사권을 쥐고 있는 리더라면, 겁재가 상통된 사람이 유리한 조건에서 인재를 영입할 수 있습니다. 정관격은 재성이 있어야 조직원이 있고, 인성이 있어야 규칙을 만들어서 조직이 제대로 돌아가는데, 만약 관인상생이 안되면 가훈 하나 없는 집구석과 같아서 정관의 리더십은 무너집니다. 매뉴얼이 빠진 조직은 구성원의 조직력을 기대하기가 어렵습니다. 정관격은 정재의 생을 받는 것이 정석이지만, 만약 편재의 생을 받고 있다면 편재가 사냥 갈 때 쥐여줄 편인의 전략도 보유해야 합니다. 둘 다의 생을 받고 있다면 정인의 규칙과 편인의 전략을 둘 다 지니고 있어야 리더의 능력을 인정받으며, 재성이 둘 다 있는 경우는 보통 왕지가 재성일 경우입니다.

한편, 정관격의 부드러운 카리스마는 위엄 있는 명령체제의 큰 조직보다는 작은 조직에 적합합니다. 기대치 위반 효과란, 긍정적인 기대를 하고 있다가 부정적인 평가를 받으면 더욱더 불쾌하게 생각하는 심리를 말합니다. 일상생활에서 잘 드러나는 이 심리는, 평소 잘해주던 사람이 한 번 못 해주면 엄청 기분이 상하고, 평소 쌀쌀맞던 사람이 한 번 잘해주면 굉장히 호의적으로 평가합니다. 평소 격려의 말로 팀을 잘 이끌던 정관격 리더가 부하직원에게 한 번 화를 내면 좋은 분인 줄 알았는데, 착각이었다는 식의 반응이 나옵니다. 그러나 평소 위엄 있게 지시적으로 팀을 이끌던 편관격이 격려의 말을 한번 던지면 감동하여 충성을 다하려고 합니다. 그래서 조직의 리더로서 팀을 잘 이끌어 가려면 평소 당근과 채찍을 적절히 사용하는 방법을 익혀야 합니다.

2) 편관

메기효과(catfish effect)는 노르웨이 어부의 이야기에서 탄생한 일화입니다. 교통수단이 좋지 않던 시절에는 정어리를 시장으로 이동하는 동안에 전부 죽었다고 합니다. 그러나 유독 한 어부만이 싱싱하게 살아 있는 정어리를 판매했는데, 그 비법은 정어리 떼에 메기를 한 마리 넣어두어 긴장감을 주는 것이었다고 합니다.

사주에 편관이 지장간에 하나 정도 있으면 메기효과를 주어 느슨해지지 않도록 자신을 채찍질하니 대기만성형으로 꾸준히 발전하는 인생을 살게 됩니다. 길신은 자신에게 당근을 주고, 흉신은 채찍을 주니, 원국에 길신과 흉신이 적절하게 배합되어야 당근과 채찍을 고르게 받아 균형 잡힌 성장을 이룰 수 있습니다. 편관의 채찍은 바른길로 가라고 날아오는 것이지, 자신을 망가뜨리기 위한 게 아님을 우리는 명심해야 합니다.

운에서 편관을 만나면 책임감 있게 완수해야 할 새로운 임무가 주어지는데, 이때 임무를 완수하면 능력의 상승과 함께 보상이 주어지고, 팔자 탓을 하면서 대충하거나 피하면 사회적 지위가 한 단계 낮아집니다. 사주에 편관이 없으면 지켜야 할 의무가 없는데, 이는 실제로 없는 게 아니라 있어도 자신의 눈에 보이지 않는 것입니다. 그래서 자신만 건사하면서 살아가니 인생이 편안합니다. 만약 대기업에 다니는 사람에게 편관이 없다면, 그 사람은 일 처리가 매우 뛰어나서 남들에게 버거운 일도 수월하게 해내는 능력자일 수도 있겠지만, 그 반대인 무임승차자일 수도 있습니다. 그래서 사주에 편관이 없다면 대기업에서 임원 자리를 차지하기가 어렵습니다.

편관의 세계는 정관보다 범위가 넓으므로 임무 하달 방식이 강제성을 띤 명령체제로 이루어집니다. 우리 사회는 편관의 명령체제를 잘 이행하는 사람들이 있기에 굳건한 울타리를 유지할 수 있습니다. 그러나 모든 것에는 빛과 그림자가 있듯이, 그것이 과하면 독이 되어 파시즘으로 사회를 붕괴시킬 수도 있습니다. 정관의 세계는 합리성과 옳고 그름 등의 다양한 규칙에 따르므로 다양한 정답이 존재하는 반면에, 편관의 세계는 힘의 논리에 의해서 정답이 정해지므로 제아무리 옳은 일이라 하더라도 명령에 불복종하면 항명으로 받아들여집니다. 그래서 명령권을 쥔 자가 누구인지에 따라서 흥망성쇠가 결정됩니다. 민주주의 국가에서는 대통령이 최고 명령권자이니, 대통령이 편관이 됩니다. 그래서 대통령을 잘 뽑아야 나라가 흥하는 법입니다. 편관의 힘은 만인을 이롭게 하도록 사용되어야 하는데, 만약 그 힘을 개인의 영달과 집단 이기주의에 사용하면 그것은 힘이 아니라 반드시 殺이 됩니다. 편관의 의무감은 권력으로 승화되어도, 그 힘을 감당하지 못하면 그 시작은 좋았으나 계속 변질하여 결국 殺이 되는데, 인간은 욕망에 지배당하는 나약한 존재이기 때문입니다. 권력의 주변엔 그 힘에 편승하고자 하는 탐욕스럽고 저질스러운 인간들이 모이기 마련이고, 그들은 곤충의 본능처럼 수단과 방법을 가리지 않고 권력자의 피를 빨아댑니다. 수많은 유혹을 뿌리쳐야 하고, 끝도 없이 생산되는 음모론에 귀를 닫아야 하고, 직접 눈으로 확인한 것조차도 의심해야 하는 것이 권력자의 숙명이고 비애입니다. 그래서 밑바닥부터 산전수전 공중전까지 다 겪으며 자아실현을 이룬 사람만이 권력을 제대로 사용하여 만인을 이롭게 할 수 있습니다. 길신의 영역에서 기득권으로 살아온 사람은 권력을 쥐어도 면역력이 약하여 바이러스(유혹)에 취약하고 맷집이 약하여 채찍을 견디지 못합니다. 그래서 신은 가장 크게 쓸 인물을 가장 낮은 곳에서 시작하게 한다는 말이 있습니다. 화무십일홍, 권불십년(花無十日紅, 權不十年). 열흘 붉은 꽃 없고 아무리 막강한 권력도 10년을 못 가지만, 인간의 탐욕은 죽어서도 권력을 가질 것처럼 행동하니 오만함이 극에 달해 결국 또 殺을 맞습니다.

한편, 군대, 검찰, 대기업과 같은 힘이 있는 조직사회가 대표적인 편관의 세계이며, 그곳에서도 공권력을 갖기 위한 끝없는 암투가 벌어집니다. 원래 권력은 공복을 자처하고 묵묵히 자신의 의무를 다하는 능력자의 것인데, 제 그릇의 크기를 모르는 소인배들이 서로 가지려고 암투를 벌이면서 늘 문제가 발생합니다. 그리고 방심하는 순간, 갖은 권모술수에 당해 권력이 소인배들의 손에 들어갑니다. 그래서 편관이 殺로 변하여 사건 사고가 끊이지 않고, 그 권력을 용인한 업보는 연대책임이 되어 국민의 몫으로 돌아갑니다.

이 세계의 먹이사슬은 한 방향으로 흐르지 않고 순환합니다. 그래서 먹이사슬 최상위에 있는 인간은 면역력이 없으면 가장 작은 존재인 바이러스에 의해서 치명적인 손상을 입습니다. 권력의 최상위에 있는 권력자에겐 가장 작은 존재인 민초들이 힘을 주는 원천이므로 국민이 곧 편관입니다. 그러나 어리석은 인간들은 권력을 쥐면 편관을 섬기지 않고 능멸하여 殺로 바꿉니다. 국가 요직에 있는 사람은 자신이 쥔 것이 힘이 아니라 의무라는 것을 알고 공복으로서 공공의 안녕과 질서 확립을 위해 힘써야 뒤탈이 없습니다. 민(民) 또한 공공의 안녕이 아니라 자신의 안위를 위해서 관(官)에 대적할 시에는 응당 殺을 맞으니, 조심해야 합니다.

> "많은 것을 가진 사람은 의무도 많다."
> – 존 F. 케네디

편관격은 많은 의무를 지니고 태어난 팔자로 의무만 있고, 받을 권리는 없는 사람들입니다. 그러나, 초년부터 말년까지 전부 편관격으로 살아가는 사람은 없다고 봐도 무방하기에 의무를 잘 지키고 살아가다가 길격이 되면 보상을 받게 됩니다. 그러나 그 구간에 의무를 제대로 이행하지 못하면 殺격이 되어 힘든 인생을 살아갑니다. 이행할 의무가 많은 편관격은 세상을 돌봐야 할 의무를 지니는데, 편관이 태과하면 殺이 되어 자신을 옥죄니 신경쇠약 등으로 오히려 자신이 도움을 받아야 하는 아이러니한 상황에 직면하게 됩니다. 반면에 자신이 격에 비해 지나치게 강하면 약자를 보호해야 할 의무를 지키지 않고 자신의 권리만을 주장하니 권력 남용 등의 문제를 일으킬 수 있습니다. 이 경우도 殺격으로 전환됩니다.

흉격은 제화가 우선이므로 편관격의 상신은 식신이고, 구신은 편재입니다. 편관격의 식신제살은 자격을 갖추어서 정관의 제도권 안으로 들어가는 것을 뜻합니다. 이는 국가고시를 준비하는 등의 현상으로 나타나며, 구신인 편재가 있어야 입성에 성공할 수 있습니다. 그리고 〈그림 3〉의 1번과 2번 사이를 오가는 업무를 맡게 되는데, 내부 소속으로 외부조직에 파견근무를 나가거나 각양각색의 외부인을 상대하는 업무를 주로 담당합니다. 외부인을 상대하는 일은 대체로 민원을 상담하는 일이 많기에 살인상생을 해야 편관이 원하는 게 무엇인지를 쉽게 간파합니다. 만약 편인이 없다면 대처능력이 부족하여 편관이 殺로 변해버리니 살중신경(殺重身輕)의 문제가 발생합니다. 이때 비견이 있다면 일을 분담해 주지만, 그마저도 없다면 혼자 감당해야 하는 상황 속에서 스트레스가 쌓여갑니다. 필자의 관점에서 비견은 그다지 좋은 육신이 아니지만, 편관격에게 비견은 매우 귀한 육신입니다. 편관은 끊임없이 우리를 시험에 들게 합니다. 그래서 늘 시험을 볼 준비가 되어있어야 합니다. 만약 편관격이 민원을 다루는 업무를 한다면, 양간은 편관도 양간이므로 자연의 섭리(본능)에 의한 요구를 합니다. 그래서 우회적인 방법은 통하지 않고 근왕 비식으로 철저하게 준비해서 정면돌파를 해야 합니다. 미리 준비해 둔 매뉴얼대로 요구를 들어줘야 하므로, 매뉴얼에 없는 건 단호하게 안 된다고 잘라야 합니다. 양간 편관격이 상관으로 제살을 시도하는 것을 상관가살(傷官加殺)이라고 하는데, 이는 정석대로 준비해서 돌파하지 않고 쉬운 길을 찾으려다 때를 놓치고 더 어려운 길로 가게 되는 현상입니다. 그 결과 안전사고가 발생할 확률이 높은 곳에서 사회적 의무를 지켜야 하는 버거운 상황을 맞이하게 됩니다. 쓴 약초도 오래 씹으면 쓴맛 끝에 단맛을 느낄 수 있는 법이므로 쉬운 길로 가려는 자세를 버리고, 어려운 상황에서도 시간과 노력을 투자하여 열매를 맺으려는 자세를 취하면 길합니다.

한편, 활인업(도움이 필요한 사람을 돕는 일)을 직업으로 갖지 않으면 다른 방식으로 임무를 수행하도록 계속해서 궂은일을 담당해야 할 일들이 생깁니다. 그래서 편관격은 남들은 지나치는 길고양이나 유기견들을 쉽게 지나치지 못하고 돌보니, 사서 고생하는 팔자라고도 할 수 있습니다. 세상을 돌보는 일을 등한시하고 자신의 안위만을 위해서 살고자 하면, 결국 개인적인 문제가 발생하여 자신이 모든 짐을 짊어져야 하는 악재가 발생할 수 있습니다. 전술했듯이 편관격은 의무만 있고 권리는 없는 팔자이므로 가정이 우환 없이 평안하려면 사회적으로 이타적인 삶을 살아야 합니다.

음간은 편관도 음간이므로 정제된 방식을 요구합니다. 그래서 정면돌파보다는 겁상+상관합살(傷官合殺)로 우회적이고 간접적인 방식으로 접근해야 합니다. 음간 편관의 요구는 양간처럼 막무가내식의 요구가 아니므로, 겁상으로 전후좌우를 살펴서 가능한 방향을 찾아줘야 합니다. 관련 제도가 없어도 다른 방식을 찾아서, 10을 원한다면 5를 내어 주는 방식으로 일을 진행해야 합니다. 표현력이 좋은 상관이 殺을 합하면 난제를 대화로 해결하려고 하는데, 편관 사용설명서인 편인이 있으면 편관의 마음을 훤히 들여다보니 협상의 기술이 발달합니다. 그래서 이들은 협상이 필요한 곳이나 상담에서 두각을 나타내며, 사회적 문제를 말과 글로 다루어 해결하려는 모습을 보이기도 합니다. 이러한 능력은 크게 쓰이므로 공적인 영역에서 권한을 나눠 받거나, 官이 하기 어려운 일을 대신 처리하는 사설조직을 운영하기도 합니다.

4. 정인과 편인

인생은 끊임없는 배움의 과정입니다. 배우고자 하는 의지가 충만한 사람은 자신의 인생을 꽃길로 만들고, 그렇지 않은 사람은 정체된 인생을 만듭니다. 인성은 개념, 정의(definition)로 정리할 수 있으며, 자신을 온전한 자신으로 만들어주는 육신으로 이해하면 좋을 것 같습니다. 관인상생은 성찰을 통해서 자신을 다른 사람들에게 더욱 효과적으로 드러낼 수 있도록 자신의 행동을 통제합니다. 즉 내부 단속을 의미합니다. 살인상생은 자기제시(self-presentation)로 사람들이 자신에게 받는 인상을 통제하는 과정이며 사회생활에 큰 영향을 미칩니다. 즉 외부로 보이는 자신의 모습을 단속합니다. 자신을 통제한다는 의미에서 비슷한 맥락으로 보이겠지만, 둘은 아주 큰 차이가 있습니다. 정인은 자신의 행동이 잘못된 게 아니라면 상대에게 잘못을 지적하고, 의사 표현을 명확하게 할 수 있지만, 편인은 자신의 행동에 잘못이 없어도 웬만하면 참고 넘어가려고 합니다.

> "꿀벌은 밀랍으로 집을 짓고 살지만,
> 사람은 개념으로 집을 짓고 산다."
> – 프리드리히 니체

인성은 사회적 규칙을 자신에게 가르쳐 주어 개념을 장착하는 육신으로, 입력(input)의 의미가 있습니다. 그러므로 사회(재생관살)가 존재해야 인성의 쓰임이 나타납니다. 인성이 있어도 재생관살이 없으면 인성이 자신의 필요(needs)에만 맞춰져서 함께 사는 세상이 아닌, 자신만 사는 세상에 개념을 맞출 우려가 있습니다. 인성은 재생관의 생화를 받아서 힘을 키우고, 식상생재의 제화를 통해서 단점을 제거합니다. 원국에서 재생관살을 이루지 못하면 대운에서 형성되어야 하는데, 재성과 관성이 둘 다 없으면 운에서 균형을 맞추기가 어렵고, 설상가상으로 비견이 붙어 있으면 너무 오랜 세월을 규칙이 없는 곳에서 살아가니 불균형이 고착되어 버립니다. 이 상태가 오래 유지되면 사회성이 결여되고 심할 경우, 사회라는 제도에 거부감을 느껴 스스로 외톨이가 되거나, 진보라는 탈을 쓰거나, 자유를 앞세워서 사회를 어지럽히는 현상으로 나타납니다.

진보는 사회적 제도가 너무 낡아서 사회적 비용이 과도하게 들 때 이것을 수정하고 보완해 나가려는 것으로, 인겁상이 재생관을 제화하는 것입니다. 그래서 재생관을 갖춘 진보와 갖추지 못한 가짜 진보를 식별할 줄 알아야 이 사회를 제대로 된 눈으로 판단할 수 있습니다. 마찬가지로 낡은 관습이라도 지켜야 할 가치가 있다면 고수하려는 보수와 앞서 말한 경로 의존증을 구분해야 합니다. 가짜 보수는 발전적인 진화를 저해하고, 가짜 진보는 세상을 무질서로 이끕니다. 극과 극은 통한다는 말처럼 양극단에 치우친 사람들은 가짜뉴스를 신봉하는 음모론자가 많습니다. 가짜 더미에서 진짜를 찾아내는 눈, 옥석을 가릴 줄 아는 눈은 매우 귀한 능력이며, 이런 눈을 소유한 사람은 매 순간 발전을 이룹니다. 제대로 된 보수와 진보는 그 가치가 매우 훌륭하므로 서로 존중되고 협치 되어야 함이 마땅합니다. 그러나 정치 이익집단들이 항상 싸움을 유발하니, 그들에게 이용당하지 않으려면 자신의 사주를 점검하고, 세상을 다양한 시각으로 보는 눈을 키워야 합니다. 아니면 자신도 모르는 사이에 소중한 한 표로 악업을 쌓을 수 있습니다. 덕만 쌓아도 모자란 시간에 악업을 쌓는 것은 매우 커다란 손실입니다. 그리고 無인성은 관성의 극을 직통으로 받으므로 몸과 마음에 상처를 입기가 쉽습니다. 이는 자신이 배우려 하지 않아서 생기는 문제입니다. 우리는 세상을 살아가면서 늘 새로운 것을 마주합니다. 초년의 나, 청년의 나, 중년의 나, 노년의 나, 자기 자신을 포함하여 새로운 사람과 사물, 새로운 사회의 규칙 등, 인성은 이 모든 것의 사용설명서와 같습니다. 인성으로 신왕한 사람은 배우는 것에 거리낌이 없으니 새로운 것을 접했을 때 사용설명서를 보는 것이 익숙합니다. 반면에 모든 것을 이미 다 알고 있다는 식으로 세상을 살아가는 무인성자(無印星者)는 모든 일을 임기응변으로 처리하여 잦은 실수를 유발합니다. 이러한 인성의 부재는 힘의 소모뿐 아니라 시간 낭비는 물론 돈 낭비까지 이어지니 장기적으로 봤을 때 상당한 손실이 아닐 수 없습니다.

한편, 도장(印) 한자에서도 알 수 있듯이 인성은 계약을 뜻합니다. 이 계약은 부동산 매매 시에 찍는 도장이 아니라, 사회관계에서 찍는 도장으로 이해해야 합니다. 우리는 친구를 사귈 때 앞으로 친구 하자고 계약서를 작성하진 않지만, 인간관계를 맺는 행위 자체에서 계약이 성립됩니다. 또한, 식당에서 식사할 때도 우리는 돈을 냄으로써 계약을 성립시킵니다. 길 가다 타인을 도와주는 것도 공동체를 형성하는 사회적 관계에서 맺어진 계약의 이행이며 우리는 인사나 미소로 보답받습니다. 이처럼 우리는 일상생활에서 무수히 많은 계약 관계를 형성하고 이를 통해 사회를 이해하는 능력을 갖추게 됩니다. 그래서 인성 성립요건을 잘 갖추면 사회적 관계를 배워나가면서 공동체의 일원으로 성장하고 균형 있는 발전을 이룹니다.

사회적 인지(social cognition)는 자신과 타인에 대해서 생각하고 이해하는 과정으로 상황을 판단하는 능력과 관련이 있습니다. 사회관계에서 넘쳐나는 모든 정보를 다 받아들일 수 없기에 최소한의 정신적 노력을 들여서 좋은 판단을 내릴 인지적 전략이 필요하며, 인성이 그 역할을 담당합니다. 인지 욕구가 높은 사람들은 자신과 개인적으로 연관성이 없는 문제라도 깊이 생각해 보기 때문에 익숙하지 않은 상황을 만났을 때도, 대처능력이 좋습니다. 관인상생이 잘 발달한 사람은 사회적 관계에서 암묵적인 규칙을 명확하게 인지하지만, 무인성자는 불안정한 인간관계 속에서 좌충우돌합니다. 그러다가 운에서 인성을 만나면 사용설명서를 쥐게 되니, 조금씩 이 거대한 세상의 계약 시스템을 제대로 이해하고 맞춰갑니다. 사람은 미래를 예측할 수 없을 때 공포감을 느낀다고 합니다. 그래서 예상에 크게 벗어나지 않는 사람에게 긍정적인 정서를 느끼고, 그 반대의 경우에는 부정적인 정서를 느낀다고 합니다. 인성이 잘 발달한 사람은 일정한 테두리에서 예상에 크게 벗어나지 않기에 인기가 좋은 편입니다. 인성도 상통될 때 그 기능을 온전히 습득할 수 있으므로 상통되는 운을 만나면 적극적인 자세로 사회적 관계를 바르게 학습해야 합니다. 원국에 없는 건 저절로 얻어지지 않으므로, 큰 노력을 들여 스스로 훈련해야 합니다.

1) 정인

정인은 따뜻한 사랑과 배려를 가르침으로써 바른 성장을 이끌어 주는 육신으로, 엄마에 비유됩니다. 정인은 공동체에서 공존하는 방법을 잘 알고 있으므로 타인과 조화를 이루면서 자존감이 높아지고, 〈그림3〉의 노른자 부위에 위치하므로 안정감이 있습니다. 거듭 설명했듯이 노른자에 위치하면 이미 정해져 있는 것, 즉 기득권을 따르려는 습성이 있습니다. 그래서 더 가운데로 들어가는 것을 성공의 척도로 삼습니다. 정인은 한 가지 분야에 집착하기보다는 노른자 내부에 필요한 상식을 두루 갖추고자 합니다. 이러한 성향은 공동체를 의식하여 그에 맞는 사람으로 성장하고자 하니 소통능력이 좋아지고 인기가 있습니다. 그래서 정인이 상통되고 재생관을 잘 이루고 있으면 지성인의 느낌을 물씬 풍깁니다. 하지만 정인은 노른자의 영역에만 관심을 보이므로 모험에 대한 필요성을 잘 느끼지 못하는 단점이 있습니다. 불과 10년 전만 해도 노른자의 중앙으로 들어가는 것을 최고의 삶으로 여겼지만, 다양성을 추구하는 오늘날에는 새로운 길을 개척하여 성공을 거두는 삶을 최고의 능력자로 여깁니다. 정인은 질서와 규범을 사랑하고 따르는 아름다운 길신입니다. 하지만 때로는 담 넘어 세상도 구경해야 세상을 품는 마음의 크기가 커질 수 있습니다. 그래서 천간에 겁재를 두면 편과 정의 세계를 두루 경험할 수 있으니, 세계가 확장되어 매우 큰 세상을 경험할 수 있습니다.

한편, 정인은 육친으로 엄마를 뜻하지만, 30세부터는 완연한 성인이므로 엄마가 아닌 좋은 영향력을 주는 사회적 멘토로 보아야 합니다. 정인은 자신을 신왕하게 만들어주는 매우 귀한 육신이지만, 일탈할 땐 매우 모질게 질타를 가하는 육신이기도 합니다. 그래서 사주에 정인이 과하면 작은 잘못에도 크게 역정을 내니 오히려 자신을 신약하게 만듭니다. 특히 자신이 음간일 경우에는 더욱 신약해져서 정신적 문제로 작용할 우려가 있습니다. 뭐든 과하면 독이 됩니다.

정인격은 정관의 生을 받아서 규범을 익히고, 구신 겁재를 生해서 그릇의 크기를 키운 후에 정재가 이탈하지 않도록 가르치는 역할을 합니다. 그래서 정인격의 사회적 역할은 교육입니다. 정인격이 임무를 잘 수행하기 위해서는 지적능력과 소통능력, 업무이해능력을 갖춰야 합니다. 정인은 정관의 규범을 잘 숙지해서 임무를 수행하는데, 그 임무 수행에는 타인을 지도하는 역할까지 포함됩니다. 학교에서는 친구에게 설명을 잘해주는 모범생이나 선생님과 같고, 회사에서는 신입에게 업무를 잘 가르쳐 주는 선배와 같고, 가정에서는 자녀의 인성교육을 신경 쓰는 엄마의 모습입니다. 관성격과 인성격은 리더의 그릇으로 타고난 사람들인데, 둘의 방식은 차이가 있습니다. 관성격은 구성원을 이끌고 가는 전형적인 리더의 모습이지만, 인성격은 구성원들을 잘 가르쳐서 조직을 꾸려갑니다. 엄마처럼 조직을 잘 챙기는 정인격은 겁재가 있어야 음양을 두루 살펴서 지도하는데, 만약 겁재가 없다면 활동 반경이 좁아지므로 조직에서 높은 신분을 보장받기가 어렵습니다. 그러므로 정인격이 조직에서 능력을 인정받기 위해서는 정관과 겁재가 필요 요건입니다.

정인격은 정관의 체계적인 틀 안에서 살아가는 것을 기뻐하기 때문에 매뉴얼이 존재하는 곳을 선호하고 지식과 교육 위주로 살아가므로 육체노동과 기술을 꺼립니다. 이런 정인격에게 재생관살의 환경이 없다면, 자신의 세계를 스스로 구축해야 하므로 자신의 지식을 콘텐츠화 시켜서 직접 시장에 내다 팔아야 합니다. 이 경우에는 식상생재가 필수 요건이 되며, 이마저도 없으면 시장으로 가는 길을 모르는 사람이니 주식이나 부동산 또는 이권개입 등으로 불로소득을 얻으려는 방식을 택해서 살아가게 됩니다. 하지만, 이마저도 성공하기가 어려운 이유는 재생관이 있어야 세상을 보는 안목이 생기기 때문입니다. 그래서 이도 저도 안 되면 타인에게 의탁해서 살아가는 길을 택하게 됩니다.

2) 편인

만물과 공존하는 방법을 알려주는 정인과는 달리, 편인은 물고기 잡는 방법을 알려주며 생존력에 초점을 맞춥니다. 그 방법 속에는 전술, 전략이 들어 있으므로 공존이 목적인 정인과는 다른 교육방식에 해당합니다. 물고기를 잡을 때 가장 필요한 기술은 인내심입니다. 그래서 편인은 목적을 이루기 위한 인고의 시간을 보내는 것에 익숙하고, 매사에 참을성이 좋아서 소위 말하는 '보살' 같은 사람입니다.
偏의 세계에서 전략을 담당하는 편인은 목적을 이루기 위해서 전략을 짜내야 하므로 집요하게 몰두하는 특성이 있습니다. 이런 집요함은 전문가라는 타이틀을 줄 수 있는 좋은 조건입니다. 하지만, 그 집요함의 대상이 발전을 위한 거라는 보장도 없고 목적을 이룰 수 있다는 보장 또한 없습니다. 집요함이 생산적인 방향으로 흐르지 않고 엉뚱한 것에 꽂힐 경우, 게임중독, 도박중독, 인간중독 같은 각종 중독 현상을 일으킬 우려도 있습니다. 이러한 편인의 비생산적인 습성은 근면·성실의 상징인 식신의 쓰임을 방해하니, 제때 학업을 이수하지 못하게 하여 성장할 시기를 놓치는 일도 쉽게 발생합니다. 경험 부족으로 설 자리를 잃어버리면 쉽게 돈 버는 방법을 찾다가 불법적인 곳으로 향할 우려도 있습니다. 이러한 편인의 부작용에서 벗어나려면 우선 편재의 제화를 받아야 합니다. 식신생재는 편인을 제화하여 소유를 위한 발전적인 일들에 관심이 가게 합니다. 그래서 편재운에 편인이 제화되면 나쁜 습관을 교정하고 생산적인 일에 몰두하는 바람직한 현상이 나타납니다. 생산성을 확보한 편인이 재생살의 생을 받으면 힘이 있는 조직에서 편관의 명을 수행하게 되고, 활인공덕의 영역에서 쓰임이 생깁니다. 이 외에도, 대기업의 전략기획팀이나 특수한 역할을 수행하는 정부기관은 대표적인 재생살의 영역이며, 그 밖에도 전문성과 전략이 필요한 조직이라면 어디서든 편인의 능력은 귀하게 쓰입니다. 편인이 편재의 제화를 받지 못하면 사행성 게임과 같은 비생산적인 곳에서 전략을 발휘하느라 시간을 낭비하나, 실력이 좋으면 프로게이머의 길을 걷기도 합니다. 〈스타크래프트〉나 〈리그 오브 레전드〉의 프로선수들의 초년을 살펴보면, 편인을 잘 쓰는 것을 확인할 수 있습니다. 이처럼 편인의 덕후 기질은 운을 잘 타면 성공한 덕후가 될 수 있다는 것을 말해줍니다.

한편, 정인이 이미 증명되어 통용된 지식을 폭넓게 배워나간다면 편인은 한 가지에 몰두합니다. 그런데 만약 자신이 몰두할 만한 걸 발견하지 못하면 편인은 심한 갈증을 느끼게 되어 편인관설을 시도합니다. 편인관설은 편인이 정관을 설기하여 환경을 열악하게 만드는 것을 말합니다. 正의 세계는 검증된 것들로 구성된 세계이므로 안전이 보장되어 있지만 특별할 것도 없는 세계입니다. 그런데, 편인은 삶에 대한 기대치가 높아서 더 특별한 것을 찾으니 正의 세계에서는 불협화음(miss match)을 일으킵니다. 편인관설은 정관이 재성의 생을 받지 못할 때 일어납니다. 가정주부의 상황을 예로 들면, 정관이 정재의 생을 받으면 살림을 하면서 동시에 다른 것에도 관심을 두고, 편재의 생을 받으면 직업을 가지려고 하므로 크게 문제 될 게 없습니다. 하지만 재성이 없는 정관을 설기하면, 드라마, 커뮤니티, SNS 등에 빠져서 살림을 등한시하면서 불평만 늘어놓으니 정관이 위태로워집니다. 관설이 계속되면 결국 안정된 환경을 잃게 됩니다. 결국, 너무 큰 기대치로 인한 불평불만은 열악한 환경을 자초하니, 편인이 정관과 짝이 되면, 환경에 대한 기대치를 낮춰야 합니다. 먼저 주인의식을 갖고 폭넓게 주변을 살피는 자세를 취해야 자신의 환경을 지킬 수 있다는 것을 명심해야 합니다.

편인운에는 뭔가 새로운 것에 몰두할 일이 생기므로 생활의 불균형이 일어날 우려가 있습니다. 偏의 세계에서는 편인운에 벽이 견고해지지만, 正의 세계에서는 벽에 조금씩 균열이 일어나기 시작하므로 균형을 잘 잡는 것이 매우 중요합니다. 평소에 내부 단속을 잘했으면, 정관은 설기가 되지 않고 오히려 편인운에 내부를 재단장하여 더 결속력이 강해지는 긍정적인 효과가 나타납니다. 하지만, 자신의 역할을 등한시하며 살아가는 사람의 경우는 편인운에 부실한 것이 수면 위로 올라오니, 편인운은 많은 걸 앗아 갈 수도 있습니다. 이는 평소 행실의 문제이니 운을 탓할 수는 없는 문제이나, 대부분 편인운을 흉운으로 규정합니다.

편인은 편관의 의중을 알아차리는 육신으로 殺을 발견하는 능력이 있습니다. 그래서 편인운에 존재를 감춘 채 몸집을 키우던 殺을 발견하기도 합니다. 이는 각종 건강 문제를 발견하여 조기 치료할 수 있는 길운으로 작용합니다. 하지만, 현 역술계에서는 문제를 편인이 만든 것처럼 해석하니, 편인운에는 이혼을 하거나, 건강에 이상이 생긴다는 식으로 해석하곤 합니다. 편인 운은 낡은 것을 보수하고 새로운 희망을 심는 해로 삼아서, 도전과 모험을 통해 삶의 반경을 넓힌다고 해석하는 게 바람직합니다. 명리학은 제 역할을 잘하여 성장궤도를 걷는 사람들을 기준으로 연구하는 것이 바람직하나, 대체로 많은 문제를 안고 살아가는 사람들이 임상의 대상이 되니, 대길한 운에도 부정적 시선을 얹고 해석하는 사례가 만연합니다. 필자도 편관운과 편인운에 큰 도약과 성장이 있었으나, 이혼 수나 건강에 문제가 생긴다는 저주 같은 말을 듣고 기분이 매우 상했던 적이 있습니다. 이는 철학이 빠진 역술계의 한계인 것 같습니다. 또한, 재생관에서 살아가는 편인이 편인운을 만나면 재생관의 안정적인 환경을 버리고 개척 정신을 발휘하여 모험을 떠나기도 합니다. 연봉제 회사에 다니다가 인센티브제 회사로 이직하거나, 신생기업(start-up)을 창업하는 것을 예로 들 수 있습니다. 제화와 생화를 잘 받으면 더 큰 뒷배를 얻어서 상향하는 결과를 만들지만, 그렇지 못한 경우에는 정착 못 하고 방황하는 상황을 만들 우려가 있습니다. 그러니 큰 도전을 할 때는 반드시 자신이 자신을 제어할 수 있는 능력(관성)이 있는지를 점검해 보아야 합니다. 자기관리가 되지 않는 사람은 타인의 눈에도 무책임한 사람으로 보이므로 투자를 받거나 일거리를 받기가 쉽지 않습니다. 정인격이 재생관의 영역에서 임무 수행자의 역할을 한다면, 편인격은 재생살의 영역에서 임무 수행자의 역할을 담당합니다. 그래서 편인격이나 편인을 잘 쓰는 사람이 대운에서 편관을 만나면 막중한 임무를 수행해야 하는 시기를 맞이합니다.

편인격의 상신은 편재이고, 구신은 편관입니다. 편인격에게 편관이 없다는 건 물고기를 낚을 바다를 만나지 못한 것과 같습니다. 그래서 편인의 전략과 전술을 사용할 환경이 없으니 능력을 계발하지 못하고 소일거리에 투입됩니다. 그러나 재생살을 잘 갖춘다면, 누구보다 뛰어난 능력으로 감히 범인은 엄두조차 낼 수 없는 큰일에 투입됩니다. 상구신(재생살)을 잘 갖추고 있는 편인격이 비견을 생하면 더 넓은 바다를 향한 도전에 용기를 내고, 겁재를 생하면 전후좌우를 모두 살펴 능력이 크게 향상됩니다.

앞서 설명했듯이 편인의 전략 중에 가장 기본이 되는 건 인내심입니다. 그래서 인내해야 할 일이 많이 생기는 것도 편인격의 팔자입니다. 사회적으로 큰일을 하는 사람이라면 인고의 시절에 대한 큰 보상이 따르겠지만, 그렇지 않다면 팔자 탓을 하게 되니 불평불만을 달고 살 우려가 있습니다. 제아무리 능력이 좋은 수호신도 뒷배가 없으면 힘을 쓰지 못하는 것이 이 세계의 이치입니다. 운이 당도하여 좋은 환경을 만난다 해도 운을 활용하여 자신의 능력을 키울 생각을 하지 않고 기고만장해지기 쉬운 것이 인간의 기본 본성인 듯합니다.

5. 식신과 상관

"Garbage in, garbage out."

식상은 자신의 능력을 밖으로 내보내는 것으로 출력(output)에 해당합니다. 인성은 입력이고 비겁은 규모(scale)이니 식상은 인성과 비겁으로 쓰임이 결정된다고 볼 수 있습니다. 온전한 것을 입력해야 온전한 것을 출력할 수 있고, 품은 뜻이 커야 출력의 크기도 커집니다. 그리고 근왕해야 뜬구름 위가 아닌 실제 세상에서 살아갑니다. 식상이 발달하면 말과 몸으로 표현하는 것에 능하므로 다재다능한 면모가 있는데, 입력이 없으면 배우지는 않고 써먹기만 하는 것이므로 제아무리 특출난 재주를 타고났다 해도 이내 기술 부족 현상이 일어납니다. 시대의 변화에 따라 기술은 꾸준히 업데이트되어야 하는데, 인성이 없으면 시대가 요구하는 새로운 재능을 계발하지 못하니 단순한 업무만 반복하는 직업에 종사합니다. 자영으로 따지면 밀키트를 데워서 내보내는 프랜차이즈 식당과 같고, 예술계로 따지면 모사는 가능하나 창작이 되지 않는 것과 같습니다. 또 인성이 식상보다 강하면 배우기만 하느라 제때 써먹지 못하는 현상이 발생하므로 인성과 식상은 팽팽하게 줄다리기하듯 균형을 이루어야 능력이 좋습니다. 비겁으로 식상을 생화하면 그릇의 크기가 커지니 출력하는 게 더욱 많아지고, 식상생재로 이어지면 재성을 취하기 위해서 능력을 충분히 발휘합니다. 반대로 재성이 없으면 목적이 없어 재능을 낭비합니다. 식신은 직접적인 방식으로 재성을 생하고, 상관은 간접적인 방식으로 재성을 생합니다. 식신이 직접 만든 뻥튀기 과자를 시장에서 1,000원에 판매한다면, 상관은 뻥튀기 과자를 500원에 사다가 예쁘게 포장해서 백화점에 3,000원에 납품하고자 합니다. 비견의 생을 받은 식신(비식)이 설비를 갖추어서 김치공장을 운영한다면, 겁재의 생을 받은 상관(겁상)은 김치 장인을 앞세워 판로를 개척하고 이익을 취하고자 합니다. 관성이 있으면 취직해서 재능을 발휘하고, 관성이 없으면 식상생재로 직접 자신의 영역을 만듭니다.

1) 식신

식신은 자신의 재능을 직접적인 방식으로 사용하고자 하므로 체력적으로 몸 쓰는 일에 재능이 있고, 일 처리 방식이 직접 발로 뛰는 것을 선호하므로 根의 유무가 매우 중요합니다. 근왕한 식신은 근면·성실의 아이콘이므로 의식주의 해결이 원활하니 식신이라는 이름이 붙었을 것으로 추측합니다. 근왕 식신생재하면, 누구보다 근면·성실하여 어느 분야에서나 능력을 인정받는 인물이 됩니다. 이들의 이미지는 〈생활의 달인〉을 연상시키는데, 그냥 맡은 일을 묵묵히 하다 보니 고수가 되어있는 사람들입니다. 식신은 인비의 생화를 받아서 장단점을 키우고, 살인상생의 제화를 받아서 단점을 제거합니다. 근왕한 식신은 미루지 않고 부지런히 일을 처리하니 어느 시대를 막론하고 매우 귀한 육신이나, 근면·성실하기만 하여 실속을 차리지 못하는 단점도 있습니다. 모든 것을 직접적인 방식으로 처리하여 손발이 고생할 우려가 있으므로 비견의 생을 받아서 도구를 적절히 사용할 줄 알아야 일 처리가 좀 더 효율적입니다.

대부분의 殺은 준비성을 갖추지 못한 부주의한 자신이 만들어 내는 것입니다. 식신은 향후 발생할 문제들에 대비하여 유비무환의 자세를 취하게 하는데, 이에 인비의 생화를 받으면 자격증, 각종 보험, 건강검진, 영양제, 기부 등의 필요한 요소들을 미리미리 갖추어서 미래를 대비하고 殺을 막습니다. 殺은 천재지변, 우환 등을 말하며 식신제살은 殺을 눌러서 사라지게 하는 것이 아니라, 편관이 殺로 변하지 않도록 철저히 준비해서 사건·사고를 예방하는 것을 말합니다. 그러므로 근왕해야 합니다. 그러나 길한 작용도 과하면 남용이 되어 대량구매 등의 불필요한 행위로 이어지니 재산의 손실을 초래합니다. 비견은 통이 큰 만큼 자기 능력을 과신하는 경향이 있는데, 그러다 보니 실력의 문제를 장비 탓으로 돌려 불필요한 장비를 갖추게 합니다. 이런 비견의 생을 받은 식신이 사업을 하면 일을 크게 벌이는데, 근으로 왕하면 조력자가 현실 세계에 존재하니 힘을 더해 수습할 수 있지만, 그렇지 못하면 수습을 못 하여 손실로 이어질 우려가 다분합니다. 이때 재생살이 비견을 제화하면 자기 능력의 한계를 알고 조금씩 개선하지만, 반대의 경우는 같은 실수를 반복하는 상황이 연출됩니다. 근왕 식신생재는 근성이 있어서 일을 추진함에 무리가 없지만, 근약 식신생재가 비왕하면 일을 크게 벌여서 부도 등으로 패가망신할 수도 있으니, 일을 벌이기 전에 늘 자신의 한계부터 점검해 보는 자세를 갖추어야 길합니다.

식신격의 근왕은 기본 요소가 되어야 하고, 상신은 비견이고, 구신은 편재입니다. 인비의 생화를 받아서 편재를 생하면, 경쟁에 뛰어들어서 재능을 발휘하고 재성을 취합니다. 이에 식신이 원국에서 제살까지 한다면 殺을 막는 일을 직업으로 삼게 됩니다. 필자의 지인은, 청년에는 편관격으로 식신제살에 성공하여 행정안전부에 입성하였고, 중년에는 식신격으로 식신제살 업무를 주로 했습니다. 특이사항은 청와대로 파견되어 대통령을 수행하는 의전 행정관을 맡은 것인데, 의전을 제대로 하지 못하면 국내외로 망신을 당하는 일이 생기므로, 의전팀은 살얼음 걷듯이 일거수일투족을 살펴야 합니다. 이런 게 바로 근왕 식신제살의 역할입니다.

殺을 막는 일은 안전관리, 유지보수, 방역, 의학, 역술, 종교, 법학, 심리상담, 경호 등 매우 다양한 분야가 있습니다. 이런 일은 활인업에 해당하므로 천간에 재성이 뜨면 소유욕을 일으켜서 마(魔)가 낍니다. 특히, 공직에 있으면 금권력과 결탁하여 공권력을 남용할 수가 있으므로 더욱 주의가 필요합니다. 또한 활인업(活人業)에 몸담은 사람이 천간에 재성이 뜬 경우에 화를 당하지 않으려면, 평소 자기관리가 몸에 배어 있어야 하므로 지지에 관성이 있어야 합니다. 천간의 관성은 의식을 제어하고, 지지의 관성은 무의식을 제어하므로 무의식의 통제가 더 큰 효과를 발휘합니다. 상통되면 더할 나위 없이 좋습니다. 측은지심, 수오지심, 시비지심, 사양지심을 깨달은 군자의 그릇이 되어야 화를 당하지 않으니, 만인을 구하는 큰 뜻을 품은 사람이 아닌 이상, 차라리 천간에 재성이 없는 것이 신상에 이롭습니다. 한편, 관성격과 인성격이 관리자라면 식상격과 재성격은 실무자이고, 식신격은 직접 몸을 움직여서 잡다한 일도 처리해야 합니다. 가정에서는 식솔을 챙기느라 집안 살림을 혼자 도맡아 하는 엄마와 같으니, 가정주부가 일지에 식신을 두고 있으면 가족 구성원은 먹을 복이 있습니다.

2) 상관

상관은 자신의 재능을 간접적인 방식으로 사용합니다. 식신이 직선과 같다면 상관은 곡선처럼 우회적으로 표현하므로, 식신보다 부드럽고 섬세합니다. 식신이 주어진 매뉴얼대로 순차적으로 일을 진행한다면, 상관은 자기에게 편한 방식으로 변형하려고 합니다. 비록 기존의 매뉴얼이 다수를 위한 거라고 할지라도 상관은 개개인에게 맞추는 게 먼저라고 생각하니 모난 돌이 정 맞듯이 공공의 적이 될 우려가 있습니다. 동조 과잉(over conformity)이란 사회적 태만과 비슷한 것으로, 책임을 지지 않기 위해서 기계적으로 일하고 상사의 지시나 관계에 따라 소극적 또는 비판 없이 업무를 처리하는 현상입니다. 대체로 조직사회는 동조 과잉이 만연하므로 불합리한 시스템 속에서도 로마법을 따릅니다. 그러나 정관의 허점을 잘 보는 상관은 좀 더 효율적인 방식으로 살아가고자 하니, 기존의 비효율적인 시스템을 바꾸고자 합니다. 이때 정관이 있어야 개선할 시스템이 보이고, 정인의 제화를 받아야 제대로 된 방식으로 개선하고, 겁재가 있어야 모두를 만족시키는 효율적인 시스템을 만들어 혁신을 이룰 수 있습니다. 하지만, 위의 조건을 전부 만족시킨다 해도 이 세상은 합리적인 사람들로만 이루어진 사회가 아니므로 보수를 가장한 경로 의존증과 기득권 세력의 얽히고설킨 이해관계에 번번이 부딪힙니다.

시대가 바뀌어서 오늘날에는 창의적인 사고를 지닌 사람에게 최고의 가치를 부여하는데, 인겁의 생화를 받아서 사고력이 확장된 상관의 가치는 번뜩이는 아이디어로 주목을 받습니다. 상관패인을 이룬 상관이 정관을 제화하는 순환 상생상극을 이루면 고정관념을 타파한 기발한 아이디어로 혁신이라는 큰 업적을 이루게 됩니다. 게다가 재성까지 생화하면 경제적 자유를 얻어 정관의 속박에서 벗어나는 쾌거를 이룹니다. 하지만 제화를 받지 못한 상태에서 정재를 생하면, 경제적 자유만을 갈망하여 주식이나 부동산 투기, 코인이나 도박에 손대어 화를 자초하기도 하고, 편재를 생하면 틈새시장을 공략한다는 명목하에 불법을 저지를 우려도 있습니다. 그래서 배합을 잘 이룬 상관의 창의적인 아이디어는 번영을 가져오지만, 상관이 관성보다 크면 관성을 능멸하여 불법적인 일에 가담하므로 상관은 상통되지 않는 것을 권장합니다.

상관이 관인상생의 제화를 받은 것을 상관패인(傷官佩印)이라고 하는데, 이는 자신이 정인에게 받은 양질의 교육을 상관으로 내보내는 것을 말합니다. 식신은 배운 그대로를 내보낸다면 상관은 배운 대로 내보내지 않고 자신의 색채를 덧입혀서 내보내므로 말 센스와 개성 그리고 창작능력이 돋보입니다. 이 말은 인성으로 입력이 안 되면 채운 게 없으므로 출력되는 것이 온전치 못하다는 것을 의미합니다. 그래서 막장 스토리가 전개되는 소설이나 히어로물 코믹, 기괴한 그림, 망상에 가까운 망언, 거짓 등을 만들어 내는 데도 소질이 있습니다. 또한, 상관패인을 이루지 못한 상관이 직장인일 경우에는 정인의 부재로 조직의 규칙을 이해하는 능력이 부족하니 불협화음을 일으킵니다. 회사 시스템대로 업무를 처리하지 않고 자신에게 맞는 방식으로 업무를 처리하고자 하니, 빤질거리는 것으로 보여져 트러블이 생깁니다. 결국, 불만족으로 이탈심리가 발생하여 더 나은 환경을 찾아 이직을 강행하지만, 다른 회사도 이전 회사와 다를 바 없으니 번번이 좌절을 맛보게 됩니다. 이에 비겁이나 근으로 왕하면 조직에 머물지 않고, 자신만의 독자적인 길을 걷게 됩니다.

상관격의 상신은 정인이고, 구신은 겁재입니다. 자유에는 반드시 책임이 따라야 하므로, 자유의 가치를 제대로 아는 사람은 자신의 행동에 대해 책임의식을 느끼지만 그렇지 않은 사람은 자유라는 이름으로 공동체가 만든 규칙을 파괴합니다. 자유를 사랑하는 상관이 격이 되면 생화극제가 매우 중요합니다. 땅에서 정해진 사회적 계급은 책임의 무게로 결정되며, 상관격의 무게는 모든 격 중에서 가장 가볍습니다. 그래서 책임을 지지 않아도 되는 위치에 있으므로 생각이 자유분방합니다. 생화극제를 잘 받으면 오늘날에 요구되는 창의적 아이디어로 혁신을 이끌 수 있는 능력자입니다. 이러한 능력은 정관의 낡은 관습을 현대인에게 맞게 개선하는 선구자 역할을 하고, 노른자 영역에 갇혀 있는 기득권적 시각을 사각지대로 돌리게 함으로써, 사회 전반에 걸쳐 있는 문제점을 고쳐 개혁을 이루게 합니다. 관인상생으로 상관패인을 이루면 제도권 안에서 노동자들을 대변하는 역할을 담당하니, 사회복지사, 진보 정치인, 기부단체 등 소외된 계층이나 육체노동자의 환경을 개선하는 분야에서 활동합니다. 게다가 인겁의 생화까지 받으면 음양을 두루 살피는 넓은 시야를 갖게 되니 한쪽으로 치우치지 않은 사고로 협상의 능력까지 갖추게 됩니다. 그러나 우리 사회에는 상관패인을 이룬 상관보다 그렇지 못한 상관이 훨씬 더 많이 존재하기에 상관은 규범을 파괴하는 흉신으로 더 많이 작용합니다.

상관격은 책임감을 느끼는 게 심리적으로 매우 불편하므로 애초에 책임질 일을 만들지 않으려는 심리도 발동합니다. 그래서 청년에 상관격인 사람은 무거운 짐을 애초에 만들지 않지만, 청년에 취업하고 가정을 꾸리고 사회적 보편성에 발맞춰 살던 사람이 중년에 이르러, 상관격으로 전환되면 회사업무나 가사에 스트레스를 받게 됩니다. 그래서 중년에 상관격이나 상관의 지배를 많이 받는 사주는, 청년기에 책임질 일을 많이 만들지 않는 게 좋습니다. 상관은 책임의 무게를 유난히 못 견디는 육신으로 편관의 무게가 무거울수록 모든 것을 다 버리고 도망가고 싶은 심정이 강하게 듭니다. 그래서 편관 운에는 도 닦는 마음으로 더 자신의 의무를 이행하려고 노력해야 합니다. 이 세상에 노력 없이 얻어지는 건 타고난 사주팔자밖에 없고, 타고나지 못한 것은 노력에 의해서만 가질 수 있다는 걸 명심 또 명심해야 합니다. 한편, 상관격은 자신의 재능을 직접 이용하기보다는 타인의 재능을 이용하여 간접적인 방식으로 재성을 취하려고 합니다. 이런 경우를 우리는 흔히, 재주는 곰이 부리고 돈은 사람이 번다고 말하는데, 이것이 상관격이 살아가는 방식입니다. 타인의 노동력을 이용하는 방식은 무궁무진하며, 대표적으로는 불로소득, 엔터테인먼트 사업, 용역 공급, 무인점포 등이 있습니다.

정관격인 필자의 경우, 癸卯년부터 乙未대운을 만나 未土에서 인겁상하고, 원국과 생화극제로 상관패인, 상관견관이 전부 이루어지니 [육신변화론]을 시작으로 새로운 개념을 세우고 있습니다. 필자는 무서울 정도로 사주팔자대로 살아가고 있기에 뼈를 깎는 노력으로 운명을 바꾼 사람이 과연 있을지, 의문입니다. 단지 자신 있게 말할 수 있는 건,

자연의 법칙은 프로그램되어 있고, 그중 하나를 코딩으로 표기하면 다음과 같습니다.

```
#긍정에너지는 +1을 하고, 부정에너지는 –1을 하라.
if action == "positive" :
    score += 1
elif action == "negative" :
    score -= 1
#10을 달성하면 1번 문을 열고, -10이 되면 2번 문을 열어라.
if score >= 10:
    open_door(1)
elif score <= -10:
    open_door(2)
```

1번 문은 성장의 길이고, 2번 문은 퇴행의 길입니다. 긍정에너지는 노력, 미소, 배려, 겸손, 절제, 나눔 등이 있고, 부정에너지는 무지, 혐오, 질투, 나태함, 오만, 이기심 등이 있습니다. 균형 있는 사고는 긍정에너지를 만들고, 편향된 사고는 부정에너지를 만듭니다. 우리가 끊임없이 학습하고 세상을 배워야 하는 이유는, 균형 잡힌 사고력을 키워야 하기 때문입니다.

6. 살(殺)풀이

"왕관을 쓰려는 자, 그 무게를 견뎌라."

편관은 잘 쓰면 권력이 되고, 잘못 쓰면 살(殺)이 됩니다. 영화 〈반지의 제왕〉은 절대권력을 차지하기 위한 惡의 세력과 권력 남용을 막기 위해서 절대반지를 파괴하려는 세력 간의 힘겨루기 여정을 다룬 대서사입니다. 영화에서 인상 깊었던 건, 악의 세력이 끊임없이 만들어 내는 괴물 오크들과 평범했던 사람이 반지의 힘에 지배당해서 추하게 변해 버린 골룸의 모습입니다. 오크나 골룸의 모습은 탐욕이 가득한 인간 내면의 모습이며, 중년부터는 내면의 모습이 겉으로 드러나기 시작합니다. 그래서 나이 든 모습이 마음에 들지 않으면 성형을 할 게 아니라, 내면의 아름다움을 위해서 노력해야 합니다. 내면을 아름답게 만드는 가장 첫 번째 단계는 자아 성찰이니, 명리학 공부는 殺을 예방하는 매우 귀한 학문입니다. 세 살 버릇 여든 간다고, 과한 걸 버리는 건 매우 어렵기에 부족한 걸 채워 과한 기운을 상쇄하는 것이 현명합니다.

인생에서 발생하는 문제들은 근원을 찾아서 관리하지 않으면 크게 자라서 殺이 됩니다. 중년부터 찾아오는 거의 모든 성인병의 근원은 운동 부족과 불규칙하고 건강하지 못한 식습관과 수면습관에서 옵니다. 이것은 자신에 대한 의무를 저버렸기에 발생한 殺입니다. 그래서 사주에 메기 한 마리가 있으면 평소 꾸준한 자기관리를 하지만, 그렇지 않으면 앞서 정관에서 언급했듯이 편안함에 안주하여 자기관리를 게을리할 우려가 있습니다. 명심해야 할 것은 편관은 우리가 납작 엎드려야 하는 존재이지 대항할 수 있는 육신이 아니라는 것입니다. 대항하면 할수록 殺의 크기는 더욱 커지니, 반드시 편관의 의무를 지켜야 합니다. 편관은 매우 살벌한 육신이라서 겸손하게 살지 않으면 바로 殺을 날려서 고개를 떨구게 합니다. 그래서 사주에 편관이 重하면, 많은 시련 끝에 겸손한 태도를 지니게 됩니다. 겸손한 태도는 의무를 충실히 이행하는 것이고, 앞서 언급했듯이 의무는 자신에 대한 의무부터 이 세상을 돌봐야 할 의무까지 매우 광범위합니다.

배우지 않는 것만큼 오만한 자세는 없으므로 배움의 의무도 이행해야 합니다. 사람은 죽을 때까지 배워야 한다는 말은 과언이 아닙니다. 그러나 배움을 위해서 선사 받은 육체로, 세상 공부는 등한시하고 온 마음을 육체에 쏟아붓습니다. 에너지를 채워 오라고 그릇을 내줬더니, 매일 그릇만 반질반질하게 광내고 있는 것과 같습니다. 그래도 그릇이 뭐에 쓰는 물건인지를 몰라서 한평생 내버려두는 것보단 낫습니다. 우리가 그릇을 깨끗이 닦고 튼튼하게 보존해야 하는 이유는, 그릇이 깨끗해야 깨끗한 에너지를 담을 수 있고, 체력이 있어야 더 많은 공부를 할 수 있기 때문입니다. 외모가 예쁜 사람에겐 잠시 눈길이 가지만, 언행이 예쁜 사람에겐 계속 눈길이 갑니다. 배움은 국소적으로 학습하는 전문분야를 말하는 게 아니라, 이 세상에 존재하는 다양한 것을 배워서 편협한 사고를 벗어나는 것입니다. 청년까지는 직업을 위한 배움이 중요하지만, 중년부터는 사회를 폭넓게 보는 시야를 키워야 殺을 막을 수 있습니다. 시야가 좁으면 부주의로 인해서 사고를 당하고, 사기도 당하고, 가짜뉴스에 빠져서 혐오와 증오를 양산하면서 자신의 인생을 망가뜨립니다. 지금까지 거듭 강조했지만, 중용은 인생에서 가장 필요한 근본입니다. 가진 게 돈밖에 없으면 갑질을 하고, 지식밖에 없으면 남을 대가 없이 부리려 하고, 외모밖에 없으면 외형에 집착합니다. 그리고 가진 게 건강밖에 없으면 나이가 들수록 실의에 빠지고, 아무것도 없으면 스스로 노예가 되고자 합니다.

殺을 만드는 원흉은 의무는 지키지 않고 하고 싶은 것만 하는 그 마음과 그 마음이 만든 습관에서 나옵니다. 인성이 있어야 자신과 세상을 사랑하는 마음을 낼 수 있으므로, 없으면 殺을 감당하는 방법을 몰라서 엉뚱한 방식으로 스트레스를 해결하려고 합니다. 자신을 사랑하는 방법을 모르면 운동이나 독서, 취미 등으로 건전하게 풀지 않고, 폭식, 과음, 문신, 성형 등으로 때우려고 합니다. 세상을 사랑할 줄 모르면 봉사활동이나 기부 등으로 덕을 쌓으려 하지 않고, 주술행위나 세상 탓을 합니다. 그래서 殺을 푸는 방법은 구원 의식이나 폭식, 문신 등이 아니라 운동이나 독서, 봉사활동, 기부 등으로 배움과 덕을 쌓는 자세를 취하는 것입니다. 특히 중년부터는 관리를 안 하면 건강을 치는 殺이 차곡차곡 쌓이므로 아프기 전에 체력 관리를 잘해야 합니다. 필자가 건강 문제를 종류별로 겪은 후에 터득한 두 가지 살풀이 방법을 소개하니, 적절하게 잘 사용하여 건강 지키기에 도움이 되었으면 좋겠습니다.

원국에 金氣가 강한 사람이 운에서 金氣가 더해지면 수분이 배출되어 몸이 마르는 건조증이 일어납니다. 심한 경우, 탈수 현상이 일어나서 관절 윤활작용에 문제가 생기고 金克木으로 근육에도 무리를 주어 척추질환 등의 문제를 일으킵니다. 최악의 경우 루게릭병 같은 질환을 불러올 수도 있습니다. 그래서 金氣가 강한 사람은 庚辛, 申酉戌해에 히

알루론산 같은 보조제를 복용해서 몸속에 수분을 머금고 있어야 합니다. 하지만 모든 것은 과하면 다른 질병을 유발하므로 장기 복용 시에 물이 순환되지 않아서 염증을 일으킬 우려가 있습니다. 그래서 다음에 설명하는 방식으로 주기적으로 몸속 수분을 갈아줘야 합니다.

水氣가 강해서 몸속 수분이 잘 배출되지 않는 사람은 물이 정체되어서 염증을 일으키고, 만성 염증은 콜레스테롤 증가 등의 혈관 문제뿐 아니라 다양한 질환을 유발합니다. 몸속 수분을 갈아주는 방법 중에 가장 좋은 방법은 단연코 땀 흘리는 운동입니다. 오랜 지병을 앓던 사람이 등산 후에 몸이 치유돼서 산과 사랑에 빠지는 경우가 종종 있는데, 등산은 헬스장에서 운동하는 것과는 비교가 안 될 정도의 많은 땀을 배출합니다. 다른 방법은, 한겨울의 냉수마찰입니다. 우리 몸은 극한의 상황에 갑작스럽게 노출되면 모든 세포가 위기상황에서 살아남기 위해 열을 발산하는데 이때 면역력이 급격히 상승하고, 열이 발산될 때 수분이 피부로 배출되면서 물을 순환하고 염증을 제거합니다. 냉수마찰 후에는 반드시 충분한 수분을 새로 보충해 줘야 합니다. 이 또한 3회 이상 시에는 수분을 과도하게 배출하여 탈수증상이 일어나니, 3회를 초과하지 않는 것을 권장합니다. 방법은, 따뜻한 물로 샤워 후에 고통스러울 정도의 냉수로 2분 정도 몸을 헹궈냅니다. 너무 고통스러운 것 같아도, 냉수 찜질 후에 느껴지는 쾌감은 이루 말할 수 없습니다.

* 주의〉 노약자나 심장이 약한 분은 절대 하지 마세요.

지병으로 고생하다 한겨울에 야생에서 냉찜질 후에 아픈 게 씻은 듯이 낫다는 사람들이 TV에 소개되곤 하는데, 면역체계와 순환체계가 정상작동해서 그렇습니다. 무속인이 되면 수행의 하나로 냉찜질을 한다는 말을 들은 적이 있는데, 신병이 낫는 이유 중 하나가 아닐까 싶습니다. 인체는 겉은 차고 속은 따뜻해야 하는데, 현대인의 습관은 반대로 속은 차게 찬물을 들이키고, 겨울엔 따뜻하게 보내니 면역체계에 문제가 발생하는 것 같습니다. 면역 관리는 무엇보다 중요하며 일상에서 쉽게 면역력을 높일 수 있는 운동으로는 슬로우 조깅(slow jogging)을 매우 추천합니다.

필자는 庚子년에 金氣가 강해져서 심각한 탈수증상으로 5개월간 허리를 펴지 못했고, 癸卯년에는 염증으로 1년을 고생하던 중 북유럽에서 아이스 배스를 하는 이유가 면역력 관리 차원이라는 정보를 접했습니다. 그리고 냉수 샤워를 하자마자 아픈 증상이 감쪽같이 사라지는 마법 같은 일을 겪었습니다. 金이 과하면 홍수를 일으켜 모든 것을 쓸어버리니 물이 고갈되고, 水가 순환이 안 되면 물이 고여서 썩는다는 명리의 이치를 온몸으로 체험했던 사건입니다. 나무는 인체로 근육에 해당하므로 근육을 단련하면 열을 발산하여 면역력을 올리고, 땀을 흘려 물이 순환됩니다. 현대인의 노화로 인한 병의 주된 요인은 위와 같이 몸속 순환체계의 문제가 연쇄작용을 일으키는 것이 일반적이므로, 사주와 그해 에너지 조화를 살펴서 자신과 가족의 건강을 점검하면 殺을 예방하는 데 도움이 됩니다. 당뇨를 예방하려면 내장지방이 쌓이지 않도록 식습관을 관리해야 하고, 콜레스테롤 수치를 낮추려면 간에서 콜레스테롤을 너무 많이 합성하지 않도록 면역력을 높여 몸속 염증을 예방해야 합니다. 또한, 근육이 약해지면 자세가 틀어지고 신경에도 문제가 생겨서 심할 경우, 뇌에도 영향을 미칩니다. 대부분의 정신장애가 뇌의 문제로 귀결되는 걸 보면 단순하게 볼 문제가 아닙니다. 모든 것이 연결되어 있다는 것은 비단 에너지뿐만 아니라 인체도 마찬가지이므로, 늘 바른 체형을 유지하도록 노력하는 것이 선행되어야 합니다. 그래서 불면증이나 신경증적 문제가 발생하면 무조건 병원부터 갈 것이 아니라 필라테스나 걸음걸이 교정 등으로 체형부터 바로 잡는 게 바람직합니다. 체형이 많이 틀어져 있으면, 교정 초반에는 일시적인 두통과 오한 등을 경험할 수 있으므로 단계별로 꾸준히 진행하는 것이 중요합니다. 건강한 몸에 건강한 정신이 깃드는 법이므로 살풀이에서 가장 중요한 건 건강한 몸을 갖는 것입니다.

한 가지 더 말씀드리면, 金의 기운이 끝나고 水와 木의 운이 오면 건조함이 사라지고 공기 중에 수분이 가득 차므로 우리 몸에도 수분이 가득 차고 피부도 촉촉해집니다. 이때 영양제나 화장품 등을 바꾸는 사람은 제품의 효능으로 믿고 하나에만 꽂히는 현상이 생깁니다. 그러다 나중에 더는 효과를 보지 못하면 내성이 생겼다고 오해하여 남용하게 될 우려가 있습니다. 60간지의 흐름을 잘 읽으면 똑똑한 소비도 할 수 있습니다.

자신에 대한 의무를 지키지 않아서 맞은 殺은 자신의 노력으로만 해결할 수 있고, 살풀이는 전혀 쉽지 않습니다. 자신에게 맞는 제대로 된 방법을 알기 위해서는 많은 학습과 경험이 필요하고, 꾸준한 지구력이 필요합니다. 그리고 항상 선업(善業)을 통해 德을 쌓아야 殺을 예방할 수 있습니다. 덕을 쌓으면 문제가 발생했을 때, 귀인이 와서 문제를 해결할 방법을 알려줍니다. 이는 지나가던 사람이 무심코 던진 한마디에 실려서 오기도 합니다. 편관의 의무를 가볍게 여기고 자신만을 위해서 이기적으로 살아가면, 자신이 간과한 모든 것이 殺이 되어 한 번에 쏟아집니다. 이 세상은 혼자 살아가는 것이 아니라, 모든 것이 에너지에 의해서 연결되어 있다는 것을 명심해야 합니다. 만약 사주에 편관이 없다면 사회적 의무감을 품지 않으니, 편관 운이 오면 버거운 짐을 지고 허덕일 수 있습니다. 사람은 평소 맘보를 곱게 써야 한다는 말은 진리입니다. 일부 사람들은 삶이 괴로우면 신에게 의지하고자 영적 지도자를 찾지만, 신의 메시지는 꿈이나 영으로 오는 것보다 사람의 행위를 통해서 훨씬 더 많이 전달됩니다. 그러므로 두 눈을 크게 뜨고 사회에 관심을 가져야 진짜 신의 메시지를 들을 수 있고, 신의 소리는 다양한 사람이 모여 있는 건강한 사회에 있습니다. 그래서 사고의 반경이 자신 안에 머무르거나 폐쇄적인 집단에 있는 사람은 창조신의 진짜 가르침을 받을 수 없으니 엉뚱한 방향으로 걸어가서 殺을 더 크게 불러들입니다. 인간은 신의 뇌 속 뉴런과 같으므로, 소통 단절은 시냅스 가지치기와 같습니다.

또한, 사람의 성장을 돕는 용도인 명리학을 단지 돈벌이 수단으로 삼아 오히려 타인에게 해를 끼치거나 주술처럼 사용하면 매우 큰 殺을 불러옵니다. 그래서 명리학을 업으로 삼는 사람은 반드시 자신부터 내면 성장을 이뤄야 합니다. 철학이 빠진 역술은 명리학이 아니라 잡기에 불과합니다. 명리학은 조심히 다뤄야 하는 칼이며, 그 칼끝이 자신에게 향할 수 있음을 늘 유념해야 합니다.

세상의 이치를 깨달아 하늘을 경외하고 땅의 뜻을 살피는 사람은 복을 담는 큰 그릇을 받을 것이고, 그렇지 못한 사람은 암울한 운명의 굴레에 끝없이 갇히게 될 것이니 두려워해야 합니다. 거듭 말하지만, 자연은 꽃을 꺾는 자보다 아무것도 하지 않는 자에게 더 냉혹합니다. 아무엇도 하지 않는 사람은, 열을 내지 않고도 에너지를 바라는 탐욕의 끝판왕이기 때문입니다. 부디 이 책이 만인에게 세상의 이치를 조금이나마 깨닫게 하여 지혜가 탐욕을 다스리고 사회적 殺을 예방할 수 있기를 간절히 염원합니다.

💎 마치며

'요술램프 지니가 나타나서 세 가지 소원을 말하라고 하면, 나는 무슨 소원을 빌까?' 마흔을 앞둔 어느 날, 집 청소를 하던 중에 나에게 진짜 필요한 게 무엇인지를 진지하게 고민하기 시작했다.
첫째, 오래된 나쁜 습관을 버리게 해줄 것.
둘째, 유창한 영어 실력을 줄 것.
셋째, 체력을 좋게 해줄 것.
세 가지 소원을 정한 후에 나는 적잖이 놀라며 허무해했다.
"뭐야? 이게 다야? 이건 내 의지만 있으면 되는 거잖아!"
당시 남편에게 꽤 많은 빚이 있었기에 금전이 가장 시급한 상태였는데, 정작 세 가지 소원엔 돈이 들어갈 자리가 없었다.
그날 밤, 커다란 해일이 도시를 덮쳐 나는 지구 밖으로 튕겨 나갔고, 우주에 떠서 지구를 보며 '나 죽은 거야? 별거 아니네?' 말하며 꿈에서 깼다. 그리고 그날 이후, 의지와 상관없이 거짓말처럼 악습이 한순간에 사라졌고, 운동과 체계적인 영어공부를 시작했다. 단, 3일 만에 벌어진 일이다. 두 번째 소원은 실력이 턱없이 부족하지만, 당시보다 큰 발전을 이뤘으므로 세 가지 소원을 모두 이뤘다.
어느 날은 저녁을 차리던 중에 자문자답하길, "밥 차리기 귀찮은데 어떡하지? 근데, 나한테 제일 중요한 일이 종일 밖에서 고생한 남편에게 따뜻한 밥 먹이는 거 아닌가?" 식사를 준비하는 건 지금도 귀찮지만, 그 후 한동안은 요리하는 시간이 즐거웠다.
또 어느 날은 점심을 차리던 중에, "살아갈 날이 아직 많이 남았는데, 매일 밥해 먹고 하기 싫은 운동 하고 이렇게 반복적으로 어떻게 살지? 근데, 반복되는 일상에서 한 번씩 찾아오는 이벤트가 인생의 맛 아닌가?" 그러자 반복적인 일상이 소중해졌다. 말하는 대로 이뤄지고, 모든 건 마음이 짓는다는 말은 진리다. 그래서 나는 생각으로도 죄를 짓지 않으려 한다. 사실, 내 사주에 말하는 대로 이루어진다는 천희신과 천희성이 있기에 그 영향인지, 모든 이에게 적용되는 이 세계의 법칙인지는 잘 모르겠다.

나는 철학의 부재로 한 치 앞을 못 보는 사람들에게 들려주고 싶은 이야기가 참 많았으나 전달할 능력이 없었다. 그러던 癸卯년의 어느 날, 한 권의 책을 읽고 막연하게 원대한 목표를 설정했다. 그러자 몇 달 후에 이 프로젝트가 시작되었고, 마치 원래부터 내 몫이 정해져 있었다는 듯이 필요한 것들이 기막힌 타이밍에 쏟아져 내렸다. 나는 이번 프로젝트를 거치면서 세상에 의미 없이 발생하는 일은 하나도 없고 모든 건 연결되어 있다는 걸 명확히 알게 되었다.
많은 이들이 운명을 믿지 않고, 또 누군가는 자신은 타고난 운명을 거스르면서 살고 있다고 말하는데, 운명을 거스르려면 전제조건이 필요하다. 바로 자신의 운명을 알아야 한다. 나는 중년부터 타인의 성장을 도와야 하는 팔자이기에, 그 전에 나부터 성장해야 한다. 그래서 내가 운명을 거스르는 길은, 아무것도 하지 않고 무의미한 시간을 보내는 것이다. 그러나 나는 그렇게 살 수 없다. 우리는 주어진 임무를 이행하지 않으면 불편함을 느끼기 때문이다.

'사주팔자는 어떤 기준으로 정해지는가?'
우리는 모두 어떤 사건을 겪으며 깨달음을 얻고 알에서 부화하듯 사고의 틀을 깨면서 성장한다. 나는 이번 집필 과정에서 몇 차례 틀을 깼고, 한 번도 생각해 본 적이 없는 '신의 정체'에 대해서 생각하기 시작했다. 프로그램된 대로 살아가는 걸 알게 되니, 이 세계를 창조한 신에 대한 궁금증이 자연스럽게 따라왔다.
나는 사회적 현상을 관찰할 때, 예견된 이야기 흐름을 발견하고는 너무 재밌고 신나서 아이처럼 흥분하고 웃을 때가 종종 있다. 이 세상 이야기는 우화처럼 부분적으로 전개되고, 그 이야기들이 모여서 하나의 거대한 대서사가 되는데, 미래를 예측할 수 있도록 단서가 곳곳에 배치되어 있다. 이 세계는 고정된 시나리오와 애드리브가 존재하는 이야기 세계이다.
시나리오 작가인 창조주는 배역을 정할 때 에너지를 모아온 그릇에 맞춰서 시나리오를 작성하고 우리는 그 대본(사주팔자)을 받아서 태어난다. 그래서 자신의 배역을 바꾸고 싶다면, 애드리브로 신에게 어필해야 하고, 애드리브를 잘하는 방법은 앞서 계속 말해왔듯이 타고나지 못한 에너지를 노력으로 채우는 것이다. 애드리브로 큰 물줄기는 바꿀 수 없으나, 작은 물줄기는 바꿀 수 있다.

신은 왜 이런 세계를 만들었을까? 어떤 연유인지는 모르지만, 그는 그를 닮은 조력자가 필요해서 인간을 배양하는 것 같다. 하느님은 우리가 졸업하여 그의 곁으로 올 수 있도록 바른길로 이끌 캐릭터를 꾸준히 만드시기에, 이 땅에는 수많은 예수와 부처, 공자가 우리의 이웃으로 살아간다. 그러나 많은 이들이 무지, 탐욕, 나태, 오만, 기망 등의 부정에너지로 만든 검은 천을 눈에 쓰고 있으니, 진짜 보석은 천대하고 따뜻한 '똥'을 들고 기뻐한다. 부정에너지에 잠식되면 하느님과 인간을 연결하는 온기가 차단되고 영원히 길이 없는 곳에서 방황한다. 온기를 상실하면 그에 맞는 그릇은 파충류나 곤충일 것이다.

"온기를 잃지 말라."

모두 건투를 빕니다.
乙巳년에, 이나경

소중한 나의 인생 스승님께.

당신의 눈을 통해 세상을 알아가고,
당신의 다리를 빌려 곳곳을 다니며 많은 것을 배웠습니다.
당신과 함께한 지난 10년,
제게는 너무도 많은 긍정적인 변화가 있었습니다.
그래서 앞으로의 여정도 너무나 기대됩니다.
당신의 동지(同志)여서 영광입니다.
존경하고 사랑합니다.
고맙습니다.

참고 자료

《자평진전》, 원저 심효첨, 역해 김낙범, 문원북, 2020

《궁통보감》, 원저 여춘대, 역해 김낙범, 문원북, 2020

《적천수》, 원저 유백온, 역해 김낙범, 문원북, 2022

《명리약언》, 원저 진소암, 선집 위천리, 번역 김기승, 나혁진, 다산글방, 2018

《명리학개론》, 김성태, 더큼, 2017

《창광명운집》, 김성태, 한길로, 2021

《창광 명리학: 실전 임상 1》, 신지평, 더큼학당, 2020

《창광 명리학: 실전 임상 2》, 신지평, 더큼학당, 2021

《주역강의》, 서대원, 을유문화사, 2008

《그림으로 읽는 뇌과학의 모든 것》, 박문호, 휴머니스트, 2013

《그림으로 읽는 잠 못들 정도로 재미있는 이야기: 뇌》, 원저 모기 겐이치로, 감역 박주홍, 번역 김선숙, 성안당, 2022

《스파이크》, 원저 마크 험프리스, 번역 전대호, 해나무, 2022

《우리는 우리 뇌다》, 원저 디크 스왑, 번역 신순림, 열린책들, 2016

《DSM-5에 의한 최신 이상심리학》, 이우경, 학지사, 2021

《정리하는 뇌》, 원저 대니얼 J. 레비틴, 번역 김성훈, 와이즈베리, 2015

《최면 심리수업》, 정귀수, 저절로북스, 2017

《밀턴 에릭슨에게 NLP를 묻다》, 정귀수, 저절로북스, 2018

《이토록 친밀한 배신자》, 원저 마사 스타우트, 번역 이원천, 사계절, 2020

《회복탄력성》, 김주환, 위즈덤하우스, 2019

《내면소통》, 김주환, 인플루엔셜, 2023

《프레임》, 최인철, 21세기북스, 2021

《몰입》, 황농문, 알에이치코리아, 2024

《역발상의 지혜》, 김재진, 21세기북스, 2022

《불확실한 걸 못 견디는 사람들》, 원저 아리 크루글란스키, 번역 정미나, 알에이치코리아, 2024

《세상을 바꾼 물리학》, 원정현, 리베르스쿨, 2021

《세상을 바꾼 화학》, 원정현, 리베르스쿨, 2021

《화학에서 인생을 배우다》, 황영애, 더숲, 2010

《우주가 뭐예요?》 원저 앤 루니, 냇 휴스, 번역 윤혜영, 빅북, 2021

《지구가 뭐예요?》 원저 앤 루니, 냇 휴스, 번역 윤혜영, 빅북, 2021

《이런 물리라면 포기하지 않을 텐데》, 이광조, 보누스, 2021

《읽자마자 이해되는 열역학 교과서》, 이광조, 보누스, 2024

《파스칼 인생공부》, 원저 파스칼, 엮은이 김태현, PASCAL, 2024

《철학의 뒷계단》, 원저 빌헬름 바이셰델, 번역 안인희, 김영사, 2024

《국가는 왜 실패하는가》, 원저 대런 애쓰모글루, 제임스 A. 로빈슨, 번역 최완규, 시공사, 2012

《5개 원소로 읽는 결정적 세계사》, 원저 쑨야페이, 번역 이신혜, 더퀘스트, 2024

《탄허록》, 탄허, 휴, 2012

《우리 모두는 부처다》, 원저 종사르 잠양 켄체, 번역 이기화, 팡세, 2013

《인간과 상징》, 원저 카를 G. 융, 번역 이윤기, 열린책들, 2009

《사람 중심 상담》, 원저 칼 로저스, 번역 오제은, 학지사, 2007

《티벳 사자의 서》, 원저 파드마 삼바바, 번역 류시화, 정신세계사, 1995

《공감의 시대》, 원저 프란스 드 발, 번역 최재천, 안재하, 김영사, 2024

《돈의 심리학》, 원저 모건 하우절, 번역 이지연, 인플루엔셜, 2023

《워런 버핏의 주주서한》, 원저 워런 버핏, 편저 로렌스 커닝햄, 번역 이건, 에프엔미디어, 2022

유튜브, 〈북툰 과학다큐〉, "15분 만에 정리하는 뇌과학(신경과학) 입문", "카오스이론은 우리의 미래를 예측할 수 있을까?"

유튜브, 〈DMT PARK〉, "당신이 몰랐던 공전궤도의 비밀", "와인잔으로 배우는 양자역학"

사주팔자로
보물찾기

초판 1쇄 발행   2025. 7. 18.

지은이   이나경 nk.gabriel2018@gmail.com
펴낸이   김병호
펴낸곳   주식회사 바른북스

편집진행   황금주
디자인   양헌경

등록   2019년 4월 3일 제2019-000040호
주소   서울시 성동구 연무장5길 9-16, 301호 (성수동2가, 블루스톤타워)
대표전화   070-7857-9719 | **경영지원**   02-3409-9719 | **팩스**   070-7610-9820

•바른북스는 여러분의 다양한 아이디어와 원고 투고를 설레는 마음으로 기다리고 있습니다.

이메일   barunbooks21@naver.com | **원고투고**   barunbooks21@naver.com
홈페이지   www.barunbooks.com | **공식 블로그**   blog.naver.com/barunbooks7
공식 포스트   post.naver.com/barunbooks7 | **페이스북**   facebook.com/barunbooks7

ⓒ 이나경, 2025
ISBN 979-11-7263-487-2 03180

•파본이나 잘못된 책은 구입하신 곳에서 교환해드립니다.
•이 책은 저작권법에 따라 보호를 받는 저작물이므로 무단전재 및 복제를 금지하며,
이 책 내용의 전부 및 일부를 이용하려면 반드시 저작권자와 도서출판 바른북스의 서면동의를 받아야 합니다.